MM. les souscripteurs recevront très-prochainement la notice biographique de Jodelle, destinée à compléter le premier volume, ainsi qu'un portrait de ce poëte, gravé à l'eau-forte par Braquemond.

8°Te
862

LA

PLÉIADE FRANÇOISE

Cette collection a été tirée à 250 exemplaires numérotés
et paraphés par l'éditeur.

230 exemplaires sur papier de Hollande,
 18   —   sur papier de Chine,
  2   —   sur vélin.

———

N° *Dupôt*

LES OEVVRES

et Meslanges Poetiques

D'ESTIENNE IODELLE

SIEVR DV LYMODIN

Avec une Notice biographique et des Notes

PAR

Ch. MARTY-LAVEAUX

TOME PREMIER

PARIS
ALPHONSE LEMERRE, ÉDITEUR

M.D.CCC.LXVIII

NOTICE BIOGRAPHIQUE

SUR

ESTIENNE JODELLE

Estienne Jodelle, issu d'une famille noble, et seigneur de la terre de Lymodin, ainsi qu'il écrit lui-même, ou plutôt de Limodin, comme le portent les titres de propriété[1], est né à Paris en 1532.

A en croire son ami Ronsard, ce ne fut pas sans une volonté toute spéciale du Destin qu'il vit le jour dans cette ville :

> *Tu ne deuois, Iodelle, en autre ville naiſtre*
> *Qu'en celle de Paris, & ne deuois auoir*
> *Autre fleuue que Seine, ou des Dieux receuoir*
> *Autre eſprit que le tien à toute choſe adeſtre*[2].

---

1. Goujet, *Bibliothèque françoise*, t. XII, p. 167. — Baillet, *Jugements des savants*, augmentés par La Monnoye, tome IV, p. 431, édition de 1722.
2. *Les Oeuures de P. de Ronſard*. Paris, G. Buon, 1584, in-fol., p. 250.

Iodelle. — I.   *a*

Nous ne savons rien de ses premières années, ni de son éducation. Notons seulement que Pasquier, le comparant à Ronsard et à du Bellay, remarque qu'il n'a pas « mis l'œil aux bons liures comme les deux autres [1]. »

Néanmoins il s'adonna de fort bonne heure à la poésie. « Dés l'an 1549 — dit son biographe Charles de la Mothe (c'est-à-dire lorsqu'il n'avait encore que dix-sept ans) — lon a veu de luy plufieurs Sonnets, Odes, & Charontides [2]. »

Ce début n'avait rien de bien remarquable ; mais les amitiés littéraires que le jeune auteur avait déjà contractées, sa grande facilité de travail, l'ardeur singulière avec laquelle il embrassait toute opinion nouvelle, en faisaient d'avance un soldat de la *brigade* dont Ronsard allait devenir l'illustre chef.

Ce n'était pas au hasard, ni même uniquement d'après son inspiration personnelle, que chacun des poëtes de *la Pléiade* prenait possession d'une partie de ce vaste domaine de la littérature française qu'ils envahissaient en commun. Dès le début de leur importante campagne, Joachim du Bellay avait eu soin, dans son *Illustration de la langue françoife*, d'indiquer quels étaient les postes littéraires déjà glorieusement occupés et ceux qui restaient encore vacants. Parmi ces derniers se trouve le théâtre, dont il parle ainsi à la fin de son 4º chapitre, qui a pour titre : *Quelʒ genres de Poëmes doit elire le Poëte Francoys* : « Quand aux Comedies & Tragedies, fi les Roys & les Republiques les vouloint reftituer en leur ancienne dignité, qu'ont vfurpée les Farces & Moralitez, ie feroy' bien d'opinion que tu t'y employaffes, & fi tu le veux faire pour l'or-

---

1. Estienne Pasquier, *Les Recherches de la France*, Laurens Sonnius, 1621, in-fol., livre VII, p. 619
2. Voyez ci-après, page 5.

nement de ta Langue, tu fcais ou tu en doibs trouuer les Archetypes[1]. »

A la vérité, Charles Fontaine, dans sa critique de l'*Illuftration de la langue françoife*, qui a pour titre : *Le Quintil Horatian*[2], conteste l'exactitude des assertions de du Bellay : « De Comedies Françoyfes en Vers, certes ie n'en fçay point ; mais des Tragedies affez, & de bonnes, fi tu les fceuffes congnoiftre, fur lefquelles n'vfurpe rien la farce, ne la Moralité (comme tu eftimes) ains font autres Poëmes à part[3]. »

Les reproches de Charles Fontaine sont loin d'être dénués de fondement : du Bellay, comme tous les novateurs, méprise un peu trop ce qui a été fait par ceux qui n'appartiennent pas à sa coterie. Il a tort de ne pas accorder au moins un souvenir aux traductions en vers de diverses tragédies grecques, par lesquelles Lazare de Baïf, père de Jean-Antoine, Thomas Sebilet et Guillaume Bouchetel[4] préludaient déjà à la restauration du théâtre antique; ajoutons que Charles Fontaine lui-même oublie la traduction en vers des six comédies de Térence, publiée vers 1500[5], et la version poétique de *l'Andrienne*, par Bonaventure des Périers[6].

Ces ouvrages n'étaient au reste que des travaux d'érudition uniquement destinés aux lecteurs studieux, et que nul ne songeait à produire sur la scène. Ronsard le premier osa y porter un essai de ce genre.

Il terminait alors ses études, sous la direction de Do-

1. *Œuures françoifes de Ioachim du Bellay*, t. I de notre édition, p. 40.
2. *Ibidem*, note 1, t. I, p. 475-476.
3. *Ibidem*, note 45, p. 483.
4. Le premier a traduit l'*Électre* de Sophocle et l'*Hécube* d'Euripide; le second, l'*Iphigénie* d'Euripide; le troisième, quelques pièces du même poëte.
5. *Terence en françois, profe & rime*. A Paris, pour Antoine Verard, in-fol.
6. *Premiere comedie de Terence, appellee l'Andrie*, publiée à Lyon, 1537, in-8°, et, dans la même ville, en 1555.

rat, au collége Coqueret, rue des Sept-Voies. L'admiration que lui inspira le théâtre grec « l'incita encor, outre le conseil de son Precepteur, à tourner en François le *Plutus* d'Aristophane, & le faire representer en public au Theatre de Coqueret, qui fut la premiere Comedie Françoise iouée en France »[1].

Mais Ronsard, qui voulait diriger tous ses efforts vers l'épopée et la poésie lyrique, ne poussa pas cette tentative plus loin; et Jodelle, encouragé par un de ses amis, Simon l'Archer, put, sans avoir à craindre un si dangereux rival, se consacrer à la tâche importante de restaurer le théâtre antique.

Dans un sonnet *A M. Symon*[2], Jodelle constate d'abord de la sorte les obligations qu'il a contractées envers lui :

L'amitié qui me lie à toy dés ma ieunesse,
 De ma Muse (ô Symon*) print son fatal lien :*
Quand premier des François, toy m'ouurant le moyen,
 I'empruntay le Cothurne, & le Soc, à la Grece.

Et plus tard, après la mort de cet ami, il consacre *A l'ombre de M. Simon l'Archer*[3] une pièce où, faisant de faciles allusions au nom de famille de celui qu'il pleure, il précise ainsi la nature des services qu'il en a reçus :

Aux Muses par les vers de l'Ascrean Poëte,
 Vn bel arc proprement se voit accommodé,
. . . .
Tu peus suiuant ton nom d'vn tel arc estre archer,
 Mais tu n'eus tel plaisir à si bien décocher,
 Comme à bien adextrer à tel arc la ieunesse :
Qui s'efforce à t'en rendre à ceste heure vn loyer.

1. *La vie de Pierre de Ronsard...*, par Claude Binet. Voyez *Les Oeuures...* Paris, N. Buon, M. DC. XXIII, in-fol., p. 1643.
2. T. II, page 178.
3. T. II, page 279.

Charles de la Mothe nous fait connaître la date de l'entreprise de *Jodelle* : « En 1552, mit en auant, & le premier de tous les François donna en fa langue la Tragedie, & la Comedie, en la forme ancienne [1]. » Étienne Pasquier entre dans d'assez grands détails sur les premières représentations de deux des principaux ouvrages de notre poëte.

« Quant à la Comedie & Tragedie — dit-il — nous en deuons le premier plant à Eftienne Iodelle.... Il fit deux Tragedies, la *Cleopatre*, & la *Didon*, & deux Comedies, *La Rencontre*, & l'*Eugene*. *La Rencontre*[2] ainfi appellee, parce qu'au gros de la meflange, tous les perfonnages s'eftoient trouuez pefle-mefle cafuellement dedans vne maifon, fuzeau qui fut fort bien par luy demeflé par la clofture du ieu. Cefte Comedie, & la *Cleopatre* furent reprefentees deuant le Roy Henry à Paris en l'Hoftel de Reims, auec vn grand applaudiffement de toute la compagnie : Et depuis encore au College de Boncour, où toutes les feneftres eftoient tapiffees d'vne infinité de perfonnages d'honneur, & la Cour fi pleine d'efcoliers que les portes du College en regorgeoient. Ie le dis comme celuy qui y eftois prefent, auec le grand Tornebus en vne mefme chambre. Et les entreparleurs eftoient tous hommes de nom : Car mefme Remy Belleau, & Iean de la Perufe, ioûoient les principaux roulets. Tant eftoit lors en reputation Iodelle enuers eux [3]. »

Nous deuons joindre aux spectateurs de distinction que nous connaissons déjà Jean Vauquelin de la Fresnaye, qui nous apprend qu'il était au nombre des assistants et revendique pour Baïf l'honneur d'avoir choisi le premier le sujet tragique traité par notre poëte :

---

1. Voyez ci-après, page 5.
2. Sur cette comédie de *La Rencontre*, voyez ci-après, p. 311, la fin de la note 4.
3. *Les Recherches de la France*. Paris, Laurens Sonnius, 1621, in-folio, livre VII, p. 617-618.

Iodelle, moi prefent, fit voir fa Cleopatre
*En France des premiers au tragique Theatre,
Encore que de Baif vn fi braue argument
Entre nous eut eté choifi premierement* [1].

Les frères Parfait ont supposé, non sans vraisemblance, que le prologue adressé à Henri II fut récité par Jodelle lui-même [2]. Le souverain accueillit favorablement le compliment et l'ouvrage, et, d'après le témoignage de Brantôme, « donna à Iodelle, pour la tragedie qu'il fit de *Cleopatra*, cinq cens efcus de fon efpargne, outre luy fit tout plein d'autres graces, d'autant que c'eftoit chofe nouuelle & tres-belle & rare [3]. »

M. Philarète Chasles prétend, dans ses *Études sur le seizième siècle en France* [4], que Jodelle, après avoir récité le prologue, a joué le rôle de Cléopâtre, et que Ronsard était au nombre des acteurs; mais la source à laquelle ces renseignements ont été puisés n'est pas indiquée, et nous n'avons pu la découvrir.

Il est facile de juger, par les passages des auteurs contemporains de Jodelle que nous venons de rapporter, de l'étendue et de l'importance de la révolution littéraire que ce poëte venait d'entreprendre.

Aux mystères, dont les sujets étaient tirés de la religion chrétienne, il substituait la tragédie, fort admirée des savants, qui toutefois n'avaient jamais conçu l'espoir de la voir revivre devant eux sur le théâtre. Ce brusque changement ne satisfit du reste que la population instruite et aristocratique, c'est-à-dire une très-

---

1. *Art poëtique*, livre II, p. 76.
2. *Histoire du Théâtre françois*, tome III, p. 287.
3. Brantôme, *Œuvres*, tome III, p. 289, édition de M. L. Lalanne. Ce passage a été cité à tort par les frères Parfait comme étant de Pasquier. *Histoire du Théâtre françois*, tome III, p. 279.
4. Page 130.

faible minorité; les simples, qui n'étaient familiers ni avec ces héros de l'antiquité, ni avec leur langage fastueux, préféraient les personnages bibliques, auxquels les poëtes populaires prêtaient instinctivement une bonhomie et une naïveté qui les rendaient intéressants et intelligibles pour tous; bien plus, quelques auditeurs, animés d'un zèle qui nous paraît aujourd'hui fort irréfléchi, croyaient la religion intéressée à de semblables spectacles et regardaient l'introduction des sujets païens sur le théâtre comme une sorte d'impiété.

La comédie antique était peut-être plus difficile encore à faire accepter que la tragédie. Ici le poëte avait à la fois contre lui le peuple, habitué aux farces et aux moralités, et les savants, qui, pour la plupart séduits par la pompe de la tragédie, méprisaient la familiarité des pièces comiques.

> *Aucuns auſſi de fureur plus amis,*
> *Aiment mieux voir Polydore à mort mis,*
> *Hercule au feu, Iphigene à l'autel,*
> *Et Troye à ſac, que non pas vn ieu tel*
> *Que celuy là qu'ores on vous apporte*[1].

C'est dans le prologue de l'*Eugène* que Jodelle, venant ainsi au-devant des objections que quelques-uns de ses amis pourraient lui faire, proteste que

> *Ne dédaignant le plus bas populaire*[2],

il veut renouveler le théâtre comique

> *Sans que brouillant auecques nos farceurs*
> *Le ſainƈt ruiſſeau de nos plus ſainƈtes Sœurs,*

1. Voyez ci-après, page 13.
2. *Ibidem.*

> *On moralife vn confeil, vn efcrit,*
> *Vn temps, vn tout, vne chair, vn efprit,*
> *Et tels fatras, dont maint & maint folaftre*
> *Fait bien fouuent l'honneur de fon theatre*[1].

Ces vers, assez obscurs, il faut l'avouer, sont à l'adresse des Confrères de la Passion, qui, depuis l'arrêt du parlement du 17 novembre 1548, ne pouvaient plus faire représenter ni les mystères sacrés, ni ceux des saints et des saintes, mais qui composaient, à leur défaut, des moralités avec personnages allégoriques, tels que *le Temps, la Chair, l'Esprit*, etc[2]. Plusieurs années après, le 5 février 1558, Jacques Grevin exprimait encore, mais beaucoup plus clairement, les mêmes idées dans l'« auant-ieu » de *La Treforiere*, qui explique et complète le prologue de *l'Eugène*, et que les frères Parfait en ont fort à propos rapproché[3] :

> *Non, ce n'eft pas de nous qu'il fault,*
> *Pour accomplir ceft efchaffault,*
> *Attendre les farces prifees*
> *Qu'on a toufiours moralifees :*
> *Car ce n'eft noftre intention*
> *De mefler la religion*
> *Dans le fubiect des chofes feinctes.*
> *Auffi iamais les lettres Sainctes*
> *Ne furent donnees de Dieu,*
> *Pour en faire apres quelque ieu.*
> . . . .
> . . . .

---

1. Voyez ci-après, page 14.
2. *Le Temps* figure dans un dialogue moral à quatre personnages, de Guillaume des Autels; *l'Esprit* et *la Chair*, dans un autre dialogue moral à cinq personnages, du même auteur.
3. *Histoire du Théâtre françois*, p. 229, note *a*.

> *N'attendez donc en ce Theatre*
> *Ne farce, ne moralité :*
> *Mais feulement l'antiquité,*
> *Qui d'vne face plus hardie,*
> *Se reprefente en Comedie*[1].

La hardiesse de l'essai littéraire de Jodelle l'avait obligé, comme nous venons de le voir, à veiller lui-même à tous les détails que comportait la représentation de son œuvre. Ne pouvant avoir recours aux Confrères de la Passion, dont il devenait l'adversaire, il s'était vu forcé de former avec ses compagnons une troupe de comédiens improvisés. De plus, il lui avait fallu trouver une scène. Il eût bien souhaité qu'elle fût semblable à celles de l'antiquité, ou que du moins elle en rappelât le souvenir par sa forme[2]:

> *Quant au theatre, encore qu'il ne foit*
> *En demi-rond, comme on le compaffoit,*
> *Et qu'on ne l'ait ordonné de la forte*
> *Que lon faifoit, il faut qu'on le fupporte.*

Il dut se contenter, comme nous l'avons vu, des cours des hôtels ou des colléges, dont les fenêtres servaient de loges aux spectateurs de distinction. Il sentait bien aussi que la musique n'avait aucun caractère antique, et il s'en excusait du moins mal qu'il pouvait.

> *Mefme le fon qui les actes fepare,*
> *Comme ie croy, vous euft femblé barbare,*
> *Si lon euft eu la curiofité*
> *De remouller du tout l'antiquité*[3].

1. *Le Theatre de Iaques Grevin.* A Paris, pour Vincent Sertenas. M.D.LXI, in-8°, p. 47-50.
2. Voyez ci-après, page 15.
3. *Ibidem.*

*a**

Ces légers défauts de couleur locale ne nuisirent en rien au succès. Peu après l'éclatante réussite de *Cléopâtre*, les amis de Jodelle se réunirent pour célébrer son triomphe dans une fête que Baïf raconte ainsi :

Quand Iodelle bouillant en la fleur de son âge
Donnoit vn grand espoir d'vn tout diuin courage,
Apres auoir fait voir marchant sur l'echaufaut
La Royne Cleopatre enfler vn stile haut,
Nous jeunesse d'alors desirans faire croistre
Cet esprit que voyons si gaillard aparoistre,
O SADE, en imitant les vieux Grecs qui donnoyent
Aux Tragiques vn bouc dont ils les guerdonnoyent,
Nous cherchâmes vn bouc : & sans encourir vice
D'Idolatres damnez, sans faire sacrifice,
(Ainsi que des peruers scandaleux enuieux
Ont mis sus contre nous pour nous rendre odieux)
Nous menâmes ce bouc à la barbe doree,
Ce bouc aux cors dorez, la beste enlierree,
En la sale où le Poete aussi enlierré,
Portant son jeune front de lierre entouré,
Atendoit la brigade. Et luy menans la beste,
Pesle mesle courans en solennelle feste,
Moy recitant ces vers, luy en fismes present[1].

Après ce récit commencent les dithyrambes, dont certains passages, le suivant par exemple, présentent un caractère païen assez déterminé. Tout le morceau est en l'honneur du « Dieu Bacchien », que Baïf célèbre en ces termes :

C'est ce doux Dieu qui nous pousse

---

1. *Dithyrambes à la pompe du bouc d'Estienne Iodelle*. 1553. Voyez *Euures en rime de Ian Antoine de Baïf, secretaire de la chambre du Roy*. A Paris, Pour Lucas Breyer.... M. D. LXXIII, in-8º, folio 123.

Efpris de fa fureur douce
A refufciter le joyeux myftere
De fes gayes Orgies
Par l'ignorance abolies,
Qui nous pouffe à contrefaire
(Crians iach ia ha
Euoé iach ia ha)
Ses Satyres antirfez[1].

Plus retenu, Claude Garnier, annotateur de Ronsard, ne songe qu'à atténuer les choses et à leur donner une apparence toute fortuite :

« Affez ont oüy parler du voyage d'Hercueil, ou de la promenade, & comme vne infinité de ieuneffe (addonnée à faire la Cour aux Mufes...) fe mit en defbauche honnefte... Ils firent là banquet par ordre, où l'eflite des beaux efprits d'alors eftoit; & principalement à fin de contribuer à l'efiouïffance qu'ils auoient de ce qu'Eftienne Iodelle natif de Paris, auoit gaigné l'honneur & le prix de la Tragedie, (car c'eftoit parauant que Garnier euft efcrit) & merité de leur main le Bouc d'argent... Ils firent mille gentilleffes, maints beaux vers, tels que la piece intitulée aux œuures de l'Autheur Le Voyage d'Hercueil, & les Dithyrambes du mefme, fi l'on veut, où pour mieux follaftrer ils enjoliuerent de barbeaux, de coquelicos, de coquelourdes vn Bouc rencontré dans le village par hazard, lequel les vns, au defceu des autres, menerent de force par la corne, & le prefenterent dans la fale, riant à gorge ouuerte, puis on le chaffa [2]. »

---

1. *Ibidem,* folio 124, verso.
2. *Les Oeuures de P. de Ronfard.* Paris, N. Buon, M.DC.XXIII, in-fol., p. 1384.

D'après cette note, *Le Voyage d'Hercueil* et les *Dithyrambes* n'auraient été composés qu'après les succès dramatiques de Jodelle; mais, bien que la publication du *Voyage* ait été faite dans les *Amours* de Ronsard en 1552 [1], année de la représentation des premières œuvres dramatiques de Jodelle, il ne faut pas oublier que le titre complet de cette pièce est: *Les Bacchanales ou le folatriſſime voyage d'Hercueil, pres Paris, dedié à la ioyeuſe trouppe de ſes compagnons, fait l'an* 1549. Si nous essayons de faire remonter jusqu'à cette date son début au théâtre, le fondateur de notre scène classique se trouve n'avoir que dix-sept ans, ce qui semble peu vraisemblable; et d'ailleurs, les allusions aux événements militaires contemporains fixent l'*Eugène* en 1552 [2].

Ne serait-il donc pas possible de supposer que le *Folatriſſime voyage d'Hercueil* n'est qu'une promenade antérieure au succès de Jodelle? Ce qui semble autoriser cette interprétation, c'est que le nom de Jodelle n'y est même pas prononcé, et que les excursions de Ronsard aux environs de Paris en compagnie de ses amis étaient un de ses plus fréquents divertissements. « Il ſe delectoit — dit Claude Binet [3] — ou à Meudon, tant à cauſe des bois, que du plaiſant regard de la riuiere de Seine, ou à Gentilly, Hercueil, Sainct Clou, & Vanues, pour l'agreable fraiſcheur du ruiſſeau de Biéure, & des fontaines que les Muſes ayment naturellement. »

Cette question du reste est assez peu importante pour nous en ce moment, car les *Dithyrambes*, publiés d'abord en 1553 dans le *Liuret de Folaſtries, à Ianot Pariſien* (c'est-à-dire à Jean-Antoine Baïf), *plus quel-*

---

1. A la page 214 de cette édition des *Amours*.
2. Voyez ci-après, p. 39 et p. 311, note 4.
3. *La Vie de Ronſard*.....Voyez *Les Oeuures*. Paris, N. Buon, M.DC.XXIII, in-fol., p. 1665.

ques *Epigrammes grecz* : & *des Dithyrambes chantez
au Bouc de E. Iodelle, poëte tragicq*, à Paris, chez la
veufue Maurice de la Porte, in-8°; réimprimés sous le
même titre en 1584, in-12, sans nom de lieu, et reproduits parmi les *Gayetez* de Ronsard dans ses
Œuvres, se rapportent seuls au sujet qui nous occupe.
Ils fournissent un curieux supplément au récit de la
fête et une liste probablement à peu près complète de
ceux qui y assistaient :

Ie voy d'vn œil affez trouble
Vne couple
De Satyres cornus, cheurepiez, & mibeftes,
Qui fouftiennent de leurs teftes
Les yures coftez de Sylene.
. . . .
Mais qui font ces enthyrfez,
Heriffez
De cent feuilles de lierre
Qui font rebondir la terre
De leurs piés, & de la tefte
A ce Bouc font fi grand fefte,
Chantant tout autour de luy
Cefte chanfon brif'-ennuy,
Iach, ïach, Euoé,
Euoé, ïach, iach ?

Tout forcené à leur bruit ie fremy ;
l'entreuoy Baïf & Remy,
Colet, Ianuier, & Vergeffe, & le Conte,
Pafchal, Muret, & Ronfard qui monte
Deffus le Bouc qui de fon gré
Marche, affin d'eftre facré
Aux pieds immortels de Iodelle,
Bouc le feul prix de fa gloire eternelle,

Pour auoir d'vne voix hardie
Renouuellé la Tragedie,
Et deterré fon honneur le plus beau,
Qui vermoulu gifoit fous le tombeau[1].

M. Prosper Blanchemain, invoquant le témoignage de Claude Binet[2], indique comme auteur de ces *Dithyrambes* Bertrand Bergier[3], que nous connaissons déjà par une ode de du Bellay[4]. Nous avons vu plus haut que Pierre Garnier les attribue à Ronsard. Il est certain du moins qu'il supporta seul toute la responsabilité de la fête. Jacques Grevin, y faisant allusion dans les vers suivants, transformait une plaisanterie sans importance en véritable impiété :

Là rendant à Bacchus le deu de ton office,
D'vn gros bouc tout barbu tu feras facrifice,
Où tu appelleras auec tes alliez
Tous tes beaus dieux bouquins & tes deus cheurepieds[5].

Cette attaque fournit au poëte l'occasion de revenir sur le récit de la prétendue cérémonie qu'on lui reprochait, d'en faire sentir le peu d'importance, d'en bien préciser le motif :

Tu dis, en vomiffant defur moy ta malice,
Que i'ay fait d'vn grand Bouc à Bacchus facrifice :

---

1. *Livret de folaftries*, édition de 1584, p. 43 et suivantes.
2. *La Vie de P. de Ronsard*, Voyez *Les Oeuures*. Paris, N. Buon, M. DC. XXIII, in-fol., p. 1649.
3. *Œuvres complètes de P. de Ronsard*, tome VI, p. 377, note 1.
4. *Œuures françoifes de Ioachim du Bellay*, t. I, p 190, et t. II, p. 57, de notre édition.
5. *Seconde refponfe de F. de La Baronie... Plus le Temple de Ronfard où la Legende de fa vie eft briefuement defcrite*. M. D. LIII, in-4°, fol. 32, verso.

*Tu mens impudemment : cinquante gens de bien
Qui eſtoient au banquet, diront qu'il n'en eſt rien.*

. . . .
. . . .
. . . .
. . . .

*Iodelle ayant gaigné par vne voix hardie
L'honneur que l'homme Grec donne à la Tragedie,
Pour auoir en hauſſant le bas ſtile françois,
Contenté doctemènt les oreilles des Rois:
La brigade qui lors au Ciel leuoit la teſte
(Quand le temps permettoit vne licence honneſte)
Honorant ſon eſprit gaillard & bien appris,
Luy fit preſent d'vn Bouc, des Tragiques le pris.
Ia la nappe eſtoit miſe, & la table garnie
Se bordoit d'vne ſaincte & docte compagnie,
Quand deux ou trois enſemble en riant ont pouſſé
Le pere du troupeau à long poil heriſſé :
Il venoit à grands pas ayant la barbe peinte,
D'vn chapelet de fleurs la teſte il auoit ceinte,
Le bouquet ſur l'oreille, & bien fier ſe ſentoit
Dequoy telle ieuneſſe ainſi le preſentoit :
Puis il fut reietté pour choſe meſpriſée,
Apres qu'il eut ſeruy d'vne longue riſée*[1].

Ces divers extraits nous donnent, je crois, une idée juste de cet innocent divertissement, que les ennemis de Ronsard, trop aveuglément suivis par la plupart des historiens de notre littérature, avaient bien à tort transformé en un véritable sacrifice païen.

Cet hommage à Jodelle fut comme le prélude du jugement unanime de ses contemporains, qui le décla-

---

1. *Les Oeuures de P. de Ronſard.* Paris, G. Buon, 1584, in-fol., p. 906.

rèrent d'un commun accord le fondateur de notre théâtre.

Ronsard, qui, nous l'avons vu, avait fait représenter sa traduction du *Plutus* d'Aristophane quelques années avant l'apparition des premières pièces de son ami, n'hésite pas à dire, dans une épître *A Iean de la Peruſe*[1] où il vient de passer en revue les diverses œuvres érotiques contemporaines :

> *Apres Amour la France abandonna,*
> *Et lors Iodelle heureuſement ſonna,*
> *D'vne voix humble, & d'vne voix hardie,*
> *La Comedie auec la Tragedie,*
> *Et d'vn ton double, ore bas, ore haut,*
> *Rempliſt premier le François eſchaufaut.*

Et dans un *Diſcours à Iacques Greuin*[2] il renouvelle encore d'une manière tout aussi formelle la même déclaration :

> *Iodelle le premier d'vne plainte hardie,*
> *Françoiſement chanta la Grecque Tragedie,*
> *Puis en changeant de ton, chanta deuant nos Rois*
> *La ieune Comedie en langage François,*
> *Et ſi bien les ſonna que Sophocle & Menandre,*
> *Tant fuſſent-ils ſçauans, y euſſent peu apprendre.*

Pasquier, plaçant Jodelle de pair avec ses plus éminents rivaux, fait de lui cet éloge, qui aujourd'hui nous semble excessif, mais qui répond bien au sentiment général des contemporains :

« En luy y auoit vn naturel eſmerueillable : Et de

---

1. *Les Oeuures.* Paris, G. Buon, 1584, in-fol., p. 762.
2. *Recueil des... pieces retranchées...* Paris, N. Buon, M. DC. XVII, in-12, p. 346.

faict ceux qui de ce temps là iugeoient des coups, di-
foient que Ronfard eftoit le premier des Poëtes, mais
que Iodelle en eftoit le Daimon. Rien ne fembloit luy
eftre impoffible, où il employoit fon efprit. A caufe dequoy Iacques Tahureau fe iouänt fur l'Anagramme de
fon nom & furnom, fit vne Ode dont le refrain de
chaque couplet eftoit,

Io le Delien eft né.

« Et du Bellay le loüant comme l'outrepaffe des autres au fubiect de la Tragedie, Comedie, & des Odes,
luy addreffa vn Sonnet en vers rapportez, dont les fix
derniers eftoient :

Tant que bruyra d'vn cours impetueux,
 Tant que fuyra d'vn pas non fluctueux,
 Tant que foudra d'vne veine immortelle
Le vers Tragic, le Comic, le Harpeur,
 Rauiffe, coule, & viue le labeur
 Du graue, doux, & copieux Iodelle[1].

« Telle eftoit l'opinion commune, voire de ceux qui
mettoient la main à la plume, comme vous voyez par
ce Sonnet : Telle eftoit celle mefme de Iodelle : Il me
fouuient que le gouuernant vn iour entre autres fur
fa Poëfie (ainfi vouloit-il eftre chatoüillé) il luy aduint
de me dire, que fi vn Ronfard auoit le deffus d'vn Iodelle le matin, l'apres-difnée Iodelle l'emporteroit de
Ronfard : & de fait il fe pleut quelquesfois à le vouloir
contrecarrer [2]. »

---

1. *Œuvres françoifes de Ioachim du Bellay*, tome II, p. 142,
de notre édition.
2. Eftienne Pafquier, *Les Recherches de la France*. Paris, Laurens Sonnius, 1621, in-fol., livre VII, p. 619.

Comme exemple de ces luttes littéraires, Pasquier rappelle les chansons que Jodelle a faites en réponse à celles de Ronsard, et où il a finement combattu les opinions de son illustre rival [1].

Jodelle, comme on le voit par les passages qui précèdent, devint sur-le-champ aussi célèbre que des poëtes qui lui étaient en réalité fort supérieurs, et qui, par esprit de camaraderie, et aussi à cause du prestige qui s'attache toujours aux succès remportés au théâtre, chantèrent ses louanges d'un commun accord et vantèrent à l'égal d'une création véritable l'application à l'art dramatique en particulier du système général de restauration païenne que la Pléiade avait mis en honneur.

Apprécié dignement, et même au-dessus de sa valeur, par les gens de lettres, privilége assez rare, Jodelle fut favorablement accueilli à la cour, ce qui était certes plus aisé. « Charles Cardinal de Lorraine le fit premierement cognoiſtre au Roy Henry : la Ducheſſe de Sauoye ſœur de ce Roy, & le duc de Nemours, ſur tous le fauoriſerent grandement. » — « Charles archeueſque de Dol, de l'illuſtre maiſon d'Eſpinay..... a fait touſiours cas des Poëſies de cet autheur, iuſqu'à faire quelquesfois repreſenter ſomptueuſement aucunes de ses Tragedies [2]. »

Les succès de 1552 lui valurent cette réputation et cette faveur, qui s'accrurent pendant de longues années, mais qui, en réalité, tirent de là leur origine.

Depuis 1552 iusqu'en 1558, notre poëte, en proie à la plus incurable vanité, dévoré d'ambition et gâté par les éloges de ses contemporains, ne rencontra plus d'occasions aussi favorables de mettre ses œuvres au jour ; mais les termes mêmes dans lesquels il se plaint

---

[1]. Voyez tome II, p. 45 et 65 de notre édition.
[2]. Voyez ci-après, pages 6 et 8.

du sort font bien comprendre que son peu de persévérance, sa mollesse et surtout son caractère ombrageux, étaient les plus sérieux obstacles qui venaient contrarier ses desseins.

« Quand aus letres — écrit-il en 1558 —....... qu'eſt ce que i'ay iamais voulu faire voir de moy, qu'vn affaire, vne maladie, vne debauche d'amis, vn default ou vne perte d'occaſion, vne entrepriſe nouuelle, ou ce qui eſt le pire de tous, vne enuie n'ait empeſché d'eſtre veu[1]? »

Les circonstances politiques créaient alors à la littérature des difficultés plus réelles, et que Jodelle est beaucoup mieux fondé à déplorer :

« l'auois — dit-il à la même époque — & des Tragedies & des Comedies, les vnes acheuées, les autres pendues au croc, dont la plus part m'auoit eſté commandée par la Royne & par Madame feur du Roy, fans que les troubles du tens euſſent encore permis d'en voir rien, & .....j'attendois touiours vne meilleure occaſion que n'eſt ce tens tumultueus & miferable pour les faire metre fur le theatre[2]. »

Du reste, sa vanité ne se bornait pas, comme celle de Ronsard ou de Joachim du Bellay, aux choses de sa profession. Il songeait à devenir un grand capitaine, à entreprendre de longs voyages, à remplir un rôle politique ; mais on comprend que les hésitations et les défaillances qui s'opposaient au succès de ses entreprises littéraires aient redoublé lorsqu'il fut question d'exécuter des projets aventureux, mal concertés, et auxquels sa vie antérieure ne l'avait nullement préparé. Il en fait lui-même en ces termes l'aveu naïf :

« Quand aus armes ou i'ay touſiours ſenti ma nature

1. Voyez ci-après, page 257.
2. Voyez ci-après, page 240.

affés encline ; en quel camp, en quel voiage n'ay-je voulu aller, & quels aprefts & quelles pourfuites n'ay-ie tâché de faire? Mais toufiours ou quelque autre maladie ou le deffaut prefent du moyen qui ne peut accorder auecque la grandeur d'vn bon cueur, ou le delay de iour en iour, ou quelques autres incommodités m'ont tellement retenu, qu'il femble que ces malheurs me feruans de fers, ma ville, qui m'eft malheureufe le poffible, me doiue feruir d'eternelle prifon. Quand aus affaires, encores que ie n'i fois ni fait ni nourri, aufquels pour le moins n'eftois-ie point né? Mais tant f'en faut, comme me reprochent plufieurs, que ie les fuye, qu'ils m'ont de tout tens fui, fans qu'il y ait eu rien qui m'en ait rendu incapable que le trop de malheur, ou le trop de capacité, defquels l'vn m'a peu apporter les haines & les enuies, & l'autre la prefumption & fiance de moymefme, qui deplaifent merueilleufement aus grands [1]. »

Après nous avoir ainsi raconté en prose le motif de son peu de succès, Jodelle y revient en vers, presque dans les mêmes termes :

Tu fçais que fi ie veus embraffer mefmement
  Les affaires, l'honneur, les guerres, les voyages,
  Mon merite tout feul me fert d'empefchement [2].

Ainsi, voilà qui est bien convenu, c'est « le trop de capacité » de Jodelle, c'est son « mérite » qui lui nuisent ; n'oublions pas cependant ce à quoi il s'arrête le moins, sa « prefumption & fiance de luy mefme ».

Il est évident d'ailleurs qu'il ne savait pas bien exactement quel était le but réel de ses vagues aspirations. Il

---

1. Voyez ci-après, pages 257, 258.
2. Voyez ci-après, page 280.

désirait fort combattre dans un temps où les occasions ne manquaient certes pas, et cependant nous n'apprenons rien, ni par lui, ni par ses contemporains, au sujet de ses campagnes; il souhaitait voyager, et c'est à peine si l'on peut conjecturer, d'après un passage d'un de ses sonnets, que, dans sa jeunesse, il a traversé les Alpes [1]; il voulait prendre part aux affaires publiques, et il ne s'en est jamais mêlé qu'en donnant aux souverains, dans ses vers, quelques-uns de ces conseils généraux de sagesse et de prudence dont les poëtes n'ont en aucun temps laissé manquer les rois.

Là ne se bornaient pas les prétentions de Jodelle; il se sentait également propre à tout, et il était parvenu à faire partager son opinion à un bon nombre de ses contemporains. Charles de la Mothe nous le donne pour « grand Architecte, trefdocte en la Peinture, & Sculpture, trefeloquent en fon parler [2] ». Nous allons le voir cependant se tirer fort mal d'une tentative dans laquelle ces diverses qualités lui eussent été d'un fort grand secours.

En 1558, après la prise de Calais par le duc de Guise, qui avait causé le plus vif enthousiasme, après la réunion des États généraux, qui offrirent avec empressement à Henri II tout l'argent dont il pouvait avoir besoin, ce prince « s'auifa de mander au Preuoft des marchants & Efcheuins de Paris qu'il iroit fouper en leur maifon de Ville le Ieudi gras enfuiuant [3] », c'est-à-dire le 17 février.

Quatre jours seulement avant la date fixée, Jodelle fut prié de faire réciter devant le Roi quelque tragédie ou comédie; mais il refusa de le faire, « adiouftant — ainsi qu'il a pris grand soin de nous le raconter — ce petit mot affés poetiquement dit, que cefte année la

1. Voyez tome II, page 6 de notre édition.
2. Voyez ci-après, pages 7 et 8.
3. Page 238.

Fortune auoit trop tragiquement ioué dedans ce grand echaufaut de la Gaule fans faire encor par les fauls fpectacles refeigner les veritables playes [1]. »

Peut-être est-ce tout simplement pour le plaisir de placer cette belle réponse que Jodelle ne consentit point à faire représenter un des ouvrages que, d'après son propre aveu[2], il avait alors en portefeuille ; mais, trouvant d'ailleurs l'occasion favorable pour mettre en lumière les talents si nombreux et si divers dont il s'enorgueillissait, il s'engagea peu à peu fort imprudemment à organiser la fête, et se faisant, comme il le dit, « quafi de tous meftiers [3] », il rédigea des inscriptions latines, dressa des arcs de triomphe, composa sur la conquête de la Toison d'or un beau divertissement, dans lequel « la nauire Argon » symbolisait le vaisseau de la ville de Paris, et où lui-même remplissait le rôle de Jason, fit exécuter des décorations et des costumes, choisit et conseilla des acteurs.

Jodelle, qui avait certes de l'imagination et de l'activité, semble n'avoir jamais connu l'ordre, la méthode ni l'art difficile de se faire obéir. L'exécution de la fête qu'il avait conçue fut d'autant plus défectueuse que le plan en était beaucoup trop compliqué, vu le peu de temps dont on pouvait disposer pour le mettre à exécution.

Le Roi arriva sur les quatre heures en la Maison de ville [4], dont les abords et le portail étaient ornés d'inscriptions et d'emblèmes préparés par Jodelle. L'entrée se passa fort bien, ainsi que le repas ; dès qu'il fut terminé, on appela à grands cris le malheureux poëte, qui n'était nullement prêt. Il avait composé le matin même les vers du rôle de Jason, qu'il allait se trouver

---

1. Voyez ci-après, page 241.
2. Voyez ci-après, page 240.
3. Voyez ci-après, page 241.
4. Voyez ci-après, page 242.

obligé de réciter¹, et n'avait pu faire répéter les autres acteurs qu'une heure avant le souper du roi². Sa mascarade, assez nombreuse, se composait de quatorze personnes : Jodelle en Jason, Minerve, Argon, Mopsus et dix Argonautes muets, « tous habillés à la matelote antique de blanc & de noir ³ », parmi lesquels se trouvaient cinq ou six gentilshommes, amis de l'auteur ⁴; en outre, il fallait introduire dans la salle deux longs rochers et de plus un grand navire, auquel Jodelle avait pris soin, à la vérité, d'adapter un mât mobile, afin d'en rendre l'entrée plus facile ⁵.

On lui avait promis d'ailleurs que les nappes une fois levées, les tables s'abattraient, et que près de la moitié de la salle resterait vide; mais lorsqu'il voulut entrer, aucune précaution n'avait été prise, et l'on pouvait à peine remuer. Excédé de fatigue, malade depuis plus d'une heure ⁶, voyant au dernier moment que les costumes étaient insuffisants ⁷, le malheureux poëte, renversé à l'entrée de la salle avec plusieurs de ses compagnons qu'il était obligé d'attendre un à un, accueilli par des rires à son arrivée, à cause d'une musique malencontreuse ⁸, vit ses acteurs « comme perdus dedans cefte multitude, & parlans iufques contre la face du Roy ⁹ », manquer de présence d'esprit et de mémoire.

Le divertissement commençait par un chant d'Orphée ¹⁰ attirant à lui les rochers, dont les divinités répondaient à ses accents; mais quels ne durent pas être

1. Voyez ci-après, page 267.
2. Voyez ci-après, page 269.
3. Voyez ci-après, page 273.
4. Voyez ci-après, page 270.
5. Voyez ci-après, page 270.
6. Voyez ci-après, page 271.
7. Voyez ci-après, page 269.
8. Voyez ci-après, page 271.
9. Voyez ci-après, page 270.
10. Voyez ci-après, page 259.

les rires de la Cour en voyant Orphée suivi, non de rochers, mais de clochers qu'une incroyable méprise du décorateur y avait substitués [1]. Quant à Jodelle, il exprime ainsi, avec l'emphase poétique qui lui est habituelle, la douloureuse stupéfaction dans laquelle le jetèrent de si tristes mésaventures : « Moymefme..... demeuray quafi tout tel (f'il faut qu'ainfi ie parle) que fi la Minerue qui marchoit deuant moy m'euft transformé en pierre par le regard de fa Medufe [2]. »

Quand cette mascarade eut été achevée, « tellement quellement [3] », suivant l'expression de Jodelle, il en fit entrer une autre qui ne parlait pas et dont les personnages étaient la Vertu, la Victoire et la déesse Mnémosyne.

Jodelle aurait voulu qu'elles fussent accompagnées de trois enfants nus, représentant les Amours ou les Jeux, et que la Vertu prît dans une corbeille portée par un de ces enfants des couronnes accompagnées chacune d'un distique en l'honneur de la personne à qui elle devait être offerte; mais là encore l'exécution répondit imparfaitement au projet : les Parisiens n'envoyèrent point leurs enfants tout nus à l'hôtel de ville, ainsi que les avait demandés Jodelle; ils étaient même à peine déguisés, et il devint impossible de leur adapter des ailes et de leur mettre les trousses et carquois préparés pour eux; de toutes les couronnes, une seule était prête : celle qui avait été destinée au Roi; aucune des autres personnes n'en eut, et la duchesse de Valentinois ne se vit pas couronner par la Vertu, ainsi qu'elle devait l'être suivant le programme de la fête.

Ce « defaftre [4] », encore exagéré par les adversaires de Jodelle, lui causa un chagrin si vif qu'à l'en croire,

1. Voyez ci-après, page 269.
2. Voyez ci-après, pages 241 et 242.
3. Voyez ci-après, page 273.
4. Voyez ci-après, page 231.

peu s'en fallut qu'il ne jetât pour jamais au feu livres, papiers et plumes; sa santé en fut altérée, et il demeura « quelques iours malade d'vne fieure tierce [1] ». Enfin, accablé de douleur, il quitta pour un certain temps la Cour, comme il nous le raconte dans une élégie où il compare son absence à l'exil d'Ovide [2].

Peu à peu cependant le poëte revint à ses occupations et à ses habitudes; si bien qu'après avoir été sur le point de ne plus écrire, il se mit en devoir de publier les inscriptions qu'il avait faites pour l'entrée du Roi, les vers de la mascarade des Argonautes et un récit apologétique de sa mésaventure; et les fit paraître en un petit *Recueil* [3] après les fêtes de Pâques, lorsque la Cour, qui avait été séjourner à Fontainebleau, fut de retour à Paris.

Bien que Jodelle nous affirme, dans cet ouvrage, qu'il se « commande la modeftie plus que iamais [4] », il ne songe pas un instant à s'accuser des torts très-réels qu'il avait eus et qui ressortent si bien de son récit même; d'après lui, le sort est cause de tout : « l'ay — dit-il — touſiours eu ce meſchant heur de faire les choſes auſſi facilement & auſſi bien, comme ie les fay malheureuſement [5]. »

Cet opuscule, dédié par Jodelle *à ſes amis*, devenus, dit-il, beaucoup moins nombreux à cause de sa mésaventure [6], est extrêmement précieux pour sa biographie : il y étale très-naïvement son caractère et s'y montre, sans en avoir conscience, sous des aspects qui sont loin parfois de lui être favorables; c'est là probablement ce qui a déterminé Charles de la Mothe,

---

1. Voyez ci-après, page 234.
2. Voyez ci-après, page 317.
3. Voyez ci-après, page 229-281.
4. Voyez ci-après, page 267.
5. Voyez ci-après, page 235.
6. Voyez ci-après, page 231.

premier éditeur des œuvres de Jodelle, fort jaloux de sa gloire, à retrancher toute cette apologie, pour ne laisser subsister que les vers de la mascarade des Argonautes. Quant à nous, dont le point de vue est naturellement tout autre, nous avons réimprimé ce livret dans notre édition; et, quoiqu'il nous ait fourni d'abondants matériaux pour la présente *notice*, nous ne saurions engager trop vivement ceux qui veulent bien connaître Jodelle et l'apprécier en pleine connaissance de cause, à lire en entier ce curieux morceau; c'est là que se révèle le mieux son caractère fantasque, à la fois intraitable et flatteur, altier et courtisan; on y voit paraître à plein sa vanité, son outrecuidance, indiquées trop sobrement et ainsi déguisées sous de spécieuses couleurs dans la bienveillante biographie que lui a consacrée Charles de la Mothe : « mefprifant philofophiquement toutes chofes externes, ne fut cogneu, recherché, ny aimé que maugré luy[1]. » Jodelle n'était pas si sauvage : il souhaitait avec une grande bonne foi un prince qui le rétribuât grassement et qui, satisfait de recevoir en échange de ses bienfaits une immortalité assurée, consentît volontiers à supporter les conseils, les critiques, et même les reproches. Ronsard, qu'il avait fini par associer à ses plaintes continuelles sur le peu de générosité du Roi à son égard, disait en 1560 :

Vn feul bien ta vertu fi iuftement demande :
C'eft que noftre grand Prince ignorant ta grandeur,
Ne fe monftre affez grand à ta Mufe fi grande[2].

L'avénement de Charles IX lui fit espérer qu'il avait enfin trouvé ce qu'il cherchait. Sous ce règne il remplit avec une grande activité les fonctions de poëte of-

1. Page 8.
2. *Les Oeuures de P. de Ronfard.* Paris, G. Buon, 1584, in-fol., p. 250.

ficiel, célébrant les victoires [1], faisant des divertissements pour les mariages [2], pleurant les morts [3], chantant les naissances [4], flattant les goûts du Roi, dans une *Ode de la chaſſe* extrêmement développée [5], et cherchant à utiliser ses talents d'architecte en discourant « d'un baſtiment [6] » avec Charles IX, ou en imaginant pour Catherine de Médicis quelque belle structure [7].

Il rédigea les inscriptions destinées à un petit monument connu sous le nom de *Croix de Gaſtines*, dont l'auteur des *Mémoires de l'Eſtat de la France ſous Charles neufieſme* nous raconte ainsi l'histoire [8] : « L'an mil cinq cens ſoixante neuf, pendant la plus grande fureur des troiſieſmes troubles, le Parlement de Paris fit pendre & eſtrangler Nicolas Croquet, Philippes & Richard de Gaſtines, marchans honorables : pour autant qu'ils eſtoyent de la Religion. Entre autres choſes contenues en leur arreſt, qui fut prononcé & executé le dernier de Iuin audit an 1569, ce qui ſ'enſuit doit eſtre noté pour le diſcours ſuyuant, Ladite Cour (de Parlement) a ordonné & ordonne, que la maiſon des cinq croix blanches appartenant auſdits de Gaſtines, aſſize en rue Sainct Denis, en laquelle les preſches aſſemblees & Cenes ont eſté faites, ſera rompue, demolie & raſée par les charpentiers maſſons, & gens à ce conoiſſans dont la Cour conuiendra. Et cependant a ladite Cour ordonné & ordonne que le bois & ferrures de fer qui prouiendront de la demolition de ladite maiſon, feront vendus, & les deniers qui en prouiendront

---

1. Tome II, p. 129-155.
2. Tome II, p. 111-129.
3. Tome II, p. 157-160.
4. Tome II, p. 165-170.
5. Tome II, p. 297-321.
6. Tome II, p. 129.
7. Tome II, p. 160, 161, et p. 363, note 39.
8. Fol. 63, recto.

feront conuertiz & employez à faire faire vne croix de pierre de taille : au-deſſous de laquelle ſera mis vn tableau de cuyure, auquel ſera eſcrit en lettres grauees, les cauſes pour leſquelles ladite maiſon a eſté ainſi demolie & raſee .... A l'endroit d'icelle les Pariſiens auoyent fait eſleuer vne haute pyramide de pierre, ayant vn crucefix au ſommet, doree & diapree, auec vn recit en lettre d'or ſur le milieu, de ce que deſſus, & des vers Latins, le tout ſi confuſement & obliquement deduit, que pluſieurs eſtimoyent que le compoſeur de ces vers & inſcriptions (on dit que c'eſtoit Eſtienne Iodelle, Poëte François, homme ſans religion, & qui n'eut onc autre Dieu que le ventre) s'eſtoit mocqué des Catholiques & des Huguenots. »

D'après l'Estoile[1], « Iodelle preſenta au Roy les deſſeins pour la croix de Gaſtine, de l'inuention dudit Eſt. Iodelle, qui n'eurent point d'effect; d'autant que par la paix faite l'an d'aprés, 1570, il fut dit que ladite croix feroit oſtée. » Mais le témoignage de l'auteur des *Mémoires de l'Eſtat de la France* semble prouver qu'avant l'enlèvement de la croix les inscriptions avaient été placées.

Voici la pièce française destinée à ce monument par Jodelle. Elle a été publiée par M. Tricotel, depuis l'achèvement de notre édition :

AVX PASSANTS

Chriſt, l'aigneau, le Lion, par humbleſſe & victoire
Victime au lieu d'Iſaac, & de Iuda la gloire,
Doux & fort, du meſpris de ſes Loix & du tort
Fait à ſes lieux ſacreʒ, nous doit punir plus fort

---

1. *Mémoires et Journal de Pierre de l'Eſtoile*, collection Michaud et Poujoulat, 2ᵉ série, tome I, édition Champolllon-Figeac et Aimé Champollion, p. 23.

*Que ceux qu'ici naurez de serpens on contemple,
Que ceux qui profanoyent les saints vaisseaux du temple,
Que ceux que pour blaspheme vn peuple lapidoit,
Que ceux sur qui le Ciel ses feux vengeurs dardoit,
Car l'ire & l'effect suit la doulceur & l'exemple*[1].

L'auteur des *Mémoires de l'Estat de la France*, protestant fort zélé, maltraite d'autant plus Jodelle qu'il le regarde comme un apostat.

Après avoir poursuivi de ses invectives plusieurs poëtes de la Pléiade qui avaient approuvé le massacre de la Saint-Barthélemy, il mentionne [2] :

« Estienne Iodelle Parisien, aussi poëte François (qui a autresfois demeuré à Geneue, faisant profession de la Religion, où il fit en vne nuict entre autres, cent vers latins, esquels il deschifroit la messe, auec des brocards conuenables [3]) publia trente six sonnets contre les Ministres [4], ausquels il impute la cause de tous les maux. On dit que pour ces sonnets il eut bonne somme d'escus. »

L'Estoile semble lui attribuer aussi d'autres écrits,

---

1. *Vers inédits de Jodelle*. (*Bulletin du Bibliophile*, septembre-octobre 1870-1871, pages 424-432.) Cet article contient, outre la pièce que nous reproduisons, diverses poésies attribuées à Jodelle : 1º *L'Ombre au Passant, sur le tumbeau de Iean Brinon*. 2º Une *Épigramme* et un *Sonnet* dirigés contre Théodore de Bèze. 3º Trois *Sonnets affichez en plusieurs endroicts de Paris le ieudi 28e aoust* 1572, à la fin desquels on lit : « Est. Iodelle, tenu pour aucteur. » Nous reviendrons sur ces opuscules dans notre *Supplément* général. Quant aux vers que nous donnons, M. Tricotel les a tirés d'un manuscrit de la Bibliothèque nationale (nº 10304, fonds français, p. 211), sur lequel nous les avons collationnés de nouveau.

2. Fol. 278, verso.

3. Voyez t. II, p. 339, de la présente édition, un sonnet du même genre, également attribué à Jodelle par un réformé.

4. Voyez t. II, p 133-151, et les *Sonnets* publiés par M. Tricotel, et indiqués dans la note 1 ci-dessus.

où les mêmes opinions étaient exprimées avec encore plus de violence :

« A la Saint-Barthelemy, il fut corrompu par argent pour efcrire contre le feu admiral & ceux de la religion : en quoy il fe comporta en homme qui n'en auoit point, defchirant la memoire de ces poures morts de toutes fortes d'iniures & menteries [1]. Finablement, il fut employé par le feu roy Charles, comme le poëte le plus vilain & lafcif de tous, à efcrire l'arriere hilme que le feu Roy appeloit la Sodomie de fon preuoft de Nantouillet, & mourut fur ce beau fait qu'il a laiffé imparfait [2]. » Cette dernière accusation est mal fondée. Elle ne peut se rapporter qu'à *la Riere Venus*, qu'effectivement, comme nous le dit Charles de la Mothe, « l'autheur pour fa maladie ne peut parfaire [3] ». Or il suffit de jeter les yeux sur cet ouvrage [4] pour se convaincre que Jodelle y flétrit avec énergie les désordres qu'on semble l'accuser d'avoir approuvés.

Un préambule de plus de deux cents vers, adressés à Charles IX et placés en tête du très-long morceau, cependant inachevé, intitulé : *Les Difcours de Iules Cefar auant le paffage du Rubicon* [5], contient pour ainsi dire l'acte par lequel le poëte se déclare attaché à la personne du Roi et les conditions mutuelles de cette convention.

Jodelle établit d'abord que si « le seruice & la fuite » d'un prince doit être le but des « mieux nés », la Cour des tyrans doit être soigneusement évitée, et il vante les philosophes austères qui s'en sont écartés :

---

1. Tome II, p. 133-151, 339-340.
2. *Mémoires et Journal de Pierre de l'Eftoile*, collection Michaud et Poujoulat, 2ᵉ série, tome I, édition Champollion-Figeac et Aimé Champollion, p. 29.
3. Voyez ci-après, p. 6.
4. Tome II, p. 95-102.
5. T. II, p. 215-277.

> *Tant que ces gens viuoyent en leur pauure sagesse*
> *Plus contens, que ces Rois en leur pauure richesse.*

Si au contraire les princes sont vertueux, « leur vertu les vertueux attire »; mais il faut qu'ils laissent une grande liberté à ceux qui se donnent à eux, et Jodelle convient que c'est le défaut d'indépendance qui a dégoûté de la Cour son esprit absolu et entier; puis il fait tout à la fois le procès au poëte servile et au prince qui abuse de cette servilité, dans un passage qui se termine ainsi :

> *Tous deux tels, que souuent au bout de leur attente,*
> *Rien n'y a qui leur maistre, ou les autres contente,*
> *Ny mesme eux, ou leur race, en leur fin faisans voir*
> *Qu'vn desespoir occit ceux qui viuent d'espoir.*

Ce dernier vers prouve que la chute du sonnet d'Oronte[1], qui passe d'ordinaire pour un type de la littérature précieuse, n'eût pas été désavouée par Jodelle.

Son poëte officiel idéal ne s'astreint pas à suivre la Cour, et sert son prince de loin,

> *tout prest*
> *D'estre vrayment present, quand besoin il en est,*

il veille sur la gloire du souverain, s'efforce d'éterniser sa renommée tout en lui préparant des divertissements, et surtout en ne lui ménageant pas les conseils :

> *L'encourageant, s'il peut, aux choses les plus hautes,*
> *Des plus grands anciens luy proposant les fautes,*

---

1. Molière, *Le Misanthrope*, acte I, scène II.

*Vertus, ruſes, diſcours, & ce dont la grandeur
Peut renuerſer, ou croiſtre, ou ſauuer ſon grand heur,
Prenant ſans fin le ſoin des choſes qui luy viennent,
Veillant pour empeſcher tous troubles qui retiennent
Son eſtat empeſtré.*

C'est ce rôle que Jodelle aspire à jouer, mais il n'entend pas le remplir pour rien ; et, tout en affectant un entier désintéressement, il a soin de rappeler qu'il est

... pauure, & qui pis eſt, deſaſtreux gentilhomme.

Bien que l'abbé Lebeuf nous dise : « Le poëte Jodelle, mort en 1573, avait sa maison sur cette paroisse (Saint-Germain-l'Auxerrois), rue Champfleury[1] » ce qui semblerait indiquer que lorsqu'il mourut il était propriétaire, sa situation n'en était pas alors plus heureuse, et peut-être eût-il été bien difficile de l'améliorer. Ses prodigalités, son désordre, ne permettaient pas de l'enrichir, mais du moins le Soùverain ne manqua jamais de l'assister dans sa détresse.

On en trouve une preuve authentique dans les registres de l'Épargne du Roi Charles IX de l'année 1572.

« A Eſtienne Iaudelle, ſieur de Limodyn, lung des poettes dudiɛt ſeigneur, la ſomme de cinq cens liures tournois.... dont Sa Maieſté luy a faiɛt don, en conſideration des ſeruices qu'il luy a cy deuant & de long-temps faitz en ſondiɛt eſtat, & meſme pour luy donner moyen de ſe faire penſer & guarir d'vne malladie de laquelle il eſt à preſent detenu, & ſupporter les frais & deſpens qu'il eſt contraint faire en ceſte occaſion, & ce

---

[1]. *Histoire du Diocèse de Paris*, t. I, p. 51-52.

oultre & par deſſus les autres dons & bienffaitz qu'il a
cy deuant euz dudiƈt ſieur.... Le vingtneufieſme Iour
doƈtobre¹."»

Jodelle mourut neuf mois après avoir reçu du Roy
cette libéralité, qui ne fut probablement pas la dernière, car, bien qu'il ait composé « en ſon extreme foibleſſe » un sonnet destiné à Charles IX, et dont la
chute était le mot d'Anaxagore à Périclès :

Qui ſe ſert de la lampe aumoins de l'huile y met,

ces vers, récités par lui, « de voix baſſe & mourante », ne furent pas envoyés au Roi, « pour n'auoir
eu beſoin — dit Charles de la Mothe, dont le témoignage n'est pas suspect, — de ce que plus par cholere,
que par neceſſité il ſembloit requerir par iceluy ² ».
Ce passage des *Vers funebres de Th. A. D'Aubigné,
Gentil-homme Xantongois, ſur la mort d'Eſtienne Iodelle Pariſien Prince des Poëtes Tragiques*³, est donc
évidemment empreint d'une assez grande exagération :

*Iodelle eſt mort de pauureté ;
La pauureté a eu puiſſance
Sur la richeſſe de la France.
O dieux ! quel traiƈt de cruauté !*

1. L'original de cette pièce, publiée dans les *Archives curieuses
de l'histoire de France....* par L. Cimber et F. Danjou, 1ʳᵉ série,
t. VII, p. 359 et 360, et dans le *Dictionnaire critique de biographie et d'histoire*, par Jal, se trouve aux Archives de France,
KK. 133, fol. 2,550.
2. Voyez ci-après, p. 8.
3. A Paris, par Lucas Breyer, 1574, in-4° de 6 feuillets.

> *Le Ciel auoit mis en Iodelle*
> *Vn efprit tout autre qu'humain ;*
> *La France luy nia le pain,*
> *Tant elle fut mere cruelle.*

Mais il serait difficile aujourd'hui de détruire une opinion si répandue[1] ; et, suivant toute apparence, Jodelle conservera longtemps encore une place honorable dans la liste, un peu enflée par les biographes, des poëtes que la misère a fait périr.

« Il mourut l'an mil cinq cens feptante trois, en Iuillet, aagé de quarante & vn ans », nous dit Charles de la Mothe[2].

Pierre de l'Estoile, qui, comme nous l'avons vu, est assez injuste à son égard, raconte ainsi ses derniers moments[3] : « Le prouerbe qui dit : telle vie, telle fin, fut verifié dans Eftienne Iodelle, poëte parisien, qui mourut cefte année, à Paris, comme il auoit vefcu, [duquel la vie ayant efté fans Dieu, la fin fut auffy fans luy, c'eft-à-dire tres-miferable & efpouuantable, car il mourut fans donner aucun figne de recognoiftre Dieu, & en fa maladie, comme il fut preffé de grandes douleurs, eftant exhorté d'auoir recours à Dieu, il refpondoit que c'eftoit

---

1. L'auteur de l'*Anti-Machiavel*, chap. I de la 2e partie, dit que Jodelle, après les débauches d'une vie tout épicurienne, mourut de faim. — Épigramme grecque de Jean Antoine de Baïf, sur le genre de mort de Jodelle par rapport au nom de sa terre :

Ὃς σφέτερον θρέψαι τὸν κύριον ἀγρὸς ὄφειλεν,
Ἆι, λιμὸς δεινὸς κτεῖνεν Ἰωδέλιον.

Jugements des savants de Baillet, augmentés par La Monnaye (notes), t. IV, p. 431, édit. de 1722.

2. Voyez ci-après, p. 8.

3. *Mémoires et journal de Pierre de l'Estoile.* Collection Michaud et Poujoulat, 2e série, tome 1, édition Champollion-Figeac et Aimé Champollion, p. 29.

vn chaux Dieu], & qu'il n'auoit garde de le prier ni recognoiſtre iamais tant qu'il luy feroit tant de mal, & mouruſt de ceſte façon deſpitant & maugreant ſon createur auec blaſphêmes & hurlemens eſpouuantables. »

Un autre récit, plus vraisemblable, nous montre Jodelle mourant en sceptique, mais non en athée, ni surtout en furieux, et s'écriant, comme plus tard Goëthe : « De la lumière[1] ! », soit à cause de l'impression toute physique causée par l'approche du trépas, soit par suite de ce désir immense de science et de vérité qui n'est jamais satisfait en ce monde.

La nouvelle de sa mort, accueillie par les invectives des protestants[2], inspira peu de regrets à ceux qui le connaissaient. Son caractère hautain et orgueilleux fut sans doute la cause principale du peu de sympathie qu'il excita. D'Aubigné, dans les *Vers funèbres* qu'il lui adresse, cherche à tourner ses défauts à sa gloire, sans essayer de les dissimuler.

> *Si on reproche la grandeur*
> *A Iodelle, & qui fut trop graue,*
> *Puis que l'eſprit eſtoit ſi braue,*
> *Pouuoit il auoir autre cœur?*
> *Quelque abatu de conſcience*
> *Euſt deſguiſé ce qu'il ſcauoit*

---

1. Du Verdier. Bibliothèque française. *L'Intermédiaire*, août et septembre 1867, colonnes 317 et 318.

2. On trouve la mention suivante, sous la date de 1574 (p. 50), dans les *Mémoires de l'Estoile* : « Vn ſonnet fait ſur la mort d'Eſtienne Iodele, poëte pariſien, par les huguenos, leſquels ledit Iodel apeloit rebelles, hæretiques; qui me fuſt donné par vng mien ami en ceſt an 1574, auec vn petit memoire & apoſtile de la vie, religion & mort dūdit Iodele, qui aduinſt en iuillet 1573. » M. Tricotel a retrouvé ce sonnet, qui étoit perdu, et il l'a publié dans le *Bulletin du Bibliophile*, septembre-octobre 1870-1871, page 426.

> *Mais Iodelle ne le pouuoit*
> *Aualer d'vn poltron filence.*

> *Cela ne debuoit point ofter*
> *Aux doctes efpritz de la France*
> *La pitoiable fouuenance*
> *De celuy qui debuoient chanter :*
> *Si peu iamais ne debuoit faire*
> *Le moindre de tous commencer :*
> *Mais i'ay mieux aymé m'auancer,*
> *Pour garder quelqu'vn de fe taire.*

> *Lors que les petiotz enfans*
> *Crient au tombeau de leur pere,*
> *Cefte douleur eft plus amere,*
> *Que le defefpoir des plus grandz,*
> *Bien qui ne logent dans leur cœur*
> *Vn fi grand amas de trifteffe.*
> *Peult eftre que ma petiteffe*
> *Seruira de telle couleur.*

Le poëte se dédommage en préparant dans l'autre monde à celui qu'il pleure un accueil tout différent de celui qu'il avait reçu dans celui-ci :

> *Quand Iodelle arriua fouflant encor fa peine*
> *Le front plein de fueur des reftes de la mort,*
> *Quand, dis-ie, il eut attaint l'Acherontide bord*
> *Attendant le bateau, il reprint fon haleine.*
> *Il trouua l'Acheron plus plaifant que la Seine*
> *L'enfer plus que Paris.*
> . . . .
> . . . .
> *Tous les Rois qui auoient fauorifé les vers*
> *Enuironnoient fon front de mille rameaux vers,*

De mirthe, de Cipres, de Lierre & d'Eſrable :
Heureux qui le pouuoit couronner de ſes doits,
Voyez donc comme il eſt honoré des grands Rois,
Il n'euſt oſé viuant approcher de leur table.

Les pièces de Jodelle continuèrent à être représentées, ou du moins lues en public, quelque temps après sa mort. Nous en avons une preuve dans ce titre d'un argument en vers tiré de Dion Cassius, et rédigé par Guy Le Fevre de la Boderie : *Prologue auant le recit de la Tragedie de Cleopatre, faiƈte par feu Eſtienne Iodelle* [1].

Il est suivi d'un autre prologue du même genre, destiné à une tragédie de *Penthée*, récitée, comme l'indiquent les premiers vers, le lendemain du jour où l'on entendit *Cléopâtre*, mais sans que rien nous fasse savoir dans quel lieu, à quelle époque, ni dans quelle circonstance.

Jodelle avait pris lui-même le soin de faire imprimer le *Recueil des inſcriptions... ordonnées en l'hoſtel de ville à Paris, le Ieudi 17 de Feurier* 1558, recueil principalement consacré à sa justification, et analysé en détail dans la présente notice.

Quant à ses autres *œuvres*, elles restèrent à sa mort inédites et dispersées. D'Aubigné le déplore ainsi dans les *Vers funèbres* que nous avons déjà cités :

Riche eſt il mort, mais quoy ? où eſt ceſte richeſſe ?
Qui en eſt heritier ? i'ay peur qu'auecques luy
Son treſor ſe pourrit, ie ne voy auiourd'huy

---

1. *Diuerſes meſlanges poetiques*, par Guy Le Feure de la Boderie, Secretaire de monſeigneur frere du Roy. — A Paris pour Robert Le Mangnier... 1582, in-16, f° 92 recto. Nous devons ce renseignement, et beaucoup d'autres, à M. Tricotel, que nous ne remercierons jamais assez de ses précieuses communications.

Aucun qui les poffede, aucun qui les careffe.
L'vn en tient vn lopin dont il baue fans ceffe,
L'autre en tient vn cayer enfermé dans l'eftuy,
Vn autre à qui l'argent ne feroit tant d'ennuy,
Le vent à beaux teftons pour mettre fur la preffe.

Pauures vers orphelins voftre pere eut grand tort,
Né vous laiffant au moins nourrir apres fa mort
A quelque bon tuteur, mais quand bien ie regarde
Il vouloit que fon temps & le voftre fuft vn ;
Pource qui ne voyoit autour de luy aucun,
Qui meritaft l'honneur d'vne fi chere garde.

Ces divers ouvrages ne furent publiés que vers la fin de 1574, par Charles de la Mothe, en un gros in-4°, portant la mention de *premier volume*[1]. « Nous efperons — dit l'éditeur dans sa préface — faire mettre en lumiere encore quatre ou cinq auffi gros volumes que ceftuy cy[2]. »

Cette publication n'eut pas tout le succès qu'on en attendait, ce qui dissuada sans doute de la continuer. Pierre de l'Estoile s'exprime ainsi à ce sujet[3] :

« Pour le regard de fes œuùres, P. Ronfard a dit fouuent qu'il eut defiré, pour la memoire de Iodelle, qu'elles euffent efté donnees au feu au lieu d'eftre mifes fur la preffe, n'ayant rien de fi bien fait en fa vie que ce qu'il a voulu fupprimer, eftant d'vn efprit prompt & inuentif, mais paillard, yurongne & fans aucune

1. Voyez ci-après, p. 309 et 310, la note 1.
2. Voyez ci-après, p. 7.
3. *Mémoires et journal de Pierre de l'Estoile.* Collection Michaud et Poujoulat, 2ᵉ série, tome I, édition Champollion-Figeac et Aimé Champollion, p. 29.

crainte de Dieu, auquel il ne croyoit que par benefice d'inuentaire. »

Colletet, si passionné pour nos poëtes du XVIe siècle, n'est pas beaucoup plus favorable à celui-ci dans la biographie qu'il lui a consacrée :

« Je diray que de tous les Poëtes de cette fameufe pleyade qui du tems de Henry fecond mit prefque la Poefie francoife au comble de fes honneurs, Il n'y en a point de qui les œuvres me plaifent moins que celles de Iodelle, fans excepter mefmes celles de Baïf & de Ponthus de Thiart [1]. »

A cette impression personnelle il joint le jugement plus sévère encore de Nicolas Bourbon, contre lequel, pour notre part, nous n'osons réclamer. Cet érudit avait demandé à Colletet les œuvres de Jodelle. « Je fus eftonné, dit l'auteur des *Vies des Poëtes françois*, que cet excellent homme me les renvoya des le lendemain mefme, auec vn billet qui, entre les autres chofes, contenoit ce mot : *Minuit præfentia famam* [2]. »

---

1. Manuscrit des *Vies des poëtes françois*, détruit par l'incendie de la Bibliothèque du Louvre.
2. *Ibidem*.

DE LA POESIE FRANÇOISE

ET DES

ŒVVRES D'ESTIENNE IODELLE,

SIEVR DV LYMODIN[1].

Nos vieux Gaulois faifoyent grand cas de la Poëſie : & entretenoyent les Poëtes, non pour la volupté, mais pour la police, & pour l'eruditon, les eſtimans les vrais & premiers Philoſophes. Ceux qu'ils appelloyent Bards, loüoyent, ou blaſmoyent en vers Gaulois les perſonnages illuſtres, viuans ou treſpaſſez (ainſi que Diodore, Strabon, & Lucain teſmoignent cela auoir duré en Gaule iuſques en leur temps) & les Semnothees mettoyent en vers les cantiques de leur Religion, & les Druides leurs loix. Pource l'hiſtoire de Louhier, & de Betit (que les Romains appeloyent Roys des Auvergnats) n'eſt remerquee par Strabon, & Athenee (qui l'ont extraite de Poſſidoine) que pour le grand accueil, & pour l'honneur qu'ils faiſoyent au Poëte, furuenant en leurs feſtins tant renommez. Et non ſeulement Diodore fait cas (pour le plaifir) de la mélodie inuentee dés lors par ces Bards, de chanter leurs poëmes auec l'inftrument (que le fragment que nous auons d'vn des liures des Origines & des Temps, lequel on attribue à Caton & à vn Archiloch, dit auoir efté imitee par les Romains long temps depuis en leurs jeux & banquets) mais auffi, pour la police, il affeure que quand vn Poëte Gaulois furuenoit au milieu de deux armees aduerfaires, & au fort du combat, il auoit bien cefte authorité de faire arrefter les vns & les autres, & de iuger leurs querelles. Tant (dit-il) le Mars Gaulois refpectoit les Mufes. Comme auffi, pour l'erudition, les hiftoriens ont noté que tous les enfans des Gaulois, principalement les nobles, eftoyent premierement inftituez à la Poëfie, & par icelle aux autres fciences. Or puis que la renommee de ces Bards, & Semnothees, a precedé l'aage des plus vieux Poëtes Grecs, & par confequent auffi des Latins : mefme que les autheurs Latins n'ont peu taire que Stace Cecile Poëte Gaulois, precepteur d'Ennius, porta premierement la Comedie à Rome, & que luy, & Valere Caton auffi Gaulois, firent les premiers Poëtes que Rome a euz : On peut donc prefumer que les Grecs, & les Latins ont appris des Gaulois (domteurs alors des vns, & des autres) ce qu'ils ont fceu de Poëfie : auffi bien que de la Philofophie, que les Grecs receurent des Semnothees, comme Ariftote a confeffé au Magiq, ainfi que Laërce a bien noté. Mais l'ancienne haine, & l'enuie des Romains contre les Gaulois furent fi extremes, que rauageans les Gaules ils fupprimerent les liures, & quafi toute la memoire de ces Semnothees, Bards, & Druides. Et Tibere fous feintife de deffendre les facrifices des Druides, & pour abolir le refte de l'honneur Gaulois, voulut chaffer tous ces Poëtes, qu'il appelloit Deuineurs, & forciers. Toutesfois pour cela, luy ny les autres Empereurs fuiuans, ne peurent en venir à bout, voire ne peurent ofter les Colleges rentez, qui eftoyent de l'ancien eftabliffement des Bards, en aucunes principales villes de Gaule, c'eft à fçauoir, à Treues, Authun, Befançon, Tholofe, Marfeille, & Lyon l'ancienne :

feulement ils les adapterent à leurs louanges, principalement les Ieux-Meſlez de Lyon, qu'Auguſte premierement, & Caligule apres, auoyent tournez en leur adoration. Si eſt-ce que tant par la continuelle oppreſſion Romaine, que par le changement de la Religion, ayans eſté la langue & les mœurs des François latinifez, ſe perdit quaſi l'vſage de Poëtiſer en Gaulois : & les Colleges tomberent en ruine : comme lon en voit vne plainte en vne oraiſon dicte par le Rheteur Eumene, à vn gouuerneur de la Gaule, ſous l'empereur Conſtance, pour le College d'Authun (que Rhenan par erreur a expliqué de celuy de Treues, liſant *Auguſtocliuienſium,* pour *Auguſtodunenſium.*) Auſſi les Gaulois eſtoyent tant addonnez à leur grand ligue de la Franchiſe, pour ſ'affranchir du ioug Romain, qu'ils laiſſerent quaſi tous les Muſes, pour les armes : exceptez quelques Eueſques, comme ſainct Hilaire, qui eſt remerqué le premier entre les Catholiques d'auoir compoſé en vers, des Cantiques, & des Hymnes de l'Egliſe : Proſper auſſi, & pluſieurs autres, qui affectans la façon de la Poëſie Gauloiſe, rimoyent la plus part leurs vers Latins : meſme noſtre ſainct Remy (à qui les François doiuent tant) en ſon teſtament recueilli par l'hiſtorien Floard, faict mention de ſes Epigrammes. Et dés lors reuindrent encor en vſage les vers rymez, tant en Latin qu'en François (que les autres nations voyſines ont long temps depuis appris d'eux) principalement lors que les François furent paiſibles de leur Monarchie : car la Poëſie retourna en ſi grand credit, que les Rois & les Princes ſ'y eſtudioyent, & employoyent. Haudry troiſieme du nom, Roy de France (que par corruption lon appelle Childeric) compoſa pluſieurs liures en vers, qui ne plaiſoyent gueres à Gregoire Archeueſque de Tours, par ce qu'ils n'eſtoyent meſurez par pieds à la Latine, mais rymez à la Françoiſe. Fortunatus en louë auſſi le Roy Cherbert, ou Herbert : Charles le grand ſ'y adonnoit beaucoup, & y auoit fait inſtruire aucunes de ſes filles : & fit faire à Alcuin vn liure de vers Morauls rymez, dont Loup Abbé de Ferrieres fait mention en vne de fes Epiftres. Son fils l'Empereur Loys, s'en delectoit tant, qu'il pardonna à Angers à l'euefque d'Orleans Thiedouil, vne offenfe irremiffible, feulement pour l'auoir ouy chanter des vers Latins rymez, qu'il auoit compofez, ores que ce Loys fuft d'vn naturel tres cruel, quelque tiltre de Debonnaire ou de Pieteux, que faulfement Guetard, hiftorien de fon fils Charles, & fon coufin germain, luy aye le premier donné : car le liuret d'Eghinard a efté corrompu par les Alemans, fi du tout il n'a efté fuppofé. Pareillement le Roy Robert fe plaifoit fort en cette fcience, comme en toutes autres efquelles il auoit bien eftudié, ainfi que fes Chroniqueurs Glaber & Odoran ont efcrit. Thiebaut quatrieme Roy de Navarre, & Comte de Champaigne, eftoit trefbon Poëte François : & de luy, pour vne Ducheffe de Lorraine, & de Gilles Chaftelain de Coucy, pour la dame du Fayet, fe treuue encor vn gros volume de diuers poëmes François. Geoffroy Plantegenet Comte d'Aniou pardonna à plufieurs feigneurs Poicteuins qu'il auoit prins en la bataille de Chef-boutonne, & les deliura de prifon à Tours, pour vn feul prefent de vers François rymez qu'ils luy enuoyerent. Philippe Augufte fit mettre en vers François & Latins, fa victoire de Bouuines, par maiftre Guillaume le Breton precepteur de fon fils Charles, Euefque de Noyon. Et depuis ce temps là eurent grand bruit Guy de Lorris, Iean Clopinel de Meun, Pierre d'Auuergne, Geraud, Floquet, Raimbaud, Geoffroy Rudel, Emery, Bernard, Hugues, Anfeaume, & plufieurs autres Poëtes de fiecle en fiecle, tant qu'aucun aage ne s'eft paffé depourueu de Poëtes François, qui toufiours de mieux en mieux ont enrichi noftre langue de maints bons efcrits. Mais depuis que la chiquanerie Italienne eut abufé les François par la curiofité de la Comteffe Mahaut, & de fon Ernier, ou Garnier, les bons efprits fe corrompirent, & les bonnes fciences, mefme noftre Poëfie Françoife, tomberent en abiection, n'ofans les doctes plus efcrire qu'en Latin : & n'eftant decent à aucun (fors qu'aux farceurs du peuple) de rymer en François : Si voyoit-on

toutesfois entre les Nobles cet amour de la Poëſie Françoiſe touſiours durer. Car il y auoit bien peu de ſeigneurs
aiſez qui n'euſt vn Clerc, qui mettoit en ryme Françoiſe
la plus part de leurs Romans, deſquels on en voit encore pluſieurs eſcrits de ce temps là en aucunes maiſons
de France. Certainement cet abus nuiſit plus à la Poëſie,
que n'auoyent fait les oppreſſions des Romains, & le
changement de la Religion : Et en France elle euſt eſté
du tout abolie, ſi en cet aage dernier le Roy FRAN-
çois premier, reſtabliſſant les bonnes lettres, n'euſt incité
pluſieurs eſprits excellents qui ſourdirent en la fin de
ſon regne & au commencement de celuy de ſon fils
HENRY : leſquels reprenans ceſte ancienne vigueur Françoiſe, remirent ſus la docte Poëſie en leur langue. De
ceux là le premier & le plus hardy fut Pierre de Ronſard, gentilhomme Vandomois, qui ſe fit autheur & chef
de ceſte braue entrepriſe, contre l'ignorance & rudeſſe
de ne ſçay quels Chartiers, Villons, Cretins, Ceues,
Bouchets, & Marots, qui auoyent eſcrit aux regnes precedens : & a tracé le chemin aux autres qui l'ont ſuiuy.
Le premier qui apres Ronſard ſe fit cognoiſtre en ceſte
nouuelle façon d'eſcrire, ce fut Eſtienne Iodelle, noble
Pariſien : car dés l'an 1549. lon a veu de luy pluſieurs
Sonnets, Odes, & Charontides : & en 1552. mit en auant,
& le premier de tous les François donna en ſa langue
la Tragedie, & la Comedie, en la forme ancienne. En ce
temps là auſſi apparurent Baïf, & du Bellay, treſdoctes
Poëtes, & autres en grand nombre, leſquels ont de leur
viuant publié leurs eſcrits, ce que Iodelle ne voulut
oncq faire : mais apres ſa mort, ſes amis plus ſoucieux
de ſa memoire que luy-meſme, & pour l'honneur de la
France, ont recueilly ce qu'ils ont peu de ſes œuures
égarees, & de partie d'icelles ils ont fait imprimer ce
premier volume de Meſlanges, pendant que l'on prepa-
rera autres volumes de choſes mieux choiſies & ordonnees. Car expreſſément lon a meſlé en ce volume pluſieurs pieces faites par l'autheur aux plus tendres ans
de ſa ieuneſſe, comme la Tragedie de la *Cleopatre*, & la

Comedie d'*Eugene*, & quelques Chanſons, Sonnets, & Odes que l'on pourra diſcerner plus foibles que pluſieurs autres faites depuis, afin que l'on cognoiſſe quel a eſté l'autheur en ſes eſcrits, & en ſon adoleſcence, & en la fuite de ſon aage plus viril. On y a mis auſſi aucuns poëmes imparfaicts, par ce que l'on n'en a encore peu recouurer le reſte : Et a l'on penſé (quelques imparfaits qu'ils ſoyent) que ce qui y eſt ne laiſſera de plaire, & proffiter aux Lecteurs : De ceux-là ſont les *Contr'Amours*, qui doiuent contenir plus de trois cens Sonnets : les *Diſcours de Ceſar* au paſſage du Rubicon, qui ſe doiuent monter à dix mille vers pour le moins, *la Chaſſe* qui n'eſt ici à moitié, & *Contre la Riere Venus*, que l'autheur pour ſa maladie ne peut parfaire. Au recueil de ſes œuures nous ont aidé Meſſire Charles Archeueſque de Dol, de l'illuſtre maiſon d'Eſpinay, qui eſtant en Bretagne comme vn Phare éclairant par ſes vertus ceſte coſte de la France, a fait touſiours cas des Poëſies de cet autheur, iuſqu'à faire quelquesfois repreſenter ſomptueuſement aucunes de ſes Tragedies : Meſſire Philippes de Boulainuillier Comte de Dampmartin, ſeigneur treſvertueux : & l'ancien ami de Iodelle, Henry Simon : Auſſi le ſieur de Brunel, qui par la felicité de ſa memoire & de ſon eſprit, y a reſtitué quelques vers oubliez. Iouïſſe donc le Lecteur de ceci ce pendant : Et auant que iuger de ceſte Poëſie, ie le prie de noter deux choſes: l'vne, que ores que par icelle l'on peut bien apercevoir que l'autheur auoit bien leu, & entendu les anciens, toutesfois par vne ſuperbe aſſeurance ne s'eſt oncques voulu aſſuiettir à eux, ains a touſiours ſuiui ſes propres inuentions, fuyant curieuſement les imitations, ſinon quand expreſſément il a voulu traduire en quelque Tragedie : tellement que ſi l'on trouuoit aucun trait que l'on peut recognoiſtre aux anciens, ou autres precedens luy, ç'a eſté par rencontre, non par imitation, comme il ſera aiſé à iuger en y regardant de pres. L'autre, que qui remarquera la proprieté des mots bien obſeruee, les phraſes, & figures bien accommodees, l'elegance &

maiesté du langage, les subtiles inuentions, les hautes
conceptions, la parfaite suite & liaison des Discours, &
la braue structure & grauité des vers, où il n'y a rien de
cheuillé : se trouuera si affriandé en ce style d'escrire singulier, & possible encore non accoustumé entre les François,
que si apres il prend les œuures de plusieurs autres, il
s'en degoustera tant qu'il ne voudra plus lire ny estimer
autres escrits que de IODELLE. Mais outre cela qui par
la lecture de ses œuures se peut recueillir, nous ne pouuons celer aux Lecteurs vne chose quasi incroyable,
c'est que tout ce que lon voit, & que lon verra composé
par IODELLE, n'a iamais esté faict que promptement, sans
estude, & sans labeur : & pouuons auecques plusieurs
personnages de ce temps, tesmoigner, que la plus longue
& difficile Tragedie ou Comedie, ne l'a iamais occupé
à la composer & escrire plus de dix matinees : mesmes
la Comedie d'*Eugene* fut faite en quatre traittes. Nous
luy auons veu en sa premiere adolescence composer &
escrire en vne seule nuict, par gageure, cinq cens bons
vers Latins, sur le suiet que promptement on luy bail-
loit. Tous ses Sonnets, mesmes ceux qui sont par rencontres, il les a tous faicts en se promenant, & s'amusant
par fois à autres choses, si soudainement, que quand il
nous les disoit, nous pensions qu'il ne les eut encore
commencez. Bref, nous ne croirons iamais qu'aucune
autre nation, de tout le temps passé ait eu vn esprit
naturellement si prompt & adextre en cette science. Il
a beaucoup escrit en l'une & l'autre langue & plus
qu'autre Poëte Grec ou Latin, moderne ou ancien, que
nous ayons : car nous esperons faire mettre en lumiere
encore quatre ou cinq aussi gros volumes que cestuy
cy : Et outre cela, plusieurs avec nous, certifieront que
nous auons veu perdre de ses œuures non recueillies,
plus que six tels volumes que cestuy cy ne pourroyent
contenir : Il a escrit aussi plusieurs oraisons Françoises.
Et certainement Iodelle n'excelloit pas seulement en l'art
de la Poësie, mais quasi en tous les autres : Il estoit
rand Architecte, tresdocte en la Peinture, & Sculpture,

treſeloquent en ſon parler, & de tout il diſcouroit auec
tel iugement, comme ſ'il euſt eſté accompli de toutes
cognoiſſances. Il eſtoit vaillant & adextre aux armes, dont
il faiſoit profeſſion. Et ſi en ſes mœurs particulieres[2] il ſe
fuſt autant aimé, comme il faiſoit en tous ces exercices
de ſon eſprit, ſa memoire euſt eſté plus celebre pendant
ſa vie, & il euſt plus veſcu pour ſon païs, & pour ſes
amis qu'il n'a fait : Mais meſpriſant philoſophiquement
toutes choſes externes, ne fut cogneu, recherché, ny
aimé que maugré luy : & ſe fia trop en ſa diſpoſition,
& en ſa ieuneſſe. Si eſt-ce que les Roys Henry deuxieme,
& Charles neufieme, l'aimerent & eſtimerent. Charles
Cardinal de Lorraine le fit premierement cognoiſtre au
Roy Henry : la Ducheſſe de Sauoye ſœur de ce Roy, &
le duc de Nemours, ſur tous le fauoriſerent grandement.
Or il mourut l'an mil cinq cens ſeptante trois, en Iuillet,
aagé de quarante & vn an[3], ayant encor en ſon extreme
foibleſſe faict ce ſonnet (qui eſt la derniere choſe par luy
compoſee) qu'il nous recita de voix baſſe & mourante,
nous priant de l'enuoyer au Roy, ce qui ne fut pas fait,
pour n'auoir eu beſoin de ce que plus par cholere, que
par neceſſité il ſembloit requerir par iceluy.

Alors qu'vn Roy Pericle Athenes gouuerna,
 Il aima fort le ſage & docte Anaxagore,
 A qui (comme vn grand cœur ſoymeſme ſe deuore)
 La liberalité l'indigence amena.

Le Sort, non la grandeur ce cœur abandonna,
 Qui preſſé ſe hauſſa, cherchant ce qui honore
 La vie, non la vie, & repreſſé encore
 Pluſtoſt qu'à ſ'abaiſſer, à mourir ſ'obſtina :

Voulant finir par faim, voilla ſon chef funeſte.
 Pericle oyant ceci accourt, crie, & deteſte
 Son long oubli, qu'en tout reparer il promet :

*L'autre tout refolu luy dit (ce qu'à toy, S*IRE,
  Delaiffé, demi-mort, prefque ie puis bien dire)
  Qui fe fert de la lampe aumoins de l'huile y met.

Facent les mefprifeurs de la Poëfie, & les enuieux de IODELLE, tel iugement de luy & fes efcrits qu'ils voudront, fi auront fes vers de foi affez de force & de valeur, pour emporter le los qu'ils meritent, & en ce fiecle, & aux autres qui nous fuiuent. Et quant à luy, tant que les François fe fouuiendront de leur vieil honneur, & merite vers les Mufes (defquelles ils ont efté de tout temps nourriffiers) ils ne deuront eftre ingrats à la memoire de ceftuy leur nourriffon, poffible le plus agreable qu'elles ayent eu depuis les Bards, & qui toufiours fes œuures n'a dreffé qu'à la gloire de France.

C<small>HARLES DE LA</small> M<small>OTHE</small>.

L'EVGENE

COMEDIE

D'ESTIENNE IODELLE,

PARISIEN[1].

PERSONNAGES DE LA COMEDIE
D'*EVGENE.*

Eugene, *Abbé.*
Meſſire Ieau, *Chappelain.*
Guillaume.
Alix.
Florimond, *Gentilhomme.*
Arnault, *Homme de Florimond.*
Pierre, *Laquais*[5].
Helene, *Sœur de l'Abbé.*
Matthieu, *Creancier.*

L'EVGENE

COMEDIE.

PROLOGVE.

*Assez assez le Poëte a peu voir
L'humble argument, le comicque deuoir,
Les vers demis, les personnages bas,
Les mœurs repris, à tous ne plaire pas :
Pource qu'aucuns de face sourcilleuse
Ne cherchent point que chose serieuse :
Aucuns aussi de fureur plus amis,
Aiment mieux voir Polydore à mort mis,
Hercule au feu, Iphigene à l'autel,
Et Troye à sac, que non pas vn ieu tel
Que celuy là qu'ores on vous apporte.
Ceux là sont bons, & la memoire morte
De la fureur tant bien representee
Ne sera point : mais tant ne soit vantee
Des vieilles mains l'escriture tant braue,
Que ce Poëte en vn poëme graue,
S'il eust voulu, n'ait peu representer
Ce qui pourroit telles gens contenter.
Or pourautant qu'il veut à chacun plaire,
Ne dédaignant le plus bas populaire,*

Et pource aussi que moindre on ne voit estre
Le vieil honneur de l'escriuain adextre,
Qui brusquement traçoit les Comedies,
Que celuy-là qu'ont eu les Tragedies :
Voyant aussi que ce genre d'escrire
Des yeux François si long temps se retire,
Sans que quelqu'vn ait encore esprouué
Ce que tant bon iadis on a trouué,
A bien voulu dépendre ceste peine
Pour vous donner sa Comedie Eugene :
A qui ce nom pour ceste cause il donne,
Eugene en est principale personne.
L'inuention n'est point d'vn vieil Menandre,
Rien d'estranger on ne vous fait entendre,
Le style est nostre, & chacun personnage
Se dit aussi estre de ce langage :
Sans que brouillant auecques nos farceurs
Le sainct ruisseau de nos plus sainctes Sœurs,
On moralise vn conseil, vn escrit,
Vn temps, vn tout, vne chair, vn esprit,
Et tels fatras, dont maint & maint folastre
Fait bien souuent l'honneur de son theatre.
Mais retraçant la voye des plus vieux,
Vainqueurs encor' du port obliuieux,
Cestuy-ci donne à la France courage
De plus en plus oʒer bien d'auantage :
Bien que souuent en ceste Comedie
Chaque personne ait la voix plus hardie,
Plus graue aussi qu'on ne permettroit pas,
Si lon suyuoit le Latin pas à pas,
Iuger ne doit quelque seuere en soy,
Qu'on ait franchi du Comicque la loy.
La langue encor foiblette de soymesme
Ne peut porter vne foiblesse extreme :
Et puis ceux ci dont on verra l'audace,
Sont vn peu plus qu'vn rude populace :
Au reste tels qu'on les voit entre nous.
Mais dites moy, que recueilleriez vous,

Quels vers, quels ris, quel honneur, & quels mots,
S'on ne voyoit ici que des fabots?
Outre, penfez que les Comicques vieux
Plus haut encore ont[6] *fait bruire des Dieux.*
Quant au theatre, encore qu'il ne foit
En demi-rond, comme on le compaffoit,
Et qu'on ne l'ait ordonné de la forte
Que lon faifoit, il faut qu'on le fupporte :
Veu que l'exquis de ce vieil ornement
Ore fe voüe aux Princes feulement :
Mefme le fon qui les actes fepare,
Comme ie croy, vous euft femblé barbare,
Si lon euft eu la curiofité
De remouller du tout l'antiquité.
Mais qu'eft-ce ci? dont vient l'eftonnement
Que vous monftrez? eft-ce que l'argument
De cefte fable encore n'auez fceu?
Toft il fera de vous tous apperceu,
Quand vous orrez cefte premiere Scene.
Ie m'en tairay, l'Abbé me tient la rene,
Qui là dedans deuife auec fon preftre
De fon eftat qui meilleur ne peut eftre.
Ia ia marchant, enrage de fortir,
Pour de fon heur vn chacun aduertir :
Et fe vantant, fi fa voix il debouche,
De vous brider defire par la bouche :
Et qui plus eft fous la gaye merueille
De derober voftre efprit par l'aureille.

ACTE I.

SCENE I.

EVGENE, ABBÉ, MESSIRE IEAN, CHAPPELAIN.

Eugene.

La vie aux humains ordonnee
Pour eſtre ſi toſt terminee
Ainſi que meſme tu as dit,
Doit elle, pour croire à credit,
Se charger de tant de trauaux?

Meſſire Iean.

Le ſeul ſouuenir de nos maux,
Qui ia vers nous ont fait leur tour,
Ou de ceux qui viendront vn iour
L'apprehenſion incertaine
Empoiſonne la vie humaine :
Et d'autant qu'ils la font plus grieue,
Ils la font auſſi bien plus brieue.
Mais qui ſçait mieux en ce bas ci
Que vous, Monſieur, qu'il eſt ainſi?

Eugene.

Il ne faut donc que du paſſé
Il ſoit apres iamais penſé.
Il faut ſe contenter du bien
Qui nous eſt preſent, & en rien
N'eſtre du futur ſoucieux.

Meffire Iean.

O grand Dieu, qui diſt onques mieux !

Eugene.

Comment donc ne conſent on point
De ſ'aimer ſoymeſme en ce poinct,
De ſe flater en ſon bon heur,
De ſ'aueugler en ſon malheur,
Sans donner entree au ſouci ?

Meffire Iean.

C'eſt abus, il faut faire ainſi.

Eugene.

En tout ce beau rond ſpacieux,
Qui eſt enuironné des Cieux,
Nul ne garde ſi bien en ſoy
Ce bon heur comme moy en moy :
Tant que ſoit que le vent ſ'emeuue,
Ou bien qu'il greſle, ou bien qu'il pleuue,
Ou que le Ciel de ſon tonnerre
Face paour à la pauure terre,
Touſiours Monſieur moy ie ſeray,
Et tous mes ennuis chaſſeray.
Car ſerois-ie point malheureux
D'eſtre à mon ſouhait plantureux,
Et me tourmenter en mon bien ?
Ie ne voûray iamais à rien,
Sinon au plaiſir, mon eſtude.

Meffire Iean.

Ce ſeroit vne ingratitude

Enuers la fortune autrement,
Qui vous pouruoit tant richement :
Car qui est mal content de soy
Il faut qu'il soit, comme ie croy,
Mal content de fortune ensemble.

Eugene.

Fortune assez d'heur me rassemble
Pour me plaire en ce monde ici,
Esclauant en tout mon souci :
Sans trauail les biens à foison
Sont apportez en ma maison,
Biens, ie dy, que iamais n'acquirent
Les parens qui naistre me feirent,
Et qui ainsi donnez me sont
Qu'à mes heritiers ne reuont,
Ains pour rendre ma seule vie
En ses delices assouuie,
Ce que nous pratiquons assez,
Tant qu'il semble que ramassez
Tous les plaisirs se soyent pour moy.
Les Rois sont suiets à l'esmoy
Pour le gouuernement des terres :
Les Nobles sont suiets aux guerres :
Quant a Iustice, en son endroit
Chacun est serf de faire droit.
Le marchant est serf du danger
Qu'on trouue au païs estranger :
Le laboureur auecque peine
Presse ses bœufs parmi la plaine :
L'artisan sans fin molesté,
A peine fuit sa pauureté.
Mais la gorge des gens d'Eglise
N'est point à autre ioug submise,
Sinon qu'à mignarder soymesmes,
N'auoir horreur de ces extrémes
Entre lesquels sont les vertus :

Estre bien nourris & vestus,
Estre curez, prieurs, chanoines,
Abbez, sans auoir tant de moynes
Comme on a de chiens & d'oiseaux,
Auoir les bois, auoir les eaux
De fleuues ou bien de fontaines,
Auoir les prez, auoir les plaines,
Ne recognoistre aucuns seigneurs,
Fussent ils de tout gouuerneurs :
Bref, rendre tout homme ialoux
Des plaisirs nourriciers de nous.
Mais que seruiroit t'expliquer [7]
Ce que tu vois tant pratiquer,
N'estoit que ie me plais ainsi
En la memoire de ceci,
Voulant les plaisits faire dire
Ou d'heure en heure ie me mire ?
Au matin, quoy ?

Messire Iean.

Le feu leger,
De peur que le froid outrager
Ne vienne la peau tendrelette,
Le linge blanc, la chausse nette,
Le mignard pignoir d'Italie,
La vesture à l'enui iolie,
Les parfums, les eaux de senteurs,
La court de tous vos seruiteurs,
Le perdreau [8] *en sa saison,*
Le meilleur vin de la maison,
Afin de mettre à val vos flumes :
Les liures, le papier, les plumes,
Et les breuiaires ce pendant
Seroyent mille ans en attendant
Auant qu'on y touchast iamais,
De peur de se morfondre : mais
Au lieu de ces sots exercices,

De la musique les delices.
Auant que monter à cheual,
Et puis & par mont & par val
Voler l'oiseau, se mettre en queste
Bien souuent de la rousse beste :
Ou bien par les plaines errant
Suiure le lieure bien courant,
Pendant que moy Messire Iean
Ie suë aupres le feu d'ahan,
De taster les molles viandes,
Pour vous les rendre plus friandes :
Vous arriuez tous affamez,
Les chaudeaux sont soudain humez,
De peur de vicier nature :
On fait aux tables couuerture,
On rit, on boit, chacun fait rage
De babiller du tricotage.
On est saoul, on se met en ieu,
Et puis s'on sent venir le feu
De la chatouillarde amourette,
Soudain en la queste on se iette,
Tant qu'on reuienne tous taris
Par ces pisseuses de Paris.

Eugene.

Tout beau Messire Iean, tout beau,
Demoure là, d'vn cas nouueau,
Puis qu'à l'amour tu es venu,
M'est à ceste heure souuenu,
Pour lequel appelé t'auois.

Messire Iean.

Quoy? comment? d'où vient telle voix?
Auez vous receu quelque offense?

Eugene.

Non, non, tout beau, seulement pense
De me prester ici tes sens.
Tu sçais bien que depuis le temps
Que Henry magnanime Roy,
A mené ses gens auec soy
Iusques aux bornes d'Allemagne,
Amour qui se meist en campagne
Pour faire queste de mon cœur,
S'est rendu dessus moy vainqueur,
Me venant d'vn trait enflammer,
Pour me faire ardemment aimer
Ceste Alix, mignarde & iolie,
Bague fort bonne & bien polie,
Pour qui, ô seruiteur fidelle,
Tu me vaux vne maquerelle.

Messire Iean.

O que ie me tiens en repos,
Pour voir où cherra ce propos.

Eugene.

Iusqu'ici tant bien m'as serui,
Que du tout en elle ie vi :
Et pour estre bon guerdonneur
Luy voulant couurir son honneur,
Comme tu es bien aduerti,
Luy ay trouué le bon parti
De Guillaume le bon lourdaut,
Qui est tout tel qui⁹ nous le faut,
Et les ay mariez ensemble.

Messire Iean.

O fort bien fait.

Eugene.

Mais que [10] *te semble?*
I'ay feint que c'estoit ma cousine.

Messire Iean.

La parenté est bien voisine,
Il n'y falloit espargner rien,
Ce sont trois cens escus : & bien
Qu'est-ce pour vostre dignité,
Sinon qu'œuure de charité.

Eugene.

Mais maintenant i'ay si grand' peur,
Que Guillaume sente mon cœur
Auec les cornes de sa teste.

Messire Iean.

Ha ventrebieu il est trop beste,
Son front n'a point de sentiment,
Ny son cœur de bon mouuement :
Ho ho, quoy? craignez vous en rien
En cela vn Parisien?
Le bon Guillaume sans malice
Vous est couuerture propice,
Pour seurement brider l'amour.
Si fussiez allé chacun iour
Ce pendant qu'Alix estoit fille,
Planter en son iardin la quille,
A l'enui chacun eust crié :
Mais depuis qu'on est marié,
Si cent fois le iour on s'y rend,
Le mary est tousiours garend :
On n'en murmure point ainsi.
Et puis en ceste ville ci

On voit ce commun badinage,
De souffrir mieux vn cocuage,
Que quelque amitié vertueuse.

Eugene.

Apres, mon amour est douteuse :
Et ie crains que ceste mignarde
D'aller autre part se hasarde.
Car ces femmes ainsi friandes,
Suiuent les nouuelles viandes.
Et puis qui ne seroit ialoux
D'vn entretien qui m'est tant doux?
Dés lors que say chez elle entree,
Ie la trouue exprés apprestee,
Ce semble, pour me recueillir :
Elle me vient au col saillir,
Elle me lace doucement,
Et puis m'estreint plus fortement,
I'entens si Guillaume est dehors,
Bon iour mon Tout, dit elle alors :
Mais si quand elle entend ma voix,
Elle sent le cocu au bois,
Ou bien en quelque lieu voisin,
Bon iour (dit-elle) mon Cousin.

Messire Iean.

Et quoy plus?

Eugene.

   Nous entrons dedans,
Et ia d'vn desir tous ardens
Nous mirons nos affections
Au miroir de nos passions,
Qui font les faces de nous deux :
Souuent mollement ie me deulx

Du temps, & elle ſe complaint
Que l'amour aſſez ne m'attaint.

Meſſire Iean.

O dueil heureux !

Eugene.

Elle ſ'appaiſe,
Elle accourt, & plus fort me baiſe :
Puis ſ'arreſtant elle ſe mire
Dedans mes yeux.

Meſſire Iean.

O doux martyre !

Eugene.

Et folaſtrant elle rempoigne
Mes leures, qui font vne trongne,
Afin que d'elle elles ſoyent morſes :
Et quant eſt des autres amorces,
Penſe que peut en cela faire
Celle qui ſe plaiſt en l'affaire.

Meſſire Iean.

Qui pourroit eſtre homme tant froid,
Qui ne ſ'émeuſt en ceſt endroit ?

Eugene.

Mais où me ſuis-ie promené ?
Où l'amour m'a il ia trainé ?
Or donc ſçaches en ceſt affaire
Comment il te faut me complaire

Au long difcours de cefte chofe.
Deux poinɑs tous feuls ie te propofe :
La peur que i'ay que ce fottard
Decœuure la braife qui m'ard :
Et la peur que i'ay qu'en ma Dame
Ne s'allume quelque autre flamme.
Au premier tu remediras,
Quand ce lourdaut gouuerneras,
L'affeurant que i'ay bonne enuie
De luy aider toute fa vie :
Quand tu le meneras au ieu,
Quand l'amadoüant peu à peu,
Tu le rendras ami de toy,
Autant que fa femme eft de moy,
Afin qu'ayez l'entree feure.
Quand eft du fecond, ie t'affeure
Qu'il te faudra prendre cent yeux,
Afin de me la garder mieux :
Qu'on efpie, que lon regarde,
Qu'on f'enquiere, qu'on prenne garde
De n'eftre en embufche trouué,
Apres auoir bien efprouué.
Pour le loyer de ton office
Ie te voüe vn bon benefice.

Meffire Iean.

Grand mercy, Monfieur, c'eft de grace :
Ne vous fouciez que ie face,
N'ayez de ces deux poinɑs efmoy,
Dés ores ie pren tout fur moy.

SCENE II.

Meffire Iean.

Ainfi, Dieu m'aime, on voit ici

*Maints aueuglez, qui font ainſi
Que les flots enflez de la mer,
Qu'on voit leuer, puis s'abyſmer
Iuſques au plus profond de l'eau.
Ceux-ci ſe fichans au cerueau
Vn contentement qu'ils ſe donnent,
Deſſus lequel ils ſe façonnent
Le pourtrait d'vne heureuſe vie,
Voyent ſoudain ſuiure l'enuie
Du ſort bien ſouuent irrité,
Rabbaiſſant leur felicité.
Songez à celuy qu'auez veu,
Ce braue Abbé tant bien pourueu
Moins en l'Egliſe qu'en follie :
Songez dis-ie au mal qui le lie,
Ains l'eſtrangle tant doucement
D'vn follaſtre contentement :
Il ſe fait ſeul heureux, en tout
Il n'imagine point de bout,
Il ne preuoit, & ne preuient
Au malheur qui ſouuent aduient :
Et qui pis eſt, voir il n'a ſceu
Qu'il eſt iournellement deceu.
L'aueuglement eſt le moyen
De tourner vn beaucoup en rien.
Il eſt ſi fol, comme ie voy,
De penſer, Alix eſt à moy,
Et me tient ſeul ami certain :
Alix dy-ie plus grand putain
Qu'on puiſſe voir en aucun lieu,
Et qui veut ſans crainte de Dieu
Se baſtir aux cieux vne porte,
Par l'amour qu'à tous elle porte,
Exerçant ſans fin charité.
Aſſez long temps elle a eſté
A vn Florimond, homme d'armes,
Qui parauant ſous les alarmes,
Par qui ſon amour l'aſſeruit,*

Long temps à Helene seruit,
Sœur de ce bel Abbé mon maistre,
Sans par son pourchas iamais estre
Receu au dernier poinct de grace.
Tant qu'estant vaincu de l'audace
De sa maistresse impitoyable,
Pour passer l'amour indomtable,
Et amortir sa fantaisie,
Fust par luy ceste Alix choisie,
Laquelle il entretint tousiours,
Non pas seul maistre des amours,
Iusques à ce camp d'Allemagne,
Pour lequel se mist en campagne :
Mesmes on m'a dit qu'vn grand zele
Florimond auoit enuers elle.
Mais qui veut bien aimer, ne face
Aux Parisiennes la chasse :
Et puis nostre Abbé, nostre braue
Fol masqué d'vn visage graue,
Ce sot, ce messer coyon pense
Auoir eu seul la iouïssance,
Et l'a mise en son mariage
Afin qu'il feist vn cocuage
De mary & d'amy ensemble.
Mais ie vous prie, que vous semble
Des morgues, que ie tiens vers luy?
S'il dit ouy, ie dis ouy :
S'il dit non, ie dis aussi non :
S'il veut exalter son renom,
Ie le pousseray par ma voix
Plus haut que tous les cieux trois fois.
Ainsi ie fais vn ameçon
Pour attraper quelque poisson
En la grand' mer des benefices,
Sont mes estats, sont mes offices,
Et qui n'en sçait bien sa pratique,
Voise ailleurs ouurir sa boutique.

SCENE III.

GVILLAVME, ALIX, MESSIRE IEAN.

Guillaume.

Hé Dieu quelle heureuse fortune
M'eust esté plus heureuse qu'vne,
Ou quelle plus douce rencontre
En toute la terre se monstre,
Que celle là qu'ores i'ay faite
De ceste femme tant parfaite,
A qui Dieu m'a ioint pour ma vie?
Hé mon Dieu que i'ay bonne enuie
De t'en rendre grace à iamais!
Ah! ie t'en iray desormais
Souuent presenter des chandelles,
Et à la Roine des pucelles,
Qui m'a donné si chaste femme.
Sa beauté tout le monde enflamme :
Car ie voy bien souuent passer
Maints amourets que trespasser
Elle fait en les regardant :
Mais aucun n'y va pretendant,
Accablé dessous sa vertu :
Moymesme ie suis abbatu
Bien souuent de sa chasteté.
Car alors que suis excité
De faire le droit du mesnage,
Elle me dit d'vn sainct courage,
Escoute, mon mignon, contemple
Du bon Ioseph la saincte exemple,
Qui ne toucha sa saincte Dame.
Nostre chair est vile & infame :
Ces actes sont vilains & ords.
Et qui nous damne, que le corps?

Alors ie me mets en priere,
Et luy tourne le cul arriere :
Car helas (bon Dieu) tu ne veux
Que lon bleſſe les chaſtes vœus.

Alix.

Qui eſt celuy que i'oy compter,
Et tellement ſe contenter?
Ha mananda, c'eſt mon badault :
Eſcouter ici me le faut,
Pour ſçauoir qu'il dira de moy.

Guillaume.

Bon Dieu, ie ſuis tenu à toy!
Outre cela elle eſt tant douce,
Iamais ſes amis ne repouſſe :
Elle eſt à chacun charitable,
Et enuers moy tant amiable
Que le monde en eſt eſtonné.
Quantesfois m'a t'elle donné,
De l'argent pour m'aller ioüer?
Cil qui veut à Dieu ſe voüer
Ne ſera iamais indigent.
Alix a touſiours de l'argent,
Elle eſt ſainĉte dés ce bas lieu :
Car c'eſt de la grace de Dieu,
Que ceſt argent luy vient ainſi.

Alix.

Ie ſuis en paradis auſſi,
D'auoir vn mary tel que i'ay :
Par ainſi ſainĉte ie ſeray.

Guillaume.

Meſme quand ie me vais eſbatre,

Si i'y eſtois trois iours ou quatre,
Elle n'en dit rien au retour
Non plus que d'vn ſeul demi iour :
Et quand ie me veux excuſer
Et de tels mots vers elle vſer
Pardon ie vous ſuppli, ma femme,
Vrayment ce m'eſt vn grand diffame
D'auoir demouré iuſqu'à ores :
Ie voudrois qu'y fuſſiez encores,
Mon ami, c'eſt voſtre ſanté.

Alix.

Hé beneſt, que c'eſt bien chanté.

Guillaume.

Et quand ie me treuue en mal-aiſe,
Ie ſens que ſa priere appaiſe
La maladie que ie ſens :
Elle ſ'en court par ces conuents
De ſainɗ François, ſainɗ Auguſtin,
De l'abbaye ſainɗ Martin,
De ſainɗ Victor, de ſainɗ Magloire,
Pour faire prier.

Alix.

Voire voire,
On y prie à deux beaux genoux.

Guillaume.

Elle m'apporte à tous les coups
De ces ſainɗs conuents quelques choſes :
Ou bien de quelque pain de roſes,
Ou bien des eaux, ou bien du flanc,
Aucunesfois de leur pain blanc,

Et me dit que par les merites
Du bon sainct, ces choses petites
Ont pouuoir de guarir la fieure.

Alix.

Seroit perte s'il estoit lieure,
Les cornes luy séent fort bien [11].

Guillaume.

Elle ne me moleste en rien,
Mesme quand malade ie suis
Ell' ferme tout soudain mon huis,
Et de crainte de me fascher
En autre lieu s'en va coucher :
Mais bien souuent ie sens de peur
Dedans moy debatre mon cœur,
Quand ma partie me deffaut,
Car i'entendy vn iour d'enhaut
Vn esprit qui fort rabastoit,
Lors qu'en mon lict elle n'estoit.

Alix.

Ie retien d'vn sermon ces mots,
Qu'vn esprit n'a ny chair ny os.

Guillaume.

Puis quand elle est malade aussi,
Vrayment ie luy fay tout ainsi,
Et me couche en quelque chambrette :
Mais helas! elle est tant flouette,
Qu'elle est bien souuent en malaise,
Ou elle feint, ne luy deplaise,
Pour accomplir en saincteté,
Quelque beau vœu de chasteté :

Non fait non, elle souffre peine :
Car la nuict bien fort se demeine.

Alix.

O que ie sens vn doux martyre !
Ie creue ici quasi de rire,
Ie ne sçaurois m'y arrester :
Mais ie vois ore l'accoster.

Guillaume.

Mon Dieu que ie serois marry...

Alix.

De quoy parlez-vous, mon mary ?

Guillaume.

Ha nostre femme, Dieu vous gard.
Ie meure si vostre regard
Ne m'a serui d'allegement
Contre mon facheux pensement.

Alix.

Quel pensement ?

Guillaume.

Le creancier
M'a faict ore signifier
Qu'il veut que ie paye auiourd'huy.

Alix.

Auiourd'huy : c'est vn grand ennuy,
C'est donné bien peu de respit,

Il n'en faut point eſtre deſpit,
Il faut prendre patiemment
Ce que noſtre Dieu iuſtement
Pour nos commiſes nous enuoye.

Guillaume.

Il eſt vray, c'eſt la droite voye.
Patience eſt d'Honneur ia porte.

Alix.

Patience eſt touſiours plus forte.

Guillaume.

Ses dons ſont à tous bien ſeans.
Mais comment? qui entre ceans?
Auez vous laiſſé l'huis ouuert?

Alix.

Tout beau tout beau, i'ay découuert
Vn des plus grands de nos amis,
C'eſt le Chappelain, le commis,
Le fac totum de mon couſin.

Meſſire Iean.

Et puis quoy? comment? voſtre vin
Eſt-il ia là bas mis en broche?

Alix.

Il eſt trouble, car on le hoche
Trois ou quatre fois tous les iours.

Guillaume.

Monſieur faites deux ou trois tours
Par le iardin en attendant :
M'amie enuoye ce pendant
Au meilleur ſans craindre les frais.

Meſſire Iean.

Ie vay donc là prendre le frais.

ACTE II.

SCENE I.

FLORIMOND, GENTILHOMME, PIERRE, LAQVAIS.

Florimond.

Ores que ie ſuis de retour,
I'ay conſumé quaſi ce iour
A contempler en ceſte ville
De pluſieurs la pompe inutile :
Ceux qui n'agueres en la guerre
Faiſoyent leur cheuet d'vne pierre,
Et qui du long chemin greuez
Auoient leurs harnois engrauez
A longues traces ſur le dos,
A qui preſque on voyoit les os,
Ayans vne face deſpite,
Du Soleil quaſi demi cuitte,
Meſlee en ſueur & poudriere,
Oublians leur face guerriere
Se ſont parez ſi mollement,

Qu'ils semblent venir proprement
Des nopces, & non de la guerre :
Mesmes aucuns vendent leur terre,
Les autres engaigent leur bien,
Les autres trouuent le moyen
De recouurer quelques deniers
Pour enrichir les vsuriers :
Les autres vendent l'equipage,
Harnois, cheuaux, & attelage,
Et tout pour despendre en delices :
Et au lieu des bons exercices
Pour tousiours asseurer leur main,
Le palais muguet en est plein,
Où leurs parfums, & leurs ciuettes,
Chose propre à leurs amourettes,
Tirent les dames aux deuis
Qui presque y courent aux enuis,
Au velours, au satin, à l'or,
Et aux broderies encor,
Nonobstant tout edict donné,
Il est autant peu pardonné
Qu'il seroit mesme entre les Princes
En pleine paix de leurs prouinces.
Mais quoy ? comment ? où est l'enseigne,
Où est la bataille qui saigne
De tous costez en sa fureur?
Où sont les coups, où est l'horreur,
Où sont les gros canons qui tonnent,
Où sont les ennemis qui donnent
Iusques aux tentes de nos gens?
Ha nous deuiendrons negligens,
Et chasserons hors de memoire
Le desir qu'auons de la gloire.
Ie confere ceste Cité
A ce que lon m'a recité
Iadis de l'antique Capuë,
Car sa friandise nous tuë,
Comme les soldats d'Hannibal.

Quittons l'amour, laiſſons le bal,
Oublions ces molles rencontres,
Faiſons tournois, faiſons des monſtres,
Et pendons encores les prix
Pour guerdonner les mieux apris.
Eſtimez-vous l'ennemi mort ?
Sçachez que pour vn temps il dort,
Pour veiller plus long temps apres :
Meſmes de iour en iour plus pres
Tache s'approcher de nos forces :
Et apres les douces amorces,
Penſeriez-vous les maux ſouffrir
Qui ſe viendront à nous offrir ?
Endureriez-vous ſeulement
Les maux qu'euſmes dernierement,
Par trois iours le deffaut de pain,
Maint facheux mont, aſpre & hautain,
Ces gros brouillars, ceſte gelee,
Et puis ceſte pluye eſcoulee
Qui ſouuent ſeruoit de breuuage,
Ce flux de ſang qui feiſt outrage
Sans eſpargner ſoldat ne Prince ?
Ie trepigne, & les dents ie grince,
Quand ie voy l'exceſſif & braue
D'auoir vn bel habit & graue,
Bien decouppé : ne paſſons pas
Des Gentilſhommes les eſtats.
Pour veoir quelque dame cogneuë
Qu'on a deuant la guerre veuë :
C'eſt raiſon de ſe refraichir.
Mais depuis qu'on vient à franchir,
Fy fy de ſuperfluité.
Mais ia trop me ſuis excité :
Puis ie voy mon homme venir,
A luy veoir ſes geſtes tenir
Il querelle en ſoy quelque choſe,
Au fond de ſa ceruelle encloſe.
Ici le vay guetter de loing,

Attendant que i'aye besoin
D'aller auec ma bonne Alix
Esprouver le bransle des liéts.
Laquais, vois tu pas bien les mines?

Pierre.

Ouy Monsieur, sont des plus fines.

SCENE II.

ARNAVLT, homme de florimond, FLORIMOND.

Arnault.

Combien que mille fois & mille,
I'aye veu & reueu la ville
De Paris, où suis à ceste heure :
Si est-ce qu'apres la demeure
Que i'ay faite au camp d'Allemagne,
Apres mainte & mainte montagne,
Dont le souuenir maintesfois
Me fait souffler dedans mes doigts,
Apres la soif, apres la faim
Qui vint par le deffaut du pain :
Et apres m'estre veu moymesme
Bien dessiré, bien maigre, & blesme,
Paris ville mignarde & belle
Me semble vne chose nouuelle :
Aussi lon dit qui veut choisir
Le plus doux du plus doux plaisir,
Il faut auoir premier esté
Au mal auant qu'il soit gousté.
Puis-ie bien laisser la maison,
Sans que ie voye grand foison
De choses braues & pompeuses?

Et mefmement tant de piffeufes,
Qui fe font rembourrer leur bas,
Promettent que ie n'auray pas
Le deffaut que i'auois au camp :
Mais au fort, en fi grand ahan
Ie n'en auois pas grand enuie.
Mais que fais-ie, maugré ma vie ?
En babillant trop ie demeure,
Monfieur m'a chargé qu'à cefte heure
Ie ne failliffe à le trouuer,
Il f'en veut aller releuer
Contre fon Alix les difcors,
Pour veoir fi luitter corps à corps
Vaut mieux que de combatre aux armes.
O les doux pleurs, helas ! les larmes,
Defquelles Alix parlera
Quand fon amant elle verra.
Mais, ô fort heureufe rencontre !
Ie le voy, ie vais à l'encontre,
Peine n'auray de le chercher.

Florimond.

I'auois beau ma face cacher,
Mon Arnault me cognoift trop bien.
Et bien Arnault, de nouueau ?

Arnault.
                    Rien
Que ne fçachiez, comme ie croy.

Florimond.

As tu entendu que le Roy
Nous rappellera bien foudain ?

Arnault.

Le bruit eft tel.

Florimond.

Mais quel defdain :
Les plaifirs qu'Alix ma mignonne,
Quand ie fuis à Paris me donne,
A cefte fois me feront cours.
Et bien apres fay moy difcours
De ce que tu as ouy dire?

Arnault.

L'Empereur remafche fon ire,
Et grinçant les dents f'encourage,
Tant qu'on diroit voyant fa rage,
Et fon appetit de vengeance,
Qu'il eft toufiours en celle dance
Qu'il fait à l'enuers fus vn lict.

Florimond.

Où eft-il ore?

Arnault.

A ce qu'on dit
Il a defia le Rhin paffé.

Florimond.

Seroit-il bien tant infenfé
De venir mettre fiege à Mets?

Arnault.

On luy feruiroit de bons mets,
Et fi n'y feroit pas grand tort.
Car outre le nouueau renfort,
Les braues gens qui font dedans,

*Le feront mieux grincer les dents
Que iamais il ne feiſt encor.*

Florimond.

*Pour le moins il ne tient à l'or,
Qui eſt le nerf de toute guerre,
Qu'il ne prenne toute la terre
Que ceſte annee auons fait noſtre.*

Arnault.

*Il attendra fort bien à l'autre,
Et à l'autre an encor aprés :
Ie penſe qu'il vient tout exprés
Pour Thionuille enuitailler.
Mais vous ne faites que railler,
Vous ſçauez le tout mieux que moy.*

Florimond.

*Ie m'enquiers ſeulement à toy,
Pour voir ſi ce qu'on dit de luy
Accorde à cela qu'auiourd'huy
On m'a par miſſiues mandé :
Et tu l'as fort bien accordé.
Puis donc que ce peu de loiſir
Se donne ainſi à mon plaiſir,
Ie veux recompenſer le peu
Par l'accroiſſement de mon feu,
Qui ia me rend mort en viuant.
Mais Arnault compte moy deuant
Que vers ma mignonne ie voiſe,
Quelle eſtoit ceſte forte noiſe
Que tu mouuois tantoſt en toy :
Ie te voyois mouuoir le doy,
Et marmonner en tes deux leures,
Comme vn qui friſſonne des fieures.*

Songeois tu ainſi ſeul à part
A l'outrageuſe Amour qui m'ard?

Arnault.

Rien moins, Monſieur.

Florimond.

Et à quoy donc,
Dy moy.

Arnault.

Ie me plaiſoye adonc
Aux gentilles delicateſſes,
A l'heur, aux eſbats, aux careſſes
Que lon reçoit ici, au prix
Des maux où nous eſtions appris.

Florimond.

Ie meure, c'eſt choſe terrible
Qu'il eſt preſque au monde impoſſible
De trouuer vn, qui ne peut eſtre
Contraire au penſer de ſon maiſtre :
En cela ie me deplaiſois
Où te plaire tu t'amuſois.

Arnault.

Pourquoy Monſieur?

Florimond.

Car ceſte pompe
Et brauade mollement trompe
Les plus enflammez de courage :
Et nos Gentilſhommes font rage
D'exceder meſme l'exceſſif.

C'eſt ce qui me rendoit penſif,
Et en moymeſme me plaignant,
Quand tu t'en venois trepignant
Pour me trouuer.

Arnault.

Pourtant Monſieur,
Sauf touſiours voſtre aduis meilleur,
Il me ſemble que c'eſt à ceux
Qui n'ont point eſté pareſſeux
De maintenir le droit de France,
Oppoſant leur vie à l'outrance
De ces aiglons Imperiaux,
Apres tant & tant de trauaux,
D'auoir pour refraichiſſement
En volupté contentement :
Non pas à ces pourceaux nourris
Dedans ce grand tect de Paris,
Qui n'oſeroyent d'vn iect de pierre
Eſlongner les yeux de leur terre :
Non à pluſieurs larrons honneſtes,
Qui n'eſtans faits que pour des beſtes
D'vn viſage humain emmaſquees,
Par pratiques mal pratiquees
Deſpendent encor auiourd'huy
Et le leur & celuy d'autruy,
En banquets, pompes, & delices,
Pour ſouuent eſtre appuy des vices.
Ce pendant meſme que le Roy
Ayant ſes Princes auec ſoy,
Souffre maintes & maintes choſes
Pour garder ces beſtes encloſes.
Non à ces petits mugueteaux,
Ces babouïns aduocaſſeaux,
Qui pour deux ou, trois loix rouillees
De ie ne ſçay quoy embrouillees,
Cheuauchent les aſnes leurs freres,

Auec leurs contenances fieres
Meſlans la morgue Italienne,
Afin qu'vn gros ſourcil ſ'en vienne
Les demander en mariage.
Ha ventrebieu quel badinage!
Non pas, dy-ie, à ces mercadins,
Ces petits muguets citadins,
Ces petits brouilleurs de finances,
Qui en banquets, & ris, & danſes,
En toutes ſuperfluitez
Surmontent les principautez.
Mais quant eſt de nos Gentilſhommes
Qui eſt le propos où nous ſommes,
Bien qu'on croye toutes brauades
Rendre les courages plus fades,
Si celuy-là qui eſt plus braue
Entendoit le battement graue
D'vn tabourin quaſi tonnant,
Ou bien d'vn clairon eſtonnant,
Il feroit mieux encouragé,
Et plus toſt en ordre rengé.

Florimond.

Ainſi le Ciel me ſoit ami,
Si tu ne m'as mis à demi
Par ta parole hors de moy.
Quoy? comment? qu'eſt-ce que de toy
Quand tu vas ainſi conteſtant?
Vn docteur n'en diroit pas tant :
As tu tant l'eſchole ſuiuie?

Arnault.

La meilleure part de ma vie,
Et ſi eſtois des mieux appris :
Mais ores les meilleurs eſprits
Aiment mieux ſoldats deuenir

Qu'au rang des badauts se tenir.
Mais comment est-ce que la chose
Qu'en venant ie tenois enclose,
Dont vous m'auez interrogué,
Nous a si fort poussez au gué?
Où sommes nous venus ainsi?

Florimond.

Nous nous sommes tous deux ici
Oubliez de nostre entreprise,
Toutesfois cest oubli ie prise :
Car l'vne est bien plus recouurable,
Que l'autre tousiours n'est comptable.
Mais tournant bride à tous les dits
Reuiendrons nous à nostre Alix,
Que mon cœur folement adore?
Faut-il que i'y voise des-ore,
Ou bien s'il vaut mieux que par toy
Soit faite l'entree auant moy,
Pour veoir si tu surprendras point
Quelque muguet, qui se soit ioint
A mon Alix par mon absence?

Arnault.

Elle est fidele, que ie pense.

Florimond.

Et quand aucun n'y trouueras,
Au mesnage regarderas,
Pour veoir s'elle n'a rien acquis,
Si ses habits sont plus exquis
Que n'estoient quand ie departy.

Arnault.

Sont tesmoings du nouueau party.

Florimond.

Tu noteras bien le visage,
Le froid, ou le chaud du courage,
Le parler, la ioye, ou le dueil,
Les caresses, & le recueil
Qu'elle monstrera.

Arnault.

Laissez faire,
Reposez vous de ceste affaire,
I'espere encor de faire mieux.

Florimond.

Et ores que suis ocieux
A nostre Dame m'en iray,
Où pendant me pourmeneray,
Faisant la court à mes pensees.

Arnault.

Qu'elles soyent bien là caressees :
Car c'est le lieu où se retire
L'amant, qui serf de son martyre
Fait maint regret, comme maint tour.

Florimond.

Va va.

Arnault.

Ie suis ia de retour.

SCENE III.

HELENE, SŒVR DE L'ABBÉ.

Si l'œil trompé ne me deçoit,
Par la rue au matin paſſoit
Florimond, ainſi qu'il me ſemble :
Dont ainſi Dieu m'aime, ie tremble,
Ayant peur que quelque fortune
Soit à quelques vns importune :
Car ie cognois bien ſon courage,
Impatient de quelque outrage.
Il m'auoit par long temps ſeruie,
Et me voüoit quaſi ſa vie,
Mais vaincu par mon chaſte cœur
De ſon amour ſ'eſt fait vainqueur.
Combien qu'outre le dernier poinct
Florimond ne me deſpleuſt point :
Et me laiſſant, comme i'ay ſceu,
D'vne Alix a eſté deceu,
Fille qu'il penſoit auoir ſeul,
Qui faiſoit de pluſieurs recueil :
Meſmes auant qu'il euſt eſté
Deux iours hors de ceſte cité,
Picquant à la guerre d'Almagne,
Ceſte maraude, ceſte caigne,
Enamoura l'Abbé mon frere,
Si bien qu'elle trouua maniere
D'arracher de luy mariage.
O quel horreur, quel cocuage!
Vn ſeul mot iamais n'en parlay
A mon frere, & touſiours celay
Qu'il me ſembloit de l'entrepriſe.
Car ie n'eſtois tant mal appriſe,
Qu'il ne me deuſt bien faire part

De ce qu'il brouilloit à l'efcart,
Pour luy compter la fable toute :
Mais ores ie fuis en grand doubte
Que de cefte badinerie
Se naiffe aucune fafcherie,
Et ie vous iure en bonne foy,
I'aime mon frere mieux que moy.
Ore ne luy faut celer rien.
Ho ho anda, ie le voy bien :
La rencontre eft tout à propos.

SCÉNE IIII.

EVGENE, HELENE.

Eugene.

Iay toufiours cherché le repos :
Mais puis que l'amour eft paffible,
De l'auoir il m'eft impoffible,
Car de mon amour m'abfenter
Ce me feroit la vie ofter.

Helene.

Mon frere, Dieu vous doint bon iour,
Vous eftes toufiours fus l'amour [12] *:*
Amour vous court par les boyaux,
Amour occupe maints cerueaux,
Que bien aueuglément demeine.

Eugene.

Ho ho, Ma feur, qui vous ameine?

Helene.

Puis que fus l'amour eſtions ores,
L'amour que i'ay vers vous, encores
Que n'ayez en ce merité,
Que mon cœur ſoit ſollicité
De ſuruenir à vos dangers :
Car ſi nous eſtions eſtrangers,
Vous ne m'euſſiez celé vos choſes,
Tant que les auez tenu cloſes.

Eugene.

Qu'y a il donc?

Helene.

N'aimez-vous pas?

Eugene.

Et que vous allez pas à pas :
Me voulez vous prendre au filé?

Helene.

Vous me l'auiez touſiours celé,
Mais ie l'ay bien ſceu nonobſtant :
N'aimez-vous pas Alix pourtant?
Sauuez-vous du prochain danger.

Eugene.

Qu'eſt-ce donc? faut-il tant ſonger?

Helene.

Florimond, que bien cognoiſſez,

Qui mes amours a pourchaſſez
L'auoit aimee deuant vous,
Mais elle ſe change à tous coups :
Car dés lors qu'il fut departi
Elle choiſit voſtre parti.
Maintenant il eſt retourné,
Il luy auoit beaucoup donné
Pour à luy ſeul la maintenir.
Regardez qu'il pourra venir
Des amours qu'auez aſſopis
Pour les voſtres, & qui eſt pis
Du mariage qu'auez fait.

Eugene.

O grand ciel, que t'ay-ie forfait ?
Veux tu faire ſi braue cœur
Eſclaue de quelque malheur ?

Helene.

Ce que ie vous dis eſt certain.

Eugene.

Ha maugrébieu de la putain.

Helene.

Ne crions point tant en ce lieu,
Il faut ſupplier au grand Dieu
Que par luy ſoit remedié.

Eugene.

Aa vertu bieu c'eſt bien chié.

Helene.

Comment ? qu'eſt ce ci ? quelle guiſe ?
Voila vn braue homme d'Egliſe.

Eugene.

L'amour & la douleur extréme
Me font abſenter de moymeſme.

Helene.

Voyez comme il ſerre les dents :
Tout beau, tout beau, entrons dedans,
On y pourra remedier :
Que gaignez-vous d'ainſi crier,
Sinon faire vn ſimple mal double ?
Ceci n'eſt pas vn ſi grand trouble :
Florimond ſ'appaiſera bien,
Quand il verra qu'il n'y a rien
De conſtance en ceſte femelle :
Il mettra ſon amour hors d'elle,
Ou il en prendra comme vn autre [13]
Pour l'argent : quant à l'amour voſtre
Voudriez-vous aimer deſormais
Celle là qui n'aima iamais ?
Prenez qu'ayez au ieu perdu
Ce que vous auez deſpendu,
Ne ſoyez pour ſi peu marry :
Quant à Guillaume ſon mary
Il eſt ſi treſhomme de bien,
Qu'il ne ſe ſoucira de rien.

Eugene.

Quelque peu ſoulagé me ſens.

Helene.

Entrons.

Eugene.

*Entrons, entrons, le temps
Nous offrira quelque remede.*

Helene.

Celuy vainq' qui au mal ne cede.

Eugene.

*Si est-ce que le cœur en moy
Me predit quelque grand esmoy.*

ACTE III.

SCENE I.

ARNAVLT, FLORIMOND.

Arnault.

*Aa Dieux, qui de nostre entreprise
Par celle que mon maistre prise,
Sommes ores bien destournez!
Nous pourroit on plus estonnez
Rendre iamais tous deux ensemble?
O Ciel, ô terre, que te semble
De chose tant mal ordonnee?
Toymesme maudit Hymenee,
Conducteur de trois cocuages
Au lieu de tes saincts mariages,
N'as tu rougi d'authoriser
Ces nopces tant à mespriser?*

*O vous, quelconques foyez vous,
Dieux celeftes, qui entre tous
L'ardeur des pauures embrafez
De voftre ciel fauorifez,
Voulez-vous ores vous garder
De voftre foudre en bas darder,
Veu que meurdrir il conuiendroit
Ces tranfgreffeurs de voftre droit,
Ces mocqueurs de voftre maiftrife,
Laiffans la femme mal apprife,
Laiffans cefte infidelle dame?
Dame, mort bieu, veu tel diffame
Le nom de dame n'y conuient,
Laiffans la pute qui ne tient.
Compte de l'amant tant aimable,
Lequel d'vn vouloir immuable
Luy auoit dedié fa vie :
Mais, peut eftre, auez cefte enuie,
Faifans tort au premier lien,
Faire tort à l'aife & au bien
De ce mien maiftre gracieux.
Mais i'en renie tous les cieux,
Si ie ne fais tomber en bas
Tant de iambes & tant de bras,
Que Paris en fera paué.
En defpecte, ie fuis creué
De defpit : qui ne le feroit
Quand fon maiftre on offenferoit ?
Ladre Abbé, meurdrier* de vertu,
Si ie m'y mets... Mais quoy? veux tu
Pauure Arnault, fans ton maiftre faire
Ce qui luy pourroit bien defplaire?
En te fafchant tu es venu
Iufqu'au lieu où il s'eft tenu.
Pendant ce malheureux voyage
Ie gage que nulle autre image,
Eftant mefme en ce deuôt temple,
Que celle d'Alix ne contemple :*

ACTE III, SCENE I.

Mais quand il sçaura la nouuelle,
Ha charbieu qu'il la fera belle,
Il m'espouuentera des yeux.

Florimond.

Ie voy entrer tout furieux
Mon Arnault. Oy oy, que seroit-ce?
On luy a fait peu de caresse,
Il en hennit comme vn cheual.
Et bien Arnault?

Arnault.

Et bien, mais mal.

Florimond.

Comment mal?

Arnault.

Le plus mal du monde.

Florimond.

Si faut-il que ce mal ie sonde,
Pour veoir s'il est ainsi profond.

Arnault.

Assez pour vous noyer au fond,
Si vous ne prenez patience :
Mais faites au mal resistence,
Et me laissez vanger du tout..

Florimond.

Mort bieu qu'est-ce?

Arnault.

De bout en bout
Ie vous compteray le malheur,
Moyennant que voſtre douleur
Prenne le frein de la raiſon.
Ie ſuis allé à la maiſon
De voſtre Alix, où l'ay trouuee
Dés l'heure aſſez bien abbreuuee :
Car i'ay bien cogneu au reſpondre
Que de crainte de ſe morfondre
Elle auoit coiffé ſon heaume,
Elle eſtoit auec vn Guillaume,
Ainſi là dedans on l'appelle,
Et autrement le mary d'elle.

Florimond.

Mary, ſang bieu.

Arnault.

Laiſſez moy dire :
Si de tout ne bridez voſtre ire,
Contenez vn peu pour le moins :
Ils eſtoyent aſſis aux deux coins
De la table, & au bout d'enhaut
Vn gros maroufle, vn gros briffaut,
Dont meſſire Iean eſt le nom.

Florimond.

Dieu me perde, i'y vois.

Arnault.

Non non.
Laiſſez moy de tout ſouuenir :

A ce que i'ay peu retenir,
C'eſt cet Abbé, ce braue Eugene.

Florimond.

Qui? le frere de mon Helene,
Que i'ay ſi long temps pourmenee?

Arnault.

C'eſt celuy meſme, il l'a donnee
A ce Guillaume en mariage.

Florimond.

Ha Dieu, ha grand Dieu, quel outrage!
Qui me pourra faire enrager,
Afin que ie puiſſe vanger
Ceſte iniure de ſorte telle,
Qu'il en ſoit memoire immortelle?
Aa faux amour trop incertain,
Aa faulſe & trop faulſe putain,
Aa traiſtre Abbé, Abbé meſchant,
Moyne punais, ladre, marchant
De tes refrippez benefices,
Aa puant ſac tout plein de vices,
M'as tu oſé faire ce tort?
T'auois-ie fait aucun effort?
Ne m'auoit pas ſa ſœur Helene
Aſſez tourmenté, ſans qu'Eugene
Son frere, ains ſon paillard, ie croy,
Me vint redoubler ce deſroy,
Seduiſant vn pauure cocu,
Pour auoir touſiours part au cu
Sous vne honneſte couuerture?
Hou que la fin en ſera dure.
Auquel dois-ie premier aller?
Il faut aller deſetaller

De la maiſon cé qui eſt mien.
Par le grand ciel i'auray mon bien,
Et ſi ſereʒ bien froteʒ ores,
Si bien pis vous n'aueʒ encores :
Si ie deuois fendre la porte
I'iray i'iray de telle ſorte
Que le mur tremblera d'horreur.

Arnault.

Aa que ie conçoy de fureur,
Ie ſuis gros de donner des coups,
Si ie ne les eſchine tous
Ie veux eſtre frotté pour eux.
Alleʒ Monſieur.

Florimond.

Allons tous deux.

SCENE II.

MESSIRE IEAN, EVGENE, HELENE.

Meſſire Iean.

Tu Dieu ie l'ay rechappé belle !
Sentit on iamais frayeur telle
Que ce braue nous la donnoit ?
Par ſes parolles il tonnoit,
Et meſlant ſon Gaſcon parmi
Nous faiſoit paſmer à demi.
Encore tant eſmeu i'en ſuis,
Que preſque parler ie ne puis,
Tant qu'il me faudroit emprunter
Vne autre voix pour racompter
A noſtre Abbé telle vaillance.

Mais encore en moy ie balance
Si ie dois faire ce meſſage :
Florimond fera beau meſnage,
Si vers l'Abbé vient vne fois.
I'aimerois mieux tenir ma voix
A tout iamais en moy rencloſe,
Que de derobber quelque choſe :
Ie ſuis aux coups trop mal appris.
Et ceux-ci ſeront tous épris,
Qu'ils ne pourront eſtre qu'à peine
Deſenuenimez de leur haine,
Que par l'eſpee vengereſſe.
O eſperance trompereſſe !
Pourquoy m'auois tu iuſque ici
Allaicté de ton laict ainſi,
Pour tout ſoudain t'euanouïr?
Pourquoy me faiſois-tu iouïr
De tes promeſſes ſi long temps,
Pour me mettre apres hors du ſens,
Et me faire au deſeſpoir proye,
M'eſtranglant d'vn cordon de ſoye?
Aa pauure & deux fois pauure preſtre,
N'euſſes-tu pas trouué bon maiſtre,
Qui t'euſt nourri, qui t'euſt veſtu,
Qui t'euſt fait ami de vertu,
Sans le pattelin contrefaire,
Et en plaiſant à Dieu deſplaire,
Pour tourner en fin en ma chance
Si pauure & maigre recompenſe?
Adieu les complots & fineſſes,
Adieu adieu larges promeſſes,
Adieu adieu gras benefices,
Adieu douces meres nourrices,
En l'Abbé ie n'ay plus d'eſpoir.
Mais que tardés-ie à l'aller voir?
« *Qui ſe fait compagnon de l'heur,*
« *Se le face auſſi du malheur.*
Mais quoy ? comment ? d'où vient cela ?

Qui a il de nouueau ? voila
Noſtre malheureux maiſtre Eugene
Qui ſort auec ſa ſœur Helene.
Ie penſe que ſi les hauts cieux
S'appaiſoyent des larmes des yeux,
Qu'Helene plus en iettera
Qu'il n'en faut, quand ell' le ſçaura.

Eugene.

Mon cœur ſ'eſt pris à treſſaillir,
Ie ſens quaſi ma voix faillir,
Ma face eſt ia toute bleſmie,
Helene, ſœur & bonne amie,
Quand i'ay regardé contre val,
Voici l'ambaſſadeur du mal,
Voici mon Chappelain qui vient :
A veoir la face qu'il nous tient
Le malheur iure contre nous.

Helene.

Las mon frere que ferez vous ?
Mais las que feray-ie ô flouette ?
Que deuiendray-ie moy pauurette ?
Reſteray-ie en ce monde ici,
Voyant mon frere en tel ſouci ?
Mon eſprit fuira comme vent :
Mais ie vais courir au deuant,
Ie veux l'infortune ſçauoir.
Meſſire Iean, ie puis bien voir
Que quelque choſe eſt ſuruenuē.

Meſſire Iean.

Les Dieux ont promeſſe tenuē :
Apres l'heur on ſent le malheur,
Apres la ioye la douleur,
Et la pluye apres le beau temps.

Helene.

O Dieu retien en moy mes sens,
Ou ie cherray en pasmoison.

Eugene.

Que la douleur est grand' prison,
Ie me sens presque aussi faillir.

Messire Iean.

Et vous souliez si bien faillir
En vostre aise contre les cieux,
Et disiez qu'estre soucieux
En rien ne conuenoit à vous.

Eugene.

O Iupiter que sommes nous!
Pouuons nous rien de nous promettre?

Messire Iean.

Et vous souliez sous le pied mettre
Toute inconstance & changement,
Vous vantant qu'eternellement
Non autre que vous vous feriez,
Et tous les ennuis chasseriez?
Mais il vaut mieux vn repentir,
Bien qu'il soit tard, que d'amortir
La cognoissance que Dieu donne
Par le malheur de la personne.

Eugene.

Mais encores laissons nos pleurs,
Retenons vn peu nos douleurs,

Ne donnons point tant à la bouche
Que les oreilles on ne touche.
Qui a-il, dy ?

Meffire Iean.

Tantoſt i'eſtois
Chez Alix où ie banquetois
Auec Guillaume, pour vous plaire,
Comme me commandiez de faire,
Quand à vn inſtant eſt entré
Vn ſoldat fort bien accouſtré
D'equippage requis en guerre,
Qui vouloit mettre tout par terre,
Blaſphemant tous les cieux, marry
D'ouïr nommer ce mot mary.

Helene.

Elle qu'at elle reſpondu ?

Meffire Iean.

Toute tremblante elle a rendu
Ces reſponces, Et bien Arnault
La plus ſainƈte plus ſouuent fault :
Mais on appaiſe de Dieu l'ire
Quand du deffaut on ſe retire :
L'Abbé mon couſin me voyant
En paillardiſe foruoyant[15],
M'a miſe auec cet homme ci,
Auec lequel ie vis ainſi
Que doibt faire femme de bien.
Pute (dit-il) ie n'en croy rien,
Il n'y a point de couſinage,
Il t'a mis en ce mariage
Pour ſeurement couurir ſon vice :
Mais nous donnerons tel ſupplice

ACTE III, SCENE II.

A toy, à ton Abbé Eugene,
Et à sa pute sœur Helene,
Qui se vange ainsi de mon maistre,
Que la memoire pourra estre
Iusqu'à la bouche des neueux.
Il faisoit dresser les cheueux
A moy & à Guillaume aussi.

Helene.

Et Guillaume quoy?

Messire Iean.

Tout transi,
Estonné de ce cas nouueau
Ne sonnoit mot non plus qu'vn veau :
Et l'autre bransant sa main dextre,
Enragé va querir son maistre.
Et puis vostre Alix de crier,
Et Guillaume de supplier :
Alix detranche ses cheueux,
Et Guillaume fait de beaux vœux
A tous les saincts de paradis.
Ie suis seur que les estourdis
Vous donneront apres l'assaut.

Helene.

Las mon frere, le cœur me faut!

Eugene.

Las ie ne puis rien dire aussi!
Pensons vn peu à tout ceci.

Helene.

Mais que penser?

Meſſire Iean.

Il ne faut pas,
Meſme prochain de ſon treſpas,
Abandonner du tout l'eſpoir.

Helene.

Mais quel eſpoir?

Meſſire Iean.

On peut bien voir
Que voſtre cœur n'eſt point viril.

Helene.

Quel cœur aurois-ie?

Meſſire Iean.

Quel? faut il
Tant obeïr à la douleur,
Qu'on ſe laiſſe vaincre au malheur?
Penſons : peut eſtre que les Dieux
Nous conſeilleront.

Eugene.

Il vaut mieux,
Puis qu'ainſi le mal nous affole,
Qui bleſſe & l'ame & la parole,
Dedans la maiſon nous retraire
Pour mieux eſplucher ceſt affaire.

SCENE III.

ALIX, FLORIMOND, GVILLAVME, ARNAVLT,
PIERRE.

Alix.

A l'aide.

Florimond.

Ie suis au secours.

Guillaume.

Tout beau, bellement ie m'encours,
I'en arracherois bien autant.

Florimond.

Ie perisse, tu seras tant
Et tant & tant de moy battue.
Qui me tient que ie ne te tue,
Pute, m'as tu fait tel outrage?
Me fais tu forcener de rage?

Alix.

Helas Monsieur, pour Dieu merci!

Florimond.

Tu n'es pas quitte pour ceci,
Tousiours se renouuellera
La playe, & en moy saignera :
Mais laissons ici la vilaine,
Arnault ceste maison est pleine
De mes biens, qu'il faut emporter.

Alix.

Monſieur voulez-vous tout oſter ?

Arnault.

*Il auroit meſme bonne enuie
De t'oſter ta meſchante vie,
S'il y pouuoit auoir honneur.*

Florimond.
Sus en haut.
Arnault.

Sus donc, Monſeigneur.

Florimond.

Laquais, trouue des crocheteurs.

Pierre.

*I'y vois Monſieur, & quant à eux
Ils voleront bien toſt ici,
N'ont ils pas des ailes auſſi ?*

Alix.

*O que ie ſuis au monde nee
Pour eſtre au malheur deſtinee !
Quel malheur auroit bien enuie
Sur le grand malheur de ma vie ?
Aa faulſe maratre nature,
Pourquoy m'ouurois tu ta cloſture ?
Pourquoy vn cercueil eternel
Ne fis-ie au ventre maternel ?
Mais, las ! il faut que chacun penſe
Que touſiours telle recompenſe*

Suit chacun des forfaits, qui traine
Pour s'acquerre sa propre peïne.
Sus donc Esprit, sois soucieux :
Sus donc, sus donc pleurez mes yeux,
Ostez le pouuoir à la bouche
De dire le mal qui me touche.

ACTE IIII.

SCENE I.

Guillaume.

S'il y a eu personne aucune
Plus enuié de la fortune
Et du bon heur, que ie suis ores,
Ie veux estre plus mal encores.
Helas, qui eust ceci pensé!
Ie ne le croy pas : offensé
M'ont en cela ces gens de guerre,
Et pendant deçà delà i'erre,
Que lon bat ma pauure Innocente.
Suis-ie tant sot que ie ne sente
Quand ie suis tousiours auec elle
Si elle m'est tant infidelle?
Mais quoy? elle a ia confessé
Que Dieu elle auoit offensé
Auec Monsieur le gentilhomme :
C'estoit de grand' peur, ainsi comme
Ceux-là que lon gesne au palais,
Confessent des forfaits non faits.
Ie ne sçay, ie n'en sçay que dire,
Sinon que rendre mon mal pire,
D'autant plus que i'y penseray :
Par deuant l'Abbé passeray,

Qui sera, peut estre, à sa porte,
A celle fin qu'il me conforte,
Encore qu'il soit auiourdhuy
La cause de tout mon ennuy.

SCENE II.

MATTHIEV, creancier, EVGENE, GVILLAVME, HELENE, MESSIRE IEAN.

Matthieu.

On m'a maintenant rapporté
Qu'on auoit à Guillaume osté
Tous les meubles de sa maison :
Depuis que l'on prend la toison
Il conuient au mouton se prendre.
Mais où est il? il luy faut rendre
Auiourd'huy ce que i'ay presté
S'il ne vouloit estre arresté
Dedans l'enfer du Chastellet[16].
Est-il rien au monde si laid
Que de frauder ses crediteurs?
Ie suis troublé, ces transporteurs
Ore m'ont rendu estonné.
Auroit il bien tout façonné
Craignant vne execution :
Auroit-il fait vendition?
Où le trouueray-ie à ceste heure,
Puis qu'il n'est pas où il demeure?
Chez son Abbé, comme ie croy.
I'y vois, i'y vois.

Eugene.

Mais respons moy,

ACTE IIII, SCENE II.

Ont ils dit qu'ils viendront chez nous
Incontinent?

Guillaume.

Deffendez-vous:
Car ie suis seur qu'ils le feront,
Et s'ils peuuent outrageront.

Eugene.

Las que diray-ie!

Helene.

Et que feray-ie!

Messire Iean.

Le malheur prend bien tost son siege
Dedans ceux qui n'y pensent point.

Guillaume.

Ils me mettront en piteux poinct,
Si lors m'y rencontrent aussi.

Eugene.

Les Sergens sont ils prés d'ici?

Helene.

Quoy Sergens? laissons ce moyen.

Matthieu.

A la bonne heure ie voy bien
Mon Guillaume deuant la porte

De son Abbé, qui le conforte,
Peut estre, des biens emportez.
Ie m'approche.

Guillaume.

De tous costez
Le malheur est mon deuancier :
Helas ! voici mon creancier.

Helene.

Hé ! qu'il vient à heure opportune
Pour soulager vostre fortune.

Matthieu.

Et bien Guillaume de l'argent ?

Helene.

Poursuiuez-vous vn indigent,
Estes vous forclus d'amitié ?

Matthieu.

La raison chasse la pitié.
Il faut payer.

Helene.

Et s'il n'a rien
Dequoy payer ?

Matthieu.

Il payra bien :
Le corps est de l'argent le pleige.

Helene.

Mais s'il n'a rien ?

Guillaume.

Comme auſſi n'ay-ie.

Helene.

Son cercueil eſt-ce la priſon ?

Eugene.

Bien bien, entrons en la maiſon,
On pourra faire quelque choſe :
Ou bien ſi rien ne ſe compoſe
Soyons tous en tout malheureux.

Matthieu.

Ie ne ſuis pas tant rigoureux
Que ie n'entre bien auec luy,
Pour l'attendre tout auiourdhuy.

SCENE III.

FLORIMOND, ARNAVLT.

Florimond.

O Ciel gouuerneur, quel edict
Dreſſes tu au pauure interdit
De ſa lieſſe couſtumiere !
Ou quelle ordonnance meurdriere,

Quelle bourelle deſtinee
A ce iour pour moy ramenee!
Le haut Soleil, qui pour couronne
Son chef de mille feux couronne,
M'apportoit-il ia ceſt ediƈt,
Lors que laiſſant le iaune liƈt
A par la grand' lice ordonnee
Commencé ſa ſeiche trainee?
Mais quoy? la fureur me tranſporte,
Mes ennuis m'ouurent vne porte
Incogneuë à tous mes eſprits :
Tant que ie ſuis du dueil épris.
Ie ſuis mort, ie peri, c'eſt fait,
Ma vie auec tout ſon effet
Dependoit de ceſte amour mienne :
Et faut-il ore que ie vienne
Perdre ce qui me faiſoit viure?
Puis apres ſi ie veux pourſuiure
Et vanger telle cruauté,
La iuſtice eſt d'autre coſté,
Qui ia, ce me ſemble, me chaſſe,
Et mes biens & mon chef menaſſe.
Si i'aſſopi ceſte vengeance,
Ie viendray ſentir telle outrance
Que deſpit me fera creuer.

Arnault.

Ne vous vueilleʒ ainſi greuer,
Tous ces maux[17] *auront guariſon.*
Premier quant eſt de la poiſon,
Qui tellement vous a deceu,
Que, comme dites, n'aueʒ ſceu
En ce monde viure ſans elle,
La contrepoiſon infidelle
A ceſte poiſon hors pouſſee :
Quant à la iuſtice offenſee,
Qui contre vous ſe leueroit,

ACTE IIII, SCENE III.

Quand le faux tour on vengeroit:
De cela n'ayez peur aucune.
Ie me hasarde à la fortune.
Tout seul demain ie m'en iray,
Et nostre Abbé ie meurdriray.
Si ie fuy ignorez le cas:
Si ie suis pris, dites que pas
N'estiez de ce faict confentant.
I'aime mieux seul mourir que tant
En vous voyant souffrir, souffrir.

Florimond.

Vrayment c'est brauement s'offrir.

Arnault.

Ainsi l'ire n'assopirez,
Et de despit ne creuerez.

Florimond.

Baste baste, laissons ceci,
Le mal tousiours croist du souci,
Face la iustice du pire,
Il me faut dégorger mon ire,
Il faut que ce braue mastin
I'occie demain au matin,
Me faisant au mal qui me mine
Par son sang vne medecine.

SCENE IIII.

EVGENE, MESSIRE IEAN.

Eugene.

Eſt-il poſſible que ma bouche
Pour me complaindre ſe debouche ?
Eſt-il poſſible que ma langue
Tire du cœur vne harangue,
Pour deuant le ciel mettre en veuë
Le mal de l'ame deſpourueuë ?
Non non, la douleur qui m'atteint
Toutes mes puiſſances eſteint,
Et l'air ne veut point ſ'entonner,
De crainte de ſ'empoiſonner
Du dueil en ma poitrine enclos.

Meſſire Iean.

O vray Dieu quels horribles mots !

Eugene.

Pource qu'il ſemble que malheur
Ait remis toute la douleur
De chacun des autres ſur moy :
Ie porte de ma ſœur l'eſmoy,
Tant pour ſa petite portee,
Que pource que deſconfortee
Elle eſt à tort : car ce monſieur
La nomme cauſe du malheur.
De Guillaume non ſeulement
Il me faut porter le tourment,
Mais à ce que ie voy ſa debte.
Et combien qu'Alix ſoit ſubiete

A tromper ainſi ſes amis,
Mon cœur n'eſt pas hors d'elle mis :
Ie souſtien encor ces trauaux,
Et puis ie porte tous mes maux,
Dont l'vn eſt tel que le guarir
N'en ſera que le ſeul mourir :
Ie cognois trop bien Florimond.

Meſſire Iean.

Premierement eſtonné m'ont
Auec leurs mots, comme eſtocades [18],
Caps de dious, ou eſtaphilades,
Ou autres brauades de guerre :
Sont de ceux, dont l'vn vend ſa terre,
L'autre vn moulin à vent cheuauche,
Et l'autre tous ſes bois eſbauche
Pour faire vne lance guerriere :
L'autre porte en ſa gibbeciere
Tous ſes prez, de peur qu'au beſoing
Son cheual n'ait faute de foin :
L'autre ſes bleds en verd emporte
Craignant la faim, ô quelle ſorte
Pour brauer le reſte de l'an !
Vous faſchez vous des mots de camp ?
Il faudra pourtant eſprouuer
Tous les moyens pour paix trouuer.

Eugene.

Il le faudra c'eſt choſe ſeure,
Ou bien de la mort ie m'aſſeure,
Ie le ſçay bien.

Meſſire Iean.

Pouruoyez y.

Eugene.

Mais laiſſe moy tout ſeul ici
Pour quelque peu, i'y reſueray,
Retourne apres.

Meſſire Iean.

Ie le feray.

ACTE V.

SCENE I.

MESSIRE IEAN, EVGENE.

Meſſire Iean.

Deſia trop ici ie ſeiourne,
Vers Monſieur ores ie retourne,
Qu'à ſon vueil i'ay tantoſt laiſſé
A demi, ce ſemble, inſenſé,
En ſi triſte & malheureux ſoing :
Il ne le faut laiſſer de loing,
De peur que dueil ſe tourne en rage.

Eugene.

O fortune à double viſage,
Proſpere à ce que i'ay penſé !

Meſſire Iean.

Auez-vous en vous compaſſé
Moyen de ces maux amortir ?

Eugene.

Fort bien, fort bien, ſi conſentir

A son presque mourant Eugene
Ne refuse ma sœur Helene.

Messire Iean.

D'elle ie m'asseure si fort
Que iusqu'à l'autel de sa mort
S'estend l'amitié fraternelle.

Eugene.

Tout cest accord ne gist qu'en elle,
S'ell' le fait, tant qu'elle viura
Sa vie à elle se deura,
Et si ie luy deuray ma vie.

Messire Iean.

Desia ie brusle tout d'enuie
De sçauoir ce que voulez dire.

Eugene.

Il faut secrettement conduire
Ceste chose, à fin que l'honneur
Offensé, n'offense mon heur :
Et n'estoit que bien ie m'asseure
Que ton oreille sera seure,
Ie ne decelerois la chose
Que d'executer ie propose.

Messire Iean.

Vne chose à moy recitee
C'est comme vne pierre iettee
Au plus creux de la mer plus creuse.

Eugene.

O que ma penſee eſt heureuſe,
Si ma ſœur eſbranler ie puis!

Meſſire Iean.

En cela ſon pleige ie ſuis.

Eugene.

C'eſt que comme tu ſçais aſſez,
Deux ans ſe ſont deſia paſſez,
Depuis que Florimond quitta
L'amour qui tant le tourmenta,
A l'obiet de ma ſœur Helene,
Et le quitta à ſi grand' peine,
Qu'il euſt voulu que ſa ſanté
Euſt en la ſeule mort eſté.
Mais il auoit eſté confus
D'vn & d'vn renfort de refus:
Puis l'amour qui tant le preſſa,
A l'égarade ſe paſſa,
Las, comme en mon damp i'ay bien ſçeu,
Auec Alix qui l'a deceu.
Mais ore ſi on luy parloit
De ma ſœur, dont tant il bruſloit,
Ie ſuis ſeur que non ſeulement
Enſeueliroit ce tourment,
Mais qu'il rendroit toute ſa vie
A mon commander aſſeruie.
Parquoy ie veux prier ma ſœur,
Que ſans offenſe de l'honneur,
Elle le reçoiue en ſa grace,
Et iouïſſant elle le face.
Son honneur ne ſera foulé
Quand l'affaire ſera celé
Entre quatre ou cinq ſeulement,

ACTE V, SCENE I.

Et quand son honneur mesmement
Pourroit receuoir quelque tache,
Ne faut il pas qu'elle m'arrache
De ce naufrage auquel ie suis,
Et qu'elle mesme ses ennuis
Elle tourne en double plaisir?

Messire Iean.

Sçauroit elle mieux choisir?
O que chacun eust ce bon heur,
De faire tousiours son honneur
Vn bouclier pour sauuer sa vie.

Eugene.

Elle sera bien esbahie,
Quand de ce la viendray prier.

Messire Iean.

Point, laissez la moy manier.
Mais quant au creancier, comment?

Eugene.

Ce m'estoit tourment sur tourment:
Mais cestuy est bien plus facile.
Si n'ay-ie pourtant croix ny pile.

Messire Iean.

Quoy donc? il ne faut delayer,
C'est cas raclé, il faut payer,
Ou que Guillaume entre en prison.

Eugene.

Vne Cure en fera raison,
On trouuera bien acheptant.

Messire Iean.

Que trop, que trop, il en est tant,
Par ci par là dans ceste ville,
Qu'il faudroit mille fouëts & mille
Pour chasser les marchans du temple.

Eugene.

Le marché de Romme est bien ample.

Messire Iean.

Mesmes il pourroit estre ainsi,
Que si ce bon Creancier ci
Auoit enfans, il la voudroit,
Mieux qu'vne terre elle vaudroit :
Et ne luy cousteroit si cher.

Eugene.

Or sus donc, il faut depescher
Le premier poinct : ie vais deuant.

Messire Iean.

Allez donc, ie vous vais suiuant.

SCENE II.

GVILLAVME, MATTHIEV, HELENE, EVGENE,
MESSIRE IEAN.

Guillaume.

Encores que les maux soufferts,
Et ceux qui sont encore offerts

Me foyent griefs, Sire mon ami,
Si eſt-ce que preſque à demi
Ie ſuis en ce lieu ſoulagé.
Aa que ie ſuis bien allegé
D'eſtre ſous la tutelle & garde
D'vn homme tant ſainƈt qui me garde.
Sire, vous ne pourriez pas croire
De quel amour il m'aime, voire
Iuſques à prendre tant d'eſmoy
De venir meſme au ſoir chez moy
Pour veoir ſi ie me porte bien :
Il ne ſouffriroit pas en rien
Qu'on nous feiſt ou tort ou diffame :
Il aime ſi tres tant ma femme,
Que plus en plus la prend ſous ſoy.

Matthieu.

Sus donc, courage, eſueille toy
Mon bon ami, & ne te faſche,
Ie te ferois quelque relaſche,
S'il eſtoit en moy, volontiers :
Mais i'ay affaire de deniers.

Guillaume.

Payer faut, ou tenir priſon.

Matthieu.

C'eſt bien entendu la raiſon :
I'aime ces gens qui quand ils doibuent,
Volontiers le quitte reçoiuent.

Helene.

Vos raiſons ont tant de pouuoir
Sur ce mien debile ſçauoir,

Que respondre ie ne sçaurois :
Et quand encore ie pourrois,
Que gaigne t'on de contester
Quand on s'y voit necessiter ?
L'amour, Frere, que ie vous porte,
A ma honte ferme la porte,
Voulant contregarder ce iour
Nos deux vies par fol amour :
Et quand malheur m'en aduiendra,
Et que tout le monde entendra
Que par deux hommes, voire deux,
Que chacun estime de ceux
Qui sont desia saincts en la terre,
Contre ma renommee i'erre,
On me tiendra pour excusee,
Comme ayant esté abusee,
Ainsi que femme y est subiette :
Et puis lon dira, la pauurette
N'osoit pas son frere esconduire.

Eugene.

Vostre honneur n'en sera point pire.
Ceci reuelé ne sera :
Et au pis quand on le sçaura,
Laissez le vulgaire estimer.
Est-ce deshonneur que d'aimer ?

Helene.

Non, comme i'estime, en tel lieu :
Mesmement ainsi m'aide Dieu,
Si Florimond ne m'eust laissee,
Et qu'il n'eust Alix pourchassee,
La course du temps eust gaigné
Sur ce mien courage indigné,
Et tout ce trouble eust esté hors.

Meſſire Iean.

Il vaut mieux maintenant qu'alors :
Car apres vne longue attente
Vne amour en eſt plus contente :
Et, peut eſtre, il aura courage
De faire apres le mariage :
Ce vous eſt vn parti heureux.

Eugene.

Puis qu'il en eſt tant amoureux,
Quand nous ferons amis enſemble,
I'en feray moyen, ce me ſemble.

Helene.

Mais dequoy ſeruent tant de coups
Pour gaigner ce qui eſt à vous?
Faut-il que gayement ie die,
Ie ſuis en meſme maladie :
Il n'y a rien qui plus me plaiſe,
Ore ie me ſens à mon aiſe.

Eugene.

O amour que tu m'as aidé!
Aueugle tu m'as bien guidé,
D'aiſe extreme mon cœur treſſaut.

Meſſire Iean.

Par bieu i'en vois faire ce ſault.
Que reſte plus?

Eugene.

Rien qu'à ceſte heure
Te tranſporter en la demeure

De Florimond, & l'aduertir
De cet amour se diuertir,
Qu'il laisse enuers nous toute haine,
Qu'il laisse Alix, & qu'on rameine
Chez elle ce qu'on luy a pris,
Et que s'il a gaigné le pris
Sus vne amante damoyselle,
Qu'au moins son auenture il cele.
Apres chez Alix t'en iras,
Et la foiblette aduertiras,
Que sommes ensemble reioints,
Sans luy declarer par quels poincts.
Car quand femme a l'oreille pleine,
Sa langue le retient à peine.

Helene.

Voy, voy.
Eugene.

Tu n'oubliras aussi
Qu'elle vienne souper ici,
I'y feray pourueoir à cest' heure.

Messire Iean.

Ie feray bien courte demeure.
Ie vous pry' notez la maniere.
Mais ne voila pas vn bon frere!
O Dieu qu'on se frottera bien!
Si est-ce que ie me retien
Quelque lopin à ceste feste.
Il faudra que ie mette en teste
A mon Abbé, de me ranger
A quelque osselet pour ronger.

SCENE III.

EVGENE, MATTHIEV, GVILLAVME.

Eugene.

Si les prisonniers des enfers
Auoyent tous debrisé leurs fers,
Si Sisyphe estoit deschargé,
Ou si Tantale auoit mangé
Ce qu'en vain poursuit son desir,
Ils n'auroyent point tant de plaisir
Qu'a maintenant Monsieur Eugene.
Ha voila, voila, bonne Helene,
La fraternité se ressemble.
Si faut-il que i'assemble ensemble
Guillaume & son Anglois Matthieu,
Pour les accorder en ce lieu.
Guillaume & vous, Sire, venez,
Vous estes vous point demenez
D'auoir esté tous seuls autant?

Matthieu.
Nenny.

Eugene.
Vous voulez du content,
Ie l'entens bien.

Matthieu.
C'est la raison.

Eugene.
Auez-vous en vostre maison
Grand nombre de fils?

Matthieu.

Trois.

Eugene.

Ie prise
Ce nombre qui est sainct : l'Eglise
En aura elle quelqu'vn d'eux ?

Matthieu.

I'en feray de l'Eglise deux :
Car ie veux tendre aux benefices.

Eugene.

Toutes choses me sont propices.
Or ça, si i'auois d'auenture
Quelque belle petite cure
Valant six vingts liures de rente ?

Matthieu.

Dites le mot, mettez en vente,
Ie mettray dessus mon denier.

Guillaume.

Comment, Monsieur, il est banquier,
Il en fait tous les iours traffique.

Eugene.

Il en entend mieux la pratique.
Que me voulez vous donner or ?

Matthieu.

Deux beaux petits cent escus d'or,
Sus lesquels ie me payeray.

Eugene.

Allez les querir, ie feray
Tandis au foupper donner ordre.
Mon ami Guillaume il faut mordre,
Et mon argent eſtoit failli.
Or ça, tu eſtois aſſailli
Ce iour de tous coſtez ſans moy,
Ie t'ay mis hors de tout eſmoy :
Tes meubles rendus te ſeront,
Tes crediteurs ſe payeront,
Ta femme fera paix auſſi
A Florimond.

Guillaume.

Hé, grand merci,
Monſieur, ie ſuis du tout à vous.

Eugene.

Il faut maintenant qu'entre nous
Tout mon penſer ie te decele :
I'aime ta femme, & auec elle
Ie me couche le plus ſouuent.
Or ie veux que d'oreſnauant
I'y puiſſe ſans ſouci coucher.

Guillaume.

Ie ne vous y veux empeſcher,
Monſieur, ie ne ſuis point ialoux,
Et principalement de vous :
Ie meure ſi i'y nuy en rien.

Eugene.

Va, va, tu es homme de bien.

SCENE IIII.

FLORIMOND, ARNAVLT.

Florimond.

O Dieux, quel aſtre en ma naiſſance
Me receut deſſous ſa puiſſance!
Mais aſtre le plus gracieux
Qu'il ſoit (ô Dieux) en tous vos cieux!
De quel lieu prendray-ie la voix
Pour louër mon heur ceſte fois!
N'ay-ie peur que mon cœur ſe noye
En l'abondance de ma ioye?
Rien plus au monde ne me fault.
Mais las! voici mon bon Arnault:
O Dieux, quelle chere il fera,
O Dieux, comment il vous louëra.
Arnault, ho! Arnault.

Arnault.

Qui eſt l'homme?

Florimond.

Arnault viença, vien voir la ſomme
De tous mes malheurs miſe au bas.

Arnault.

Monſieur ie ne vous voyois pas,
Qui a-il de nouueau?

Florimond.

Tout bien.

Tu petilleras de l'heur mien
Quand tu le sçauras vne fois.

Arnault.

Ie petille ia.

Florimond.

De ma voix
Il ne pourroit eſtre exprimé.

Arnault.

Mais taſchez y.

Florimond.

Ie ſuis aimé.

Arnault.

De qui?

Florimond.

D'Helene ma maiſtreſſe.

Arnault.

O Idalienne Deeſſe,
Sainctement ie t'adoreray.

Florimond.

Auec elle ie ſouperay :
Nous coucherons tous deux enſemble.

Arnault.

De crainte & de ioye ie tremble :
De ioye, pour ce bonheur ci :
De crainte, qu'il ne ſoit ainſi.

Florimond.

Si eſt : l'Abbé m'a fait ce tour.

Arnault.

Iamais n'ait vn ſeul mauuais iour.
Le diſcord ſ'eſt bien toſt tourné
A l'amour d'enhaut deſtiné.

Florimond.

Aa que ne ſuis-ie mort ! diſoye.
Hé que n'ay-ie ſerui de proye
A d'Anuilliers ou à Iuoy,
Comme deux ſeruiteurs du Roy,
D'Eſtauge & ſon frere d'Angluſe !
Plus en tels mots ie ne m'abuſe :
Ains ſans fin viure ie voudrois
(O Amour) deſſous tes ſainɛts droits.
Mais quoy ? deſia la nuiɛt ſ'approche,
Le ſouper ſe met hors de broche :
Allons, ne faiſons point attendre.

SCENE V.

ALIX, MESSIRE IEAN, FLORIMOND, ARNAVLT,
EVGENE, HELENE,
GVILLAVME, MATTHIEV.

Alix.

Tout ce que me faites entendre
Meſſire Iean, eſt-il certain ?

ACTE V, SCENE V.

Meſſire Iean.

Rien n'eſt plus ſeur.

Alix.

O Dieu hautain,
Tu m'as bien toſt mieux fortunee,
Que ie ne me diſois mal nee !
Mais puis que choſe tant heureuſe
Suruient à moy peu vertueuſe,
A iamais ma foy ie tiendray.
A nul autre ne me rendray,
Sinon qu'à l'Abbé voſtre maiſtre.

Meſſire Iean.

Vous ferez bien, & foy de preſtre
Vers vous quaſi ſerf il ſe rend,
Son propre vouloir enferrant
Priſonnier pour le voſtre ſuiure :
Mais marchez d'vn pied plus deliure.

Florimond.

Voila l'Abbé & mon Helene
Deuant la porte, mais à peine
Ay-ie peu mon Helene voir
Sans m'abſenter de mon pouuoir.
Saluons les, bon ſoir, Monſieur.

Arnault.

Bon ſoir à tous.

Florimond.

Et vous mon heur.

Si fort ie me sens embraser,
Que ie voudrois que ce baiser
Me deuft durer iufqu'à demain.

Eugene.

Ca, ma sœur, baillez moy la main,
Et vous, Monfieur, auecques elle,
Iurans vne amour eternelle
A qui le temps ne fera rien.

Florimond.

Aa Monfieur ie le veux trop bien.

Helene.

Le voila donc tout arrefté.

Eugene.

Ie voy venir de ce cofté
Noftre Alix.

Guillaume.

O qu'elle eft ioyeufe.

Helene.

Elle rit de fa paix heureufe
Auec meffire Iean.

Eugene.

Voici
Matthieu qui vient de ceftuy-ci

Helene.

Haftez-les.

ACTE V, SCENE V.

Eugene.
Venez, ho, venez.
Que lachement vous pourmenez !

Alix.
Dieu vous doint le bon soir à tous.

Messire Iean.
Bon soir, Messieurs.

Matthieu.
Bon soir.

Eugene.
A vous.
Voici vne gentille bande.

Alix.
Monsieur, quelle faueur trop grande
Vous m'auez fait en ce pardon.

Florimond.
Merciez Monsieur de ce don,
Et luy voüez pour desormais
Vn fidelle amour à iamais.

Guillaume.
Monsieur pour elle grand merci,
M'amie faites bien ainsi.

Eugene.
Sus entrons, on couure la table,

*Suiuons ce plaisir souhaitable
De n'estre iamais soucieux :
Tellement mesme que les Dieux
A l'enui de ce bien volage,
Doublent au Ciel leur sainct breuuage.*

Adieu, & applaudissez.

FIN DE LA COMEDIE D'EVGENE.

CLEOPATRE
CAPTIVE

TRAGEDIE

D'ESTIENNE IODELLE,

PARISIEN[19].

PERSONNAGES DE LA TRAGEDIE
DE *CLEOPATRE.*

L'Ombre d'Antoine.
Cleopatre.
Eras.
Charmium.
Octauian Cefar.
Agrippe.
Proculee.
Le chœur des femmes Alexandrines.
Seleuque.

CLÉOPATRE

CAPTIVE

TRAGEDIE.

PROLOGVE.

Puis que la terre (ô Roy des Rois la crainte)
Qui ne refuse estre à tes loix estrainte,
De la grandeur de ton sainct nom s'estonne[20]*,*
Qu'elle a graué dans sa double colonne :
Puis que la mer qui te fait son Neptune,
Bruit en ses flots ton heureuse fortune,
Et que le Ciel riant à ta victoire
Se voit mirer au parfait de ta gloire :
Pourroyent vers toy les Muses telles estre,
De n'adorer & leur pere & leur maistre ?
Pourroyent les tiens nous celer tes loüanges,
Qu'on oit tonner par les peuples estranges ?
Nul ne sçauroit tellement enuers toy
Se rendre ingrat, qu'il ne chante son Roy.
Les bons esprits que ton pere forma,
Qui les neuf Sœurs en France ranima,

Du pere & fils se pourroient ils bien taire,
Quand à tous deux telle chose a peu plaire?
Lors que le temps nous aura presenté
Ce qui sera digne d'estre chanté
D'vn si grand Prince, ains d'vn Dieu dont la place
Se voit au Ciel ia monstrer son espace.
Et si ce temps qui toute chose enfante,
Nous eust offert ta gloire triomphante,
Pour assez tost de nous estre chantee,
Et maintenant à tes yeux presentee,
Tu n'orrois point de nos bouches sinon
Du grand HENRY *le triomphe & le nom.*
Mais pour autant que ta gloire entendue
En peu de temps ne peut estre rendue :
Que dis-ie en peu? mais en cent mille annees
Ne seroyent pas tes loüanges bornees,
Nous t'apportons (ô bien petit hommage)
Ce bien peu d'œuure ouuré de ton langage,
Mais tel pourtant que ce langage tien
N'auoit iamais dérobbé ce grand bien
Des autheurs vieux : C'est vne Tragedie,
Qui d'vne voix & plaintiue & hardie
Te represente vn Romain Marc Antoine,
Et Cleopatre Egyptienne Roine :
Laquelle apres qu'Antoine son ami
Estant desia vaincu par l'ennemi,
Se fust tué, ia se sentant captiue,
Et qu'on vouloit la porter toute viue
En vn triomphe auecques ses deux femmes,
S'occit. Ici les desirs & les flammes
Des deux amans : d'Octauian aussi
L'orgueil, l'audace & le iournel souci
De son trophee emprains tu sonderas,
Et plus qu'à luy le tien egaleras :
Veu qu'il faudra que ses successeurs mesmes
Cedent pour toy aux volontez suprémes,
Qui ia le monde à ta couronne voüent,
Et le commis de tous les Dieux t'auoüent.

Reçoy donc (SIRE) *& d'vn visage humain*
Prens ce deuoir de ceux qui sous ta main,
Tant les esprits que les corps entretiennent,
Et deuant toy agenouiller se viennent :
En attendant que mieux nous te chantions,
Et qu'à tes yeux sainctement presentions
Ce que ia chante à toy le fils des Dieux,
La terre toute, & la mer, & les Cieux.

ACTE I.

L'OMBRE D'ANTOINE.

Dans le val tenebreux, où les nuicts eternelles
Font eternelle peine aux ombres criminelles,
Cedant à mon destin ie suis volé n'aguere,
Ia ia fait compagnon de la troupe legere,
Moy (dy-ie) Marc Antoine horreur de la grand' Romme,
Mais en ma triste fin cent fois miserable homme.
Car vn ardent amour, bourreau de mes mouëlles,
Me deuorant sans fin sous ses flames cruelles,
Auoit esté commis par quelque destinee
Des Dieux ialoux de moy, à fin que terminee
Fust en peine & malheur ma pitoyable vie,
D'heur, de ioye & de biens parauant assouuie.
O moy deslors chetif, que mon œil trop folastre
S'égara dans les yeux de ceste Cleopatre!
Depuis ce seul moment ie senti bien ma playe
Descendre par l'œil traistre en l'ame encore gaye,
Ne songeant point alors quelle poison extreme
I'auois ce iour receu au plus creux de moymesme :
Mais helas! en mon dam, las! en mon dam & perte

*Ceſte playe cachee en fin fut découuerte,
Me rendant odieux, foulant ma renommee
D'auoir enragément ma Cleopatre aimee :
Et forcené aprés comme ſi cent furies
Exerçans dedans moy toutes bourrelleries,
Embrouillans mon cerueau, empeſtrans mes entrailles,
M'euſſent fait le gibier des mordantes tenailles :
Dedans moy condamné, faiſans ſans fin renaiſtre
Mes tourmens iournaliers, ainſi qu'on voit repaiſtre
Sur le Caucaſe froid la poitrine empietee,
Et ſans fin renaiſſante à ſon vieil Promethee.
Car combien qu'elle fuſt Royne & race royale,
Comme tout aueuglé ſous ceſte ardeur fatale
Ie luy fis les preſens qui chacun eſtonnerent,
Et qui ia contre moy ma Romme eguillonnerent :
Meſme le fier Ceſar ne taſchant qu'à deffaire
Celuy qui à Ceſar Compagnon ne peult plaire,
S'embraſant pour vn crime indigne d'vn Antoine,
Qui tramoit le malheur encouru pour ma Roine,
Et qui encor au val des durables tenebres
Me va renouuellant mille plaintes funebres,
Eſchauffant les ſerpens des ſœurs echeuelees,
Qui ont au plus chetif mes peines egalees :
C'eſt que ia ia charmé, enſeueli des flames,
Ma femme Octauienne honneur des autres Dames,
Et mes mollets enfans ie vins chaſſer arriere,
Nourriſſant en mon ſein ma ſerpente meurdriere,
Qui m'entortillonnant, trompant l'ame rauie,
Verſa dans ma poitrine vn venin de ma vie,
Me transformant ainſi ſous ſes poiſons infuſes,
Qu'on ſeroit du regard de cent mille Meduſes.
Or pour punir ce crime horriblement infame,
D'auoir banni les miens, & reietté ma femme,
Les Dieux ont à mon chef la vengeance auancee,
Et deſſus moy l'horreur de leurs bras élancee :
Dont la ſaincte equité, bien qu'elle ſoit tardiue,
Ayant les pieds de laine, elle n'eſt point oiſiue,
Ains deſſus les humains d'heure en heure regarde,*

ACTE I.

Et d'vne main de fer ſon trait enflammé darde.
Car toſt apres Ceſar iure contre ma teſte,
Et mon piteux exil de ce monde m'appreſte.
Me voila ia croyant ma Roine, ains ma ruine,
Me voila bataillant en la plaine marine,
Lors que plus fort i'eſtois ſur la ſolide terre :
Me voila ia fuyant oublieux de la guerre,
Pour ſuiure Cleopatre, en faiſant l'heur des armes
Ceder à ce malheur des amoureux alarmes.
Me voila dans ſa ville où i'yurongne & putace,
Me paiſſant de plaiſirs, pendant que Ceſar trace
Son chemin deuers nous, pendant qu'il a l'armee
Que ſus terre i'auois, d'vne gueule affamee,
Ainſi que le Lyon vagabond à la queſte,
Me voulant deuorer, & pendant qu'il appreſte
Son camp deuant la ville, où bien toſt il refuſe
De me faire vn parti, tant que malheureux i'vſe
Du malheureux remede, & pouſſant mon eſpee
Au trauers des boyaux en mon ſang l'ay trempee,
Me donnant guariſon par l'outrageuſe playe.
Mais auant que mourir, auant que du tout i'aye
Sangloté mes eſprits, las las ! quel ſi dur homme
Euſt peu voir ſans pleurer vn tel honneur de Romme,
Vn tel dominateur, vn Empereur Antoine,
Que ia frappé à mort ſa miſerable Roine
De deux femmes aidee angoiſſeuſement palle
Tiroit par la feneſtre en ſa chambre royale !
Ceſar meſme n'euſt peu regarder Cleopatre
Couper ſur moy ſon poil, ſe deſchirer & battre,
Et moi la conſoler auecques ma parole,
Ma pauure ame ſoufflant qui tout ſoudain s'en vole,
Pour aux ſombres enfers endurer plus de rage
Que celuy qui a ſoif au milieu du breuuage,
Ou que celuy qui rouë vne peine eternelle,
Ou que les palles Sœurs, dont la dextre cruelle
Egorgea les maris : Ou que celuy qui vire
Sa pierre ſans porter ſon faix où il aſpire.
Encore en mon tourment tout ſeul ie ne puis eſtre :

Auant que ce Soleil qui vient ores de naiſtre,
Ayant tracé ſon iour chez ſa tante ſe plonge,
Cleopatre mourra : ie me ſuis ore en ſonge
A ſes yeux preſenté, luy commandant de faire
L'honneur à mon ſepulchre, & apres ſe deffaire,
Pluſtoſt qu'eſtre dans Romme en triomphe portee,
L'ayant par le deſir de la mort confortee,
L'appellant auec moy qui ia ia la demande
Pour venir endurer en noſtre palle bande :
Or' ſe faiſant compagne en ma peine & triſteſſe,
Qui ſ'eſt faite long temps compagne en ma lieſſe.

CLEOPATRE, ERAS, CHARMIVM.

Cleopatre.

Que gaignez-vous helas! en la parole vaine?

Eras.

Que gaignez-vous helas! de vous eſtre inhumaine?

Cleopatre.

Mais pourquoy perdez-vous vos peines ocieuſes?

Charmium.

Mais pourquoy perdez-vous tant de larmes piteuſes?

Cleopatre.

Qu'eſt-ce qui aduiendroit plus horrible à la veuë?

Eras.

Qu'eſt-ce qui pourroit voir vne tant deſpourueuë?

Cleopatre.
Permettez mes sanglots mesme aux fiers Dieux se prendre.

Charmium.
Permettez à nous deux de constante vous rendre.

Cleopatre.
Il ne faut que ma mort pour bannir ma complainte.

Eras.
Il ne faut point mourir auant sa vie esteinte.

Cleopatre.
Antoine ia m'appelle, Antoine il me faut suiure.

Charmium.
Antoine ne veut pas que vous viuiez sans viure.

Cleopatre.
O vision estrange! ô pitoyable songe!

Eras.
O pitoyable Roine, ô quel tourment te ronge?

Cleopatre.
O Dieux à quel malheur m'auez-vous allechee?

Charmium.
O Dieux ne sera point vostre plainte estanchee?

Cleopatre.

Mais (ô Dieux) à quel bien, si ce iour ie deuie!

Eras.

Mais ne plaignez donc point & suiuez vostre enuie.

Cleopatre.

Ha pourrois-ie donc bien moy la plus malheureuse,
Que puisse regarder la voûte radieuse,
Pourrois-ie bien tenir la bride à mes complaintes,
Quand sans fin mon malheur redouble ses attaintes?
Quand ie remasche en moy que ie suis la meurdriere
Par mes trompeurs apasts, d'vn qui sous sa main fiere
Faisoit croûler la terre? Ha Dieux pourrois-ie traire
Hors de mon cœur le tort qu'alors ie luy peu faire,
Qu'il me donna Syrie, & Cypres, & Phenice,
La Iudee embasmee, Arabie & Cilice,
Encourant par cela de son peuple la haine?
Ha pourrois-ie oublier ma gloire & pompe vaine,
Qui l'apastoit ainsi au mal, qui nous talonne,
Et malheureusement les malheureux guerdonne,
Que la troupe des eaux en l'apast est trompée?
Ha l'orgueil, & les ris, la perle destrempee,
La delicate vie effeminant ses forces,
Estoyent de nos malheurs les subtiles amorces!
Quoy? pourrois-ie oublier que par roide secousse
Pour moy seule il souffrit des Parthes la repousse,
Qu'il eust bien subiuguez & rendus à sa Romme,
Si les songears amours n'occupoient tout vn homme,
Et s'il n'eust eu desir d'abandonner sa guerre
Pour reuenir soudain hyuerner en ma terre?
Ou pourrois-ie oublier que pour ma plus grand' gloire,
Il traina en triomphe & loyer de victoire,
Dedans Alexandrie vn puissant Artauade
Roy des Armeniens, veu que telle brauade

N'appartenoit sinon qu'à sa ville orgueilleuse,
Qui se rendit alors d'auantage haineuse?
Pourrois-ie oublier mille & mille & mille choses,
En qui l'amour pour moy a ses paupieres closes,
En cela mesmement que pour ceste amour mienne
On luy veit delaisser l'Octauienne sienne?
En cela que pour moy il voulut faire guerre
Par la fatale mer, estant plus fort par terre?
En cela qu'il suiuit ma nef au vent donnee
Ayant en son besoin sa troupe abandonnee?
En cela qu'il prenoit doucement mes amorces,
Alors que son Cesar prenoit toutes ses forces?
En cela que feignant estre preste à m'occire,
Ce pitoyable mot soudain ie luy feis dire?
  O Ciel faudra-il donc que Cleopatre morte
Antoine viue encor? sus sus, Page, conforte
Mes douleurs par ma mort. Et lors voyant son page
Soymesme se tuer, Tu donnes tesmoignage,
O Eunuque (dit-il) comme il faut que ie meure!
Et vomissant vn cri il s'enferra sur l'heure.
Ha Dames, aa faut-il que ce malheur ie taise?
Ho ho retenez moy, ie... ie...

Charmium.

Mais quel mal-aise
Pourroit estre plus grand?

Eras.

Soulagez vostre peine,
Efforcez vos esprits.

Cleopatre.

Las las!

Charmium.

Tenez la refne
Au dueil empoifonnant.

Cleopatre.

A grand Ciel, que i'endure !
Encore l'auoir veu cefte nuict en figure !
Hé !

Eras.

Hé, rien que la mort ne ferme au dueil la porte.

Cleopatre.

Hé hé Antoine eftoit...

Charmium.

Mais comment ?

Cleopatre.

En la forte...

Eras.

En quelle forte donc ?

Cleopatre.

Comme alors que fa playe...

Charmium.

Mais leuez-vous vn peu, que gefner on effaye
Ce qui gefne la voix.

Eras.

O plaifir, que tu meines
Vn horrible troupeau de deplaifirs & peines !

ACTE I.

Cleopatre.

Comme alors que fa playe auoit ce corps tractable
Enfanglanté par tout.

Charmium.

O fonge efpouuentable !
Mais que demandoit il?

Cleopatre.

Qu'à fa tumbe ie face
L'honneur qui luy eft deu.

Charmium.

Quoy encor?

Cleopatre.

Que ie trace
Par ma mort vn chemin pour rencontrer fon ombre.
Me racontant encor...

Charmium.

La baffe porte fombre
Eft à l'aller ouuerte, & au retour fermee.

Cleopatre.

Vne eternelle nuict doit de ceux eftre aimee,
Qui fouffrent en ce iour vne peine eternelle.
Oftez-vous le defir de s'efforcer à celle
Qui libre veut mourir pour ne viure captiue?

Eras.

Sera donc celle là de la Parque craintiue,
Qui au deffaut de mort verra mourir fa gloire?

Cleopatre.

Non non, mourons mourons, arrachons la victoire,
Encore que soyons par Cesar surmontees.

Eras.

Pourrions nous bien estre en triomphe portees?

Cleopatre.

Que plus tost ceste terre au fond de ses entrailles
M'engloutisse à present, que toutes les tenailles
De ces bourrelles Sœurs horreur de l'onde basse,
M'arrachent les boyaux, que la teste on me casse
D'vn foudre inusité, qu'ainsi ie me conseille,
Et que la peur de mort entre dans mon oreille!

CHŒVR DES FEMMES ALEXANDRINES.

Quand l'Aurore vermeille
Se voit au lict laisser
Son Titon qui sommeille,
Et l'ami caresser:
On voit à l'heure mesme
Ce pays coloré,
Sous le flambeau supréme
Du Dieu au Char doré:
Et semble que la face
De ce Dieu variant,
De ceste ville face
L'honneur de l'Orient,
Et qu'il se mire en elle
Plus tost qu'en autre part,
La prisant comme celle
Dont plus d'honneur depart

De pompes & delices
 Attrayans doucement
 Sous leurs gayes blandices,
 L'humain entendement.
Car veit on iamais ville
 En plaisir, en honneur,
 En banquets plus fertile,
 Si durable estoit l'heur?
Mais ainsi que la force
 Du celeste flambeau,
 Tirer à soy s'efforce
 Le plus leger de l'eau :
Ainsi que l'aimant tire
 Son acier, & les sons
 De la marine Lyre
 Attiroyent les poissons :
Tout ainsi nos delices,
 La mignardise & l'heur,
 Allechemens des vices,
 Tirent nostre malheur.
Pourquoy, fatale Troye
 Honneur des siecles vieux,
 Fus tu donnee en proye
 Sous le destin des Dieux?
Pourquoy n'eus tu, Medee,
 Ton Iason? & pourquoy,
 Ariadne, guidee
 Fus tu sous telle foy?
Des delices le vice
 A ce vous conduisoit :
 Puis apres sa malice
 Soymesme destruisoit.
Tant n'estoit variable
 Vn Prothee en son temps,
 Et tant n'est point muable
 La course de nos vents :
Tant de fois ne se change
 Thetis, & tant de fois

L'inconſtant ne ſe range
Sous ſes diuerſes loix,
Que noſtre heur, en peu d'heure
En malheur retourné,
Sans que rien nous demeure,
Proye au vent eſt donné.
La roſe iournaliere,
Quand du diuin flambeau
Nous darde la lumiere
Le rauiſſeur taureau,
Fait naiſtre en ſa naiſſance
Son premier dernier iour :
Du bien la iouiſſance
Eſt ainſi ſans ſeiour.
Le fruict vangeur du pere,
S'eſt bien eſuertué
De tuer ſa vipere,
Pour eſtre apres tué.
Ioye, qui dueil enfante,
Se meurdriſt, puis la mort
Par la ioye plaiſante
Fait au dueil meſme tort.
Le bien qui eſt durable
C'eſt vn monſtre du Ciel,
Quand ſon vueil fauorable
Change le fiel en miel.
Si la ſaincte ordonnance
Des immuables Dieux,
Forcluſe d'inconſtance
Seule incogneuë à eux,
En ce bas hemiſphere
Veut ſon homme garder,
Lors le ſort improſpere
Ne le peut retarder,
Que maugré ſa menace
Ne vienne tenir rang,
Maugré le fer qui braſſe
La poudre auec le ſang.

On doit seurement dire
  L'homme qu'on doit priser,
  Quand le Ciel vient l'eslire
  Pour le fauoriser,
Ne deuoir iamais craindre
  L'Ocean furieux,
  Lors que mieux semble atteindre
  Le marche-pied des Dieux :
Plongé dans la marine
  Il doit vaincre en la fin,
  Et s'attend à l'espine
  De l'attendant Daulphin.
La guerre impitoyable
  Moissonnant les humains,
  Craint l'heur espouuentable
  De ses celestes mains.
Tous les arts de Medee,
  Le venin, la poison,
  Les bestes dont gardee
  Fut la riche toison :
Ny par le bois estrange
  Le Lyon outrageux,
  Qui sous sa patte range
  Tous les plus courageux :
Ny la loy qu'on reuere,
  Non tant comme on la craint,
  Ny le bourreau seuere,
  Qui l'homme blesme estraint :
Ny les feux qui saccagent
  Le haut pin molestans,
  Sa fortune n'outragent,
  Rendans les dieux constans.
Mais ainsi qu'autre chose
  Contraint sous son effort,
  Tient sous sa force enclose
  La force de la mort :
Et maugré ceste bande
  Tousiours en bas filant,

Tant que le Ciel commande
  En bas n'est deuallant :
Et quand il y deualle,
  Sans aucun mal souffrir
  D'vn sommeil qu'il aualle
  A mieux il va s'offrir.
Mais si la destinee
  Arbitre d'vn chacun,
  A sa chance tournee
  Contre l'heur de quelqu'vn,
Le sceptre sous qui ploye
  Tout vn peuple submis,
  Est force qu'il foudroye
  Ses mutins ennemis.
La volage richesse,
  Appuy de l'heur mondain,
  L'honneur & la hautesse
  Refuyant tout soudain :
Bref, fortune obstinee,
  Ny le temps tout fauchant,
  Sa rude destinee
  Ne vont point empeschant.
Des hauts Dieux la puissance
  Tesmoigne assez ici,
  Que nostre heureuse chance
  Se precipite ainsi.
Quel estoit Marc Antoine?
  Et quel estoit l'honneur
  De nostre braue Roine
  Digne d'vn tel donneur?
Des deux l'vn miserable
  Cedant à son destin,
  D'vne mort pitoyable
  Vint auancer sa fin :
L'autre encore craintiue
  Taschant s'éuertuer,
  Veut pour n'estre captiue
  Librement se tuer.

Ceſte terre honnorable,
    Ce pays fortuné,
  Helas! voit peu durable
    Son heur importuné.
Telle eſt la deſtinee
    Des immuables Cieux,
  Telle nous eſt donnee
    La defaueur des Dieux.

ACTE II.

OCTAVIEN, AGRIPPE, PROCVLEE.

Octauien.

En la rondeur du Ciel enuironnee
A nul, ie croy, telle faueur donnee
Des Dieux fauteurs ne peult eſtre qu'à moy :
Car outre encor que ie ſuis maiſtre & Roy
De tant de biens, qu'il ſemble qu'en la terre
Le Ciel qui tout ſous ſon empire enſerre,
M'ait tout exprés de ſa voûte tranſmis
Pour eſtre ici ſon general commis :
Outre l'eſpoir de l'arriere memoire
Qui aux neueux rechantera ma gloire,
D'auoir d'Antoine, Antoine, dis-ie, horreur
De tout ce monde, accablé la fureur :
Outre l'honneur que ma Romme m'appreſte
Pour le guerdon de l'heureuſe conqueſte,
Il ſemble ia que le Ciel vienne tendre
Ses bras courbez pour en ſoy me reprendre,
Et que la boule entre ſes ronds encloſe,
Pour vn Ceſar ne ſoit que peu de choſe :
Or' ie deſire, or' ie deſire mieux,
C'eſt de me ioindre au ſainct nombre des Dieux.

Iamais la terre en tout aduantureuſe,
N'a ſa perſonne entierement heureuſe :
Mais le malheur par l'heur eſt acquitté,
Et l'heur ſe paye en l'infelicité.

Agrippe.

Mais de quel lieu ces maux[22] *?*

Octauien.

Qui euſt peu croire
Qu'apres l'honneur d'vne telle victoire,
Le dueil, le pleur, le ſouci, la complainte,
Meſme à Ceſar euſt donné telle atteinte?
Mais ie me voy ſouuent en lieu ſecret
Pour Marc Antoine eſtre en plainte & regret,
Qui aux honneurs receus en noſtre terre,
Et compagnon m'auoit eſté en guerre,
Mon allié, mon beaufrere, mon ſang,
Et qui tenoit ici le meſme rang
Auec Ceſar : Nonobſtant par rancune
De la muable & traiſtreſſe fortune,
On veit ſon corps en ſa playe moüillé
Auoir ce lieu piteuſement ſoüillé.
Ha cher ami !

Proculee.

L'orgueil & la brauade
Ont fait Antoine ainſi qu'vn Ancelade,
Qui ſe voulant encore prendre aux Dieux,
D'vn trait horrible & non lancé des Cieux,
Mais de ta main à la vengence adextre,
Sentit combien peut d'vn grand Dieu la dextre.
Que plaignez-vous ſi l'orgueil iuſtement
A l'orgueilleux donne ſon payement?

Agrippe.

L'orgueil est tel, qui d'vn malheur guerdonne
La malheureuse & superbe personne.
Mesmes ainsi que d'vn onde le branle,
Lors que le Nord dedans la mer l'ébranle,
Ne cesse point de courir & glisser,
Vireuolter, rouler, & se dresser,
Tant qu'à la fin dépiteux il arriue,
Bruyant sa mort, à l'ecumeuse riue :
Ainsi ceux la que l'orgueil trompe ici,
Ne cessent point de se dresser ainsi,
Courir, tourner, tant qu'ils soyent agitez
Contre les bords de leurs felicitez.
C'estoit assez que l'orgueil pour Antoine
Precipiter auec sa pauure Roine,
Si les amours lascifs & les delices
N'eussent aidé à rouër leurs supplices :
Tant qu'on ne sçait comment ces dereiglez
D'vn noir bandeau se sont tant aueuglez
Qu'ils n'ont sceu voir & cent & cent augures,
Prognostiqueurs des miseres futures.
Ne veit on pas Pisaure l'ancienne
Prognostiquer la perte Antonienne,
Qui de soldats Antoniens armee
Fust engloutie & dans terre abysmee ?
Ne veit on pas dedans Albe vne image
Suer long temps ? Ne veit on pas l'orage
Qui de Patras la ville enuironnoit,
Alors qu'Antoine en Patras seiournoit,
Et que le feu qui par l'air s'eclata
Heraclion en pieces escarta ?
Ne veit on pas, alors que dans Athenes
En vn theatre on luy monstroit les peines,
Ou pour neant les serpen-piés se mirent,
Quant aux rochers les rochers ils ioignirent,
Du Dieu Bacchus l'image en bas poussee

Des vents, qui l'ont comm' à l'enui caſſee,
Veu que Bacchus vn conducteur eſtoit,
Pour qui Antoine vn meſme nom portoit?
Ne veit on pas d'vne flame fatale
Rompre l'image & d'Eumene & d'Atale,
A Marc Antoine en ce lieu dediees?
Puis maintes voix fatalement criees,
Tant de geſiers, & tant d'autre merueilles,
Tant de corbeaux, & feneſtres corneilles,
Tant de ſommets rompus & mis en poudre,
Que monſtroyent ils que ta future foudre,
Qui ce rocher deuoit ainſi combattre?
Qu'admonneſtoit la nef de Cleopatre,
Et qui d'Antoine auoit le nom par elle,
Ou l'hirondelle exila l'hirondelle:
Et toutesfois en ſillant leur lumiere
N'y voyoyent point ce qui ſuiuoit derriere?
Vante toy donc les ayans pourchaſſez,
Comme vengeur des grands Dieux offenſez:
Eſiouy toy en leur ſang & te baigne,
De leurs enfans fais rougir la campagne,
Racle leur nom, efface leur memoire:
Pourſuy pourſuy iuſqu'au bout ta victoire.

Octauien.

Ne veux-ie donc ma victoire pourſuiure,
Et mon trophee au monde faire viure?
Pluſtoſt, pluſtoſt le fleuue impetueux
Ne ſe rengorge au grand ſein fluctueux.
C'eſt le ſouci qui auecq la complainte
Que ie faiſois de l'autre vie eſteinte,
Me ronge auſſi: mais plus grand teſmoignage
De mes honneurs ſ'obſtinans contre l'aage,
Ne ſ'eſt point veu, ſinon que ceſte Dame
Qui conſomma Marc Antoine en ſa flame,
Fut dans ma ville en triomphe menee.

ACTE II.

Proculee.

Mais pourroit-elle à Romme eſtre trainee,
Veu qu'elle n'a ſans fin autre deſir,
Que par ſa mort ſa liberté choiſir?
Sçauez-vous pas lors que nous échellaſmes,
Et que par ruſe en ſa court nous allaſmes,
Que tout ſoudain qu'en la court on me veit,
En ſ'écriant vne des femmes dit :
O pauure Roine! es tu donc priſe viue?
Vis tu encor pour treſpaſſer captiue?
Et qu'elle ainſi ſous telle voix rauie
Vouloit trencher le filet de ſa vie,
Du cimeterre à ſon coſté pendu,
Si ſaiſiſſant ie n'euſſe deffendu
Son eſtomach ia deſia menaſſé
Du bras meurdrier à l'encontre hauſſé ?
Sçauez-vous pas que depuis ce iour meſme
Elle eſt tombee en maladie extreme,
Et qu'elle a feint de ne pouuoir manger,
Pour par la faim à la fin ſe renger?
Penſez-vous pas qu'outre telle fineſſe
Elle ne trouue à la mort quelque addreſſe?

Agrippe.

Il vaudroit mieux deſſus elle veiller,
Sonder, courir, eſpier, trauailler,
Que du berger la veuë gardienne
Ne ſ'arreſtoit ſus ſon Inachienne.
Que nous nuira ſi nous la confortons,
Si doucement ſa foibleſſe portons?
Par tels moyens ſ'enuolera l'enuie
De faire change à ſa mort de ſa vie :
Ainſi ſa vie heureuſement traitee
Ne pourra voir ſa quenouille arreſtee:
Ainſi ainſi iuſqu'à Romme elle ira,

Ainsi ainsi ton souci finira.
Et quand aux plains, veux tu plaindre celuy
Qui de tout temps te braffa tout ennuy,
Qui n'eftoit né fans ta dextre diuine,
Que pour la tienne & la noftre ruine ?
Te fouuient il que pour dreffer ta guerre
Tu fus hay de toute noftre terre,
Qui fe piquoit mutinant contre toy,
Et refufoit fe courber fous ta loy,
Lors que tu prins pour guerroyer Antoine
Des hommes francs le quart du patrimoine,
Des feruiteurs la huictiefme partie
De leur vaillant : tant que ia diuertie
Prefque s'eftoit l'Italie troublee ?
Mais quelle eftoit fa peine redoublee,
Dont il tafchoit embrafer les Rommains,
Pour ce Lepide exilé par tes mains ?
Te fouuient-il de cefte horrible armee
Que contre nous il auoit animee ?
Tant de Rois donc qui voulurent le fuiure,
Y venoyent ils pour nous y faire viure ?
Penfoyent-ils bien nous foudroyer exprés,
Pour deplorer noftre ruine aprés ?
Le Roy Bocchus, le Roy Cilicien,
Archelaus Roy Capadocien,
Et Philadelphe, & Adalle de Thrace,
Et Mithridate vfoyent ils de menace
Moindre fus nous, que de porter en ioye
Noftre defpoüille & leur guerriere proye,
Pour à leurs Dieux ioyeufement les pendre,
Et maint & maint facrifice leur rendre ?
Voila les pleurs que doit vn aduerfaire
Apres la mort de fon ennemy faire.

Octauien.

O gent Agrippe, ou pour te nommer mieux,
Fidelle Achate, eftoit donc de mes yeux

Digne le pleur? Celuy donc s'effemine
Qui ia du tout l'effeminé ruine?
Non non les plains cederont aux rigueurs,
Baignons en sang les armes & les cœurs,
Et souhaitons à l'ennemi cent vies,
Qui luy seroient plus durement rauies :
Quant à la Roine, appaiser la faudra
Si doucement que sa main se tiendra
De forbannir l'ame seditieuse
Outre les eaux de la riue oublieuse.
Ie vois desor en cela m'efforcer,
Et son desir de la mort effacer :
Souuent l'effort est forcé par la ruse.
Pendant, Agrippe, aux affaires t'amuse.
Et toy loyal messager Proculee,
Sonde par tout ce que la fame aislee
Fait s'acouster dedans Alexandrie
Qu'elle circuit, & tantost bruit & crie,
Tantost plus bas marmote son murmure,
N'estant iamais loing de telle auenture.

Proculee.

Si bien par tout mon deuoir se fera,
Que mon Cesar de moy se vantera.
O! s'il me faut ores vn peu dresser
L'esprit plus haut & seul en moy penser :
Cent & cent fois miserable est celuy
Qui en ce monde a mis aucun appuy :
Et tant s'en faut qu'il ne fasche de viure
A ceux qu'on voit par fortune poursuiure,
Que moy qui suis du sort assez contant
Ie suis fasché de me voir viure tant.
Où es tu, Mort, si la prosperité
N'est sous les cieux qu'vne infelicité[23]*?*
Voyons les grands, & ceux qui de leur teste
Semblent desia deffier la tempeste :
Quel heur ont ils pour vne fresle gloire?

Mille ſerpens rongears en leur memoire,
Mille ſoucis meſleʒ d'effroyement,
Sans fin deſir, iamais contentement :
Dés que le Ciel ſon foudre pirouëtte,
Il ſemble ia que ſur eux il ſe iette :
Dés lors que Mars pres de leur terre tonne,
Il ſemble ia leur rauir la couronne :
Dés que la peſte en leur regne tracaſſe,
Il ſemble ia que leur chef on menaſſe :
Bref, à la mort ils ne peuuent penſer
Sans ſouſpirer, bleſmir, & ſ'offenſer,
Voyant qu'il faut par mort quitter leur gloire,
Et bien ſouuent enterrer la memoire,
Ou celuy-là qui ſolitairement,
En peu de biens cherche contentement,
Ne pallit pas ſi la fatale Parque
Le fait penſer à la derniere barque :
Ne pallit pas, non ſi le Ciel & l'onde
Se rebrouilloyent au vieil Chaos du monde.
Telle eſt telle eſt la mediocrité
Où giſt le but de la felicité :
Mais qui me fait en ce diſcours me plaire,
Quand il conuient exploiter mon affaire?
Trop toſt trop toſt ſe fera mon meſſage,
Et touſiours tard vn homme ſe fait ſage.

LE CHŒVR.

Strophe.

De la terre humble & baſſe,
Eſclaue de ſes cieux,
Le peu puiſſant eſpace
N'a rien plus vicieux
Que l'orgueil, qu'on voit eſtre
Hay du Ciel ſon maiſtre.

Antiſtrophe.

Orgueil qui met en poudre
 Le rocher trop hautain :
Orgueil pour qui le foudre
 Arma des Dieux la main,
Et qui vient pour ſalaire
Luymeſme ſe deffaire.

Strophe.

A qui ne ſont cogneuës
 Les races du Soleil
Qui affrontoyent aux nuës
 Vn ſuperbe appareil,
Et montagnes portees
L'vne ſus l'autre entees ?

Antiſtrophe.

La tombante tempeſte
 Aduerſaire à l'orgueil,
Eſcarbouilla leur teſte,
 Qui trouuà ſon recueil
Apres la mort amere
Au ventre de ſa mere.

Strophe.

Qui ne cognoiſt le ſage
 Qui trop audacieux,
Pilla du feu l'vſage
 Au chariot des cieux,
Cherchant par arrogance
Sa propre repentance?

Antiſtrophe.

Qu'on le voiſe voir ore

Sur le mont Scythien
Où son vautour deuore
Son gesier ancien :
Que sa poitrine on voye
Estre eternelle proye.

Strophe.

Qui ne cognoist Icare
Le nommeur d'vne mer,
Et du Dieu de Pathare
L'enfant, qui enflammer
Vint sous son char le monde,
Tant qu'il tombast en l'onde ?

Antistrophe.

De ceux là les ruines
Tesmoignent la fureur
Des sainctes mains diuines,
Qui doiuent faire horreur
A l'orgueil, digne d'estre
Puni de telle dextre.

Strophe.

A t'on pas veu la vague
Au giron fluctueux,
Alors qu'Aquilon vague
Se fait tempestueux,
Presque dresser ses crestes
Iusqu'au lieu des tempestes ?

Antistrophe.

Qu'on voye de l'audace
Phebus se courrouffant,
Esclarcissant la trace

Qui son char va froissant,
Dessous ses fleches blondes
Presque abysmer les ondes.

Strophe.

A t'on pas veu d'vn arbre
  Le couppeau cheuelu,
Ou la maison de marbre
  Qui semble auoir voulu
Déprifer trop hautaine
L'autre maison prochaine ?

Antistrophe.

Qu'on voye vn feu celeste
  Ceste sime arrachant,
Et par mine moleste
  Le palais tresbuchant,
La plante au chef punie,
L'autre au pied demunie.

Strophe.

Mais Dieux (ô Dieux) qu'il vienne
  Voir la plainte & le dueil
De ceste Roine mienne,
  Rabaissant son orgueil :
Roine, qui pour son vice
Reçoit plus grand supplice.

Antistrophe.

Il verra la Deesse
  A genoux se ietter :
Et l'esclaue Maistresse
  Las, son mal regretter !
Sa voix à demi morte
Requiert qu'on la supporte.

Strophe.

Elle qui orgueilleuse
Le nom d'Isis portoit,
Qui de blancheur pompeuse
Richement se vestoit,
Comme Isis l'ancienne,
Deesse Egyptienne.

Antistrophe.

Ore presque en chemise
Qu'elle va dechirant,
Pleurant aux pieds s'est mise
De son Cesar, tirant
De l'estomach debile
Sa requeste inutile.

Strophe.

Quel cœur, quelle pensee,
Quelle rigueur pourroit
N'estre point offensee,
Quand ainsi lon verroit
Le retour miserable
De la chance muable?

Antistrophe.

Cesar en quelle sorte,
La voyant sans vertu,
La voyant demi-morte,
Maintenant soustiens-tu
Les assauts que te donne
La pitié qui t'estonne?

Strophe.

Tu vois qu'vne grand' Roine,

Celle là qui guidoit
  Ton compagnon Antoine,
Et par tout commandoit,
  Heureuſe ſe vient dire,
  Si tu voulois l'occire.

Antiſtrophe.

Las, helas! Cleopatre,
  Las, helas! quel malheur
  Vient tes plaiſirs abbattre,
  Les changeant en douleur?
  Las las, helas! (ô Dame)
  Peux tu ſouffrir ton ame?

Strophe.

Pourquoy pourquoy, fortune,
  O fortune aux yeux clos,
  Es tu tant importune?
  Pourquoy n'a point repos
  Du temps le vol eſtrange,
  Qui ſes faits broüille & change?

Antiſtrophe.

Qui en volant ſacage
  Les chaſteaux ſourcilleux,
  Qui les princes outrage,
  Qui les plus orgueilleux,
  Roüant ſa faulx ſuperbe,
  Fauche ainſi comme l'herbe?

Strophe.

A nul il ne pardonne,
  Il ſe fait & deffait,
  Luy meſmes il s'eſtonne,

Il se flatte en son fait,
Puis il blasme sa peine,
Et contre elle forcene.

Antistrophe.

Vertu seule à l'encontre
Fait l'acier reboucher :
Outre telle rencontre
Le temps peult tout faucher :
L'orgueil qui nous amorce
Donne à sa faulx sa force.

ACTE III.

OCTAVIEN, CLEOPATRE, LE CHŒVR, SELEVQVE.

Octauien.

Voulez-vous donc votre fait excuser ?
Mais dequoy sert à ces mots s'amuser ?
N'est-il pas clair que vous tachiez de faire
Par tous moyens Cesar vostre aduersaire,
Et que vous seule attirant vostre ami,
Me l'auez fait capital ennemi,
Brassant sans fin vne horrible tempeste
Dont vous pensiez écerueler ma teste ?
Qu'en dites vous ?

Cleopatre.

O quels piteux alarmes !
Las, que dirois-ie ! hé, ia pour moy mes larmes
Parlent assez, qui non pas la iustice,
Mais de pitié cherchent le benefice.

Pourtant, Cefar, s'il eft à moy poffible
De tirer hors d'vne ame tant paffible
Cefte voix rauque à mes foufpirs meflee,
Efcoute encor l'efclaue defolee,
Las! qui ne met tant d'efpoir aux paroles
Qu'en ta pitié, dont ia tu me confoles.
Songe, Cefar, combien peult la puiffance
D'vn traiftre amour, mefme en fa iouyffance :
Et penfe encor que mon foible courage
N'euft pas fouffert fans l'amoureufe rage,
Entre vous deux ces batailles tonantes,
Deffus mon chef à la fin retournantes.
Mais mon amour me forçoit de permettre
Ces fiers debats, & toute aide promettre,
Veu qu'il falloit rompre paix, & combattre,
Ou feparer Antoine ou Cleopatre.
Separer, las! ce mot me fait faillir,
Ce mot me fait par la Parque affaillir.
Aa aa Cefar, aa.

Octauien.

Si ie n'eftois ore
Affez bening, vous pourriez feindre encore
Plus de douleurs, pour plus bening me rendre :
Mais quoy, ne veux-ie à mon merci vous prendre ?

Cleopatre.

Feindre helas! ô.

Octauien.

Ou tellement fe plaindre
N'eft que mourir, ou bien ce n'eft que feindre.

LE CHŒVR.

La douleur
Qu'vn malheur

Nous raſſemble,
Tel ennuy
A celuy
Pas ne ſemble,
Qui exempt
Ne la ſent :
Mais la plainte
Mieux bondit,
Quand on dit
Que c'eſt feinte.

Cleopatre.

Si la douleur en ce cœur priſonniere
Ne ſurmontoit ceſte plainte derniere,
Tu n'aurois pas ta pauure eſclaue ainſi :
Mais ie ne peux égaler au ſouci,
Qui petillant m'écorche le dedans,
Mes pleurs, mes plaints, & mes ſouſpirs ardens.
T'eſbahis tu ſi ce mot ſeparer,
A fait ainſi mes forces retirer ?
Separer (Dieux !) ſeparer ie l'ay veu,
Et ſi n'ay point à ces debats pourueu !
Mieux il te fuſt (ô captiue rauie)
Te ſeparer meſme durant ſa vie !
I'euſſe la guerre & ſa mort empeſchee,
Et à mon heur quelque atteinte laſchee,
Veu que i'euſſe eu le moyen & l'eſpace
D'eſperer voir ſecrettement ſa face :
Mais mais cent fois, cent cent fois malheureuſe,
I'ay ia ſouffert ceſte guerre odieuſe :
I'ay i'ay perdu par ceſte eſtrange guerre,
I'ay perdu tout & mes biens & ma terre :
Et ſi ay veu ma vie & mon ſupport,
Mon heur, mon tout, ſe donner à la mort,
Que tout ſanglant ia tout froid & tout bleſme,
Ie rechauffois des larmes de moymeſme,
Me ſeparant de moymeſme à demi

Voyant par mort ſeparer mon ami.
Ha Dieux, grands Dieux! Ha grands Dieux!

Octauien.   Qu'eſt-ce ci?
Quoy? la conſtance eſtre hors de ſouci?

Cleopatre.

Conſtante ſuis, ſeparer ie me ſens,
Mais ſeparer on ne me peult long temps :
La palle mort m'en fera la raiſon,
Bien toſt Pluton m'ouurira ſa maiſon :
Où meſme encor l'éguillon qui me touche
Feroit reioindre & ma bouche & ſa bouche :
S'on me tuoit, le dueil qui creueroit
Parmi le coup plus de bien me feroit,
Que ie n'aurois de mal à voir ſortir
Mon ſang pourpré & mon ame partir.
Mais vous m'oſtez l'occaſion de mort,
Et pour mourir me deffaut mon effort,
Qui ſ'allentit d'heure en heure dans moy,
Tant qu'il faudra viure maugré l'eſmoy :
Viure il me faut, ne crains que ie me tue :
Pour me tuer trop peu ie m'eſuertue.
Mais puis qu'il faut que i'allonge ma vie,
Et que de viure en moy reuient l'enuie,
Au moins, Ceſar, voy la pauure foiblette,
Qui à tes pieds, & de recheſ ſe iette :
Au moins, Ceſar, des gouttes de mes yeux
Amolli toy, pour me pardonner mieux:
De ceſte humeur la pierre on caue bien,
Et ſus ton cœur ne pourront elles rien?
Ne t'ont donc peu les lettres eſmouuoir
Qu'à tes deux yeux i'auois tantoſt fait voir,
Lettres ie dy de ton pere receues,
Certain teſmoin de nos amours conceuës?
N'ay-ie donc peu deſtourner ton courage,

Te defcouurant & maint & maint image
De ce tien pere à celle-la loyal,
Qui de fon fils receura tout fon mal ?
Celuy fouuent trop toft borne fa gloire
Qui iufqu'au bout fe vange en fa victoire.
Prens donc pitié, tes glaiues triomphans
D'Antoine & moy pardonnent aux enfans.
Pourrois-tu voir les horreurs maternelles,
S'on meurdriffoit ceux qui ces deux mammelles,
Qu'ores tu vois maigres & dechirees,
Et qui feroient de cent coups empirees,
Ont allaicté ? Orrois tu mefmement
Des deux coftez le dur gemiffement ?
Non non, Cefar, contente toy du pere,
Laiffe durer les enfans & la mere
En ce malheur, où les Dieux nous ont mis.
Mais fufmes nous iamais tes ennemis
Tant acharnez que n'euffions pardonné,
Si le trophee à nous fe fuft donné ?
Quant eft de moy, en mes fautes commifes
Antoine eftoit chef de mes entreprifes,
Las, qui venoit à tel malheur m'induire,
Euffé-ie peu mon Antoine efconduire ?

Octauien.

Tel bien fouuent fon fait penfe amender
Qu'on voit d'vn gouffre en vn gouffre guider :
Vous excufant, bien que voftre aduantage
Vous y mettiez, vous nuifez d'auantage,
En me rendant par l'excufe irrité,
Qui ne fuis point qu'ami de verité.
Et fi conuient qu'en ce lieu ie m'amufe
A repouffer cefte inutile excufe :
Pourriez-vous bien de ce vous garentir,
Qui fit ma fœur hors d'Athenes fortir,
Lors que craignant qu'Antoine fon efpoux
Plus fe donnaft à fa femme qu'à vous,

Vous le paiſſiez de ruſe & de fineſſes,
De mille & mille & dix mille careſſes ?
Tantoſt au lict exprés emmaigriſſiez,
Tantoſt par feinte exprés vous palliſſiez,
Tantoſt voſtre œil voſtre face baignoit
Dés qu'vn iect d'arc de luy vous eſloignoit,
Entretenant la feinte & ſorcelage,
Ou par couſtume, ou par quelque breuuage :
Meſme attiltrant vos amis & flatteurs
Pour du venin d'Antoine eſtre fauteurs,
Qui l'abuſoyent ſous les plaintes friuoles,
Faiſant ceder ſon proffit aux paroles.
Quoy ? diſoient-ils, eſtes vous l'homicide
D'vn pauure eſprit, qui vous prend pour ſa guide ?
Faut-il qu'en vous la Nobleſſe ſ'offenſe,
Dont la rigueur à celle la ne penſe,
Qui fait de vous le but de ſes penſees ?
O qu'ils ſont mal enuers vous addreſſees !
Octauienne a le nom de l'eſpouſe,
Et ceſte ci, dont la flame ialouſe
Empeſche aſſez la viſte renommee,
Sera l'amie en ſon pays nommee :
Ceſte diuine, à qui rendent hommage
Tant de pays ioints à ſon heritage.
Tant peurent donc vos mines & addreſſes,
Et de ceux la les plaintes flattereſſes,
Qu'Octauienne & ſa femme & ma ſœur,
Fut dechaſſee, & dechaſſa voſtre heur.
Vous taiſez-vous, auez-vous plus deſir
Pour m'appaiſer d'autre excuſe choiſir ?
Que diriez-vous du tort fait aux Rommains,
Qui ſ'enfuyoient ſecrettement des mains
De voſtre Antoine, alors que voſtre rage
Leur redoubloit l'outrage ſus l'outrage ?
Que diriez vous de ce beau teſtament
Qu'Antoine auoit remis ſecrettement
Dedans les mains des pucelles Veſtales ?
Ces maux eſtoyent les conduites fatales

Jodelle. — 1. 9

De vos malheurs : & ores peu rusee
Vous voudriez bien encore estre excusee.
Contentez-vous, Cleopatre, & pensez
Que c'est assez de pardon, & assez
D'entretenir le fuseau de vos vies,
Qui ne seront à vos enfans rauies.

Cleopatre.

Ore, Cesar, chetiue ie m'accuse,
En m'excusant de ma premiere excuse,
Recognoissant que ta seule pitié
Peut donner bride à ton inimitié :
Que ia pour moy tellement se commande,
Que tu ne veux de moy faire vne offrande
Aux Dieux ombreux, ny des enfans aussi
Que i'ai tourné en ces entrailles ci.
De ce peu donc de mon pouuoir resté
Ie rens ie rends grace à ta maiesté :
Et pour donner à Cesar tesmoignage,
Que ie suis sienne & le suis de courage,
Ie veux, Cesar, te deceler tout l'or,
L'argent, les biens, que ie tiens en thresor.

LE CHŒVR.

Quand la seruitude
  Le col enchesnant
  Dessous le ioug rude
  Va l'homme gesnant :
Sans que lon menasse
  D'vn sourcil plié,
  Sans qu'effort on face
  Au pauure lié,
Assez il confesse,
  Assez se contraint,
  Assez il se presse

ACTE III.

Par la crainte eſtraint.
Telle eſt la nature
Des ſerfs déconfits,
Tant de mal n'endure
De Iapet le fils.

Octauien.

L'ample threſor, l'ancienne richeſſe
Que vous nommez, teſmoigne la hauteſſe
De voſtre race : & n'eſtoit le bon heur
D'eſtre du tout en la terre ſeigneur,
Ie me plaindrois qu'il faudra que ſoudain
Ces biens royaux changent ainſi de main.

Seleuque.

Comment, Ceſar, ſi l'humble petiteſſe
Oſe addreſſer ſa voix à ta hauteſſe,
Comment peux tu ce threſor eſtimer
Que ma Princeſſe a voulu te nommer ?
Cuides tu bien, ſi accuſer ie l'oſe,
Que ſon threſor tienne ſi peu de choſe ?
La moindre Roine à ta loy flechiſſante
Eſt en threſor autant riche & puiſſante,
Qui autant peu ma Cleopatre égale,
Que par les champs vne caſe rurale
Au fier chaſteau ne peult eſtre egalee,
Ou bien la motte à la roche gelee.
Celle ſous qui tout l'Egypte flechit,
Et qui du Nil l'eau fertile franchit,
A qui le Iuif, & le Phenicien,
L'Arabien, & le Cilicien,
Auant ton foudre ore tombé ſur nous,
Souloyent courber les hommagers genoux :
Qui aux threſors d'Antoine commandoit,
Qui tout ce monde en pompes excedoit,
Ne pourroit elle auoir que ce threſor ?

Croy, Cesar, croy qu'elle a de tout son or,
Et autres biens tout le meilleur caché.

Cleopatre.

A faux meurdrier! a faux traistre, arraché
Sera le poil de ta teste cruelle.
Que pleust aux Dieux que ce fust ta ceruelle!
Tien traistre, tien.

Seleuque.

O Dieux!

Cleopatre.

O chose detestable[24]*!*
Vn serf vn serf!

Octauien.

Mais chose esmerueillable
D'vn cœur terrible!

Cleopatre.

Et quoy, m'accuses tu?
Me pensois tu veufue de ma vertu
Comme d'Antoine? aa traistre!

Seleuque.

Retiens la,
Puissant Cesar, retiens la doncq.

Cleopatre.

Voila
Tous mes bienfaits. Hou! le dueil qui m'efforce,
Donne à mon cœur langoureux telle force,
Que ie pourrois, ce me semble, froisser
Du poing tes os, & tes flancs creuasser
A coups de pied.

Octauien.

O quel grinſant courage!
Mais rien n'eſt plus furieux que la rage
D'vn cœur de femme. Et bien, quoy, Cleopatre?
Eſtes vous point ia ſaoule de le battre!
Fuy t'en, ami, fuy t'en.

Cleopatre.

Mais quoy, mais quoy?
Mon Empereur, eſt-il vn tel eſmoy
Au monde encor que ce paillard me donne?
Sa lacheté ton eſprit meſme eſtonne,
Comme ie croy, quand moy Roine d'ici,
De mon vaſſal ſuis accuſee ainſi,
Que toy, Ceſar, as daigné viſiter,
Et par ta voix à repos inciter.
Hé ſi i'auois retenu des ioyaux,
Et quelque part de mes habits royaux,
L'aurois-ie fait pour moy, las, malheureuſe!
Moy, qui de moy ne ſuis plus curieuſe?
Mais telle eſtoit ceſte eſperance mienne,
Qu'à ta Liuie & ton Octauienne
De ces ioyaux le preſent ie feroy,
Et leurs[25] *pitiez ainſi pourchaſſeroy,*
Pour (n'eſtant point de mes preſens ingrates)
Enuers Ceſar eſtre mes aduocates.

Octauien.

Ne craignez point, ie veux que ce threſor
Demeure voſtre : encouragez-vous or',
Viuez ainſi en la captiuité
Comm' au plus haut de la proſperité.
Adieu : ſongez qu'on ne peut receuoir
Des maux, ſinon quand on penſe en auoir.
Ie m'en retourne.

Cleopatre.

Ainſi vous ſoit ami
Tout le Deſtin, comm' il m'eſt ennemi.

Le Chœur.

Où courez-vous, Seleuque, où courez-vous?

Seleuque.

Ie cours, fuyant l'enuenimé courroux.

Le Chœur.

Mais quel courroux? hé Dieu, ſi nous en ſommes!

Seleuque.

Ie ne fuy pas ny Ceſar ny ſes hommes.

Le Chœur.

Qu'y a t'il donc que peut plus la fortune?

Seleuque.

Il n'y a rien, ſinon l'offenſe d'vne.

Le Chœur.

Auroit on bien noſtre Roine bleſſee?

Seleuque.

Non non, mais i'ay noſtre Roine offenſee.

Le Chœur.

Quel malheur donc a cauſé ton offenſe?

Seleuque.

Que sert ma faute, ou bien mon innocence?

Le Chœur.

Mais dy le nous, dy, il ne nuira rien[26].

Seleuque.

Dit, il n'apporte à la ville aucun bien.

Le Chœur.

Mais tant y a que tu as gaigné l'huis.

Seleuque.

Mais tant y a que ia puni i'en suis.

Le Chœur.

Estant puni en es tu du tout quitte?

Seleuque.

Estant puni plus fort ie me dépite,
Et ia dans moy ie sens vne furie,
Me menassant que telle fascherie
Poindra sans fin mon ame furieuse,
Lors que la Roine & triste & courageuse
Deuant Cesar aux cheueux m'a tiré,
Et de son poing mon visage empiré :
S'elle m'eust fait mort en terre gesir,
Elle eust preueu à mon present desir,
Veu que la mort n'eust point esté tant dure
Que l'eternelle & mordante pointure,
Qui ia desia iusques au fond me blesse
D'auoir blessé ma Roine & ma maistresse.

LE CHŒVR.

O quel heur à la personne
  Le Ciel gouuerneur ordonne,
  Qui contente de son sort,
  Par conuoitise ne sort
  Hors de l'heureuse franchise,
  Et n'a sa gorge submise
  Au ioug & trop dur lien
  De ce pourchas terrien,
Mais bien les antres sauuages,
  Les beaux tapis des herbages,
  Les reiettans arbrisseaux,
  Les murmures des ruisseaux,
  Et la gorge babillarde
  De Philomele iasarde,
  Et l'attente du Printemps
  Sont ses biens & passetemps.
Sans que l'ame haut volante,
  De plus grand desir bruslante
  Suiue les pompeux arrois :
  Et puis offensant ses Rois,
  Ait pour maigre recompense
  Le feu, le glaiue, ou potance,
  Ou plustost mille remors,
  Conferez à mille morts.
Si l'inconstante fortune
  Au matin est opportune,
  Elle est importune au soir.
  Le temps ne se peut rassoir,
  A la fortune il accorde,
  Portant à celuy la corde
  Qu'il auoit parauant mis
  Au rang des meilleurs amis.
Quoy que soit, soit mort ou peine
  Que le Soleil nous rameine
  En nous ramenant son iour :

Soit qu'elle face seiour,
　　　Ou bien que par la mort griefue
　　　Elle se face plus briefue :
　　　Celuy qui ard de desir
　　　S'est tousiours senti saisir.
Arius de ceste ville,
　　　Que ceste ardeur inutile
　　　N'auoit iamais retenu :
　　　Ce Philosophe chenu,
　　　Qui déprisoit toute pompe,
　　　Dont ceste ville se trompe,
　　　Durant nostre grand' douleur
　　　A receu le bien & l'heur :
Cesar faisant son entree,
　　　A la sagesse monstree
　　　L'heur & la felicité,
　　　La raison, la verité,
　　　Qu'auoit en soy ce bon maistre,
　　　Le faisant mesme à sa dextre
　　　Costoyer, pour estre à nous
　　　Comme vn miracle entre tous.
Seleuque, qui de la Roine
　　　Receuoit le patrimoine
　　　En partie, & qui dressoit
　　　Le gouuernement, reçoit,
　　　Et outre ceste fortune
　　　Qui nous est à tous commune,
　　　Plus griefue infelicité
　　　Que nostre captiuité.
Mais or' ce dernier courage
　　　De ma Roine est vn presage,
　　　S'il faut changer de propos,
　　　Que la meurdriere Atropos
　　　Ne souffrira pas qu'on porte
　　　A Romme ma Roine forte,
　　　Qui veut de ses propres mains
　　　S'arracher des fiers Rommains [27].
Celle la dont la constance

A pris foudain la vengeance
Du ferf, & dont la fureur
N'a point craint fon Empereur :
Croyez que pluftoft l'efpee
En fon fang fera trempee,
Que pour vn peu moins fouffrir
A fon defhonneur f'offrir.

Seleuque.

O fainct propos, ô verité certaine !
Pareille aux dez eft noftre chance humaine.

ACTE IIII.

CLEOPATRE, CHARMIVM, ERAS, LE CHŒVR.

Cleopatre.

Penferoit doncq Cefar eftre du tout vainqueur ?
Penferoit doncq Cefar abaftardir ce cœur,
Veu que des tiges vieux cefte vigueur i'herite,
De ne pouuoir ceder qu'à la Parque dépite ?
La Parque & non Cefar aura fus moy le pris,
La Parque & non Cefar foulage mes efprits,
La Parque & non Cefar triomphera de moy,
La Parque & non Cefar finira mon efmoy :
Et fi i'ay ce iourdhuy vfé de quelque feinte,
Afin que ma portee en fon fang ne fuft teinte.
Quoy ? Cefar penfoit-il que ce que dit i'auois
Peuft bien aller enfemble & de cœur & de voix ?
Cefar, Cefar, Cefar, il te feroit facile
De fubiuguer ce cœur aux liens indocile :
Mais la pitié que i'ay du fang de mes enfans,
Rendoyent fus mon vouloir mes propos triomphans,

Non la pitié que i'ay ſi par moy miſerable
Eſt rompu le filet à moy ia trop durable.
Courage donc, courage (ô compagnes fatales)
Iadis ſerues à moy, mais en la mort égales,
Vous auez recogneu Cleopatre princeſſe,
Or' ne recognoiſſez que la Parque maiſtreſſe.

Charmium.

Encore que les maux par ma Roine endurez,
Encore que les cieux contre nous coniurez,
Encore que la terre enuers nous courroucee,
Encore que Fortune enuers nous inſenſee,
Encore que d'Antoine vne mort miſerable,
Encore que la pompe à Ceſar deſirable,
Encore que l'arreſt que nous fiſmes enſemble
Qu'il faut qu'vn meſme iour aux enfers nous aſſemble,
Eguillonnaſt aſſez mon eſprit courageux
D'eſtre contre ſoymeſme vn vainqueur outrageux,
Ce remede de mort, contrepoiſon de dueil,
S'eſt tantoſt preſenté d'auantage à mon œil :
Car ce bon Dolabelle, ami de noſtre affaire,
Combien que pour Ceſar il ſoit noſtre aduerſaire,
T'a fait ſçauoir (ô Roine) apres que l'Empereur
Eſt parti d'auec toy, & apres ta fureur
Tant equitablement à Seleuque monſtree,
Que dans trois iours prefix ceſte douce contree
Il nous faudra laiſſer, pour à Romme menees
Donner vn beau ſpectacle à leurs effeminees.

Eras.

Ha mort, ô douce mort, mort ſeule guariſon
Des eſprits oppreſſez d'vne eſtrange priſon,
Pourquoy ſouffres tu tant à tes droits faire tort ?
T'auons nous fait offenſe, ô douce & douce mort ?
Pourquoy n'approches tu, ô Parque trop tardiue ?
Pourquoy veux tu ſouffrir ceſte bande captiue,

Qui n'aura pas pluſtoſt le don de liberté,
Que ceſt eſprit ne ſoit par ton dard écarté?
Haſte doncq haſte toy, vanter tu te pourras
Que meſme ſus Ceſar vne deſpouille auras :
Ne permets point alors que Phebus qui nous luit
En deuallant [28] *ſera chez ſon oncle conduit,*
Que ta ſœur pitoyable, helas! à nous cruelle,
Tire encore le fil dont elle nous bourrelle :
Ne permets que des peurs la palliſſante bande
Empeſche ce iourdhuy de te faire vne offrande.
L'occaſion eſt ſeure, & nul à ce courage
Ce iour nuire ne peult, qu'on ne te face hommage.
Ceſar cuide pour vray que ia nous ſoyons preſtes
D'aller, & de donner teſmoignage des queſtes.

Cleopatre.

Mourons donc, cheres ſœurs, ayons pluſtoſt ce cœur
De ſeruir à Pluton qu'à Ceſar mon vainqueur :
Mais auant que mourir faire il nous conuiendra
Les obſeques d'Antoine, & puis mourir faudra.
Ie l'ay tantoſt mandé à Ceſar, qui veult bien
Que Monſeigneur i'honore, helas! & l'ami mien.
Abbaiſſe toy donc ciel, & auant que ie meure
Viens voir le dernier dueil qu'il faut faire à ceſte heure
Peut eſtre tu ſeras marry de m'eſtre tel,
Te faſchant de mon dueil eſtrangement mortel.
Allons donc cheres ſœurs : de pleurs, de cris, de larmes,
Venons nous affoiblir, à fin qu'en ſes alarmes
Noſtre voiſine mort nous ſoit ores moins dure,
Quand aurons demi fait aux eſprits ouuerture.

Le Chœur.

Mais où va, dites moy, dites moy damoyſelles,
Où va ma Roine ainſi? quelles plaintes mortelles,
Quel ſoucy meurdriſſant ont terni ſon beau teint?
Ne l'auoit pas aſſez la ſeiche fiebure atteint?

Charmium.

Triste elle s'en va voir des sepulchres le clos,
Où la mort a caché de son ami les os.

Le Chœur.

Que seiournons nous donc? suiuons nostre maistresse.

Eras.

Suiure vous ne pouuez, sans suiure la destresse.

LE CHŒVR.

La gresle petillante
   Dessus les toits,
Et qui mesme est nuisante
   Au verd des bois,
Contre les vins forcene
   En sa fureur,
Et trompe aussi la peine
   Du laboureur :
N'estant alors contente
   De son effort,
Ne met toute l'attente
   Des fruits à mort.
Quand la douleur nous iette
   Ce qui nous poind,
Pour vn seul sa sagette
   Ne blesse point.
Si nostre Roine pleure,
   Lequel de nous
Ne pleure point à l'heure?
   Pas vn de tous.
Mille traits nous affolent,
   Et seulement

De l'enuieux confolent
L'entendement.
Faifons ceder aux larmes
La trifte voix,
Et fouffrons les alarmes
Tels que ces trois.
Ia la Roine fe couche
Pres du tombeau,
Elle ouure ia fa bouche :
Sus donc tout beau.

Cleopatre.

Antoine, ô cher Antoine, Antoine ma moitié,
Si Antoine n'euft eu des cieux l'inimitié,
Antoine, Antoine, helas! dont le malheur me priue,
Entens la foible voix d'vne foible captiue,
Qui de fes propres mains auoit la cendre mife
Au clos de ce tombeau n'eftant encore prife :
Mais qui prife & captiue à fon malheur guidee,
Suiette & prifonniere en fa ville gardee,
Ore te facrifie, & non fans quelque crainte
De faire trop durèr en ce lieu ma complainte,
Veu qu'on a l'œil fus moy, de peur que la douleur
Ne face par la mort la fin de mon malheur :
Et à fin que mon corps de fa douleur priué
Soit au Rommain triomphe en la fin referué :
Triomphe, dy-ie, las! qu'on veult orner de moy,
Triomphe, dy-ie, las! que lon fera de toy.
Il ne faut plus defor de moy que tu attendes
Quelques autres honneurs, quelques autres offrandes :
L'honneur que ie te fais, l'honneur dernier fera
Qu'à fon Antoine mort Cleopatre fera.
Et bien que toy viuant la force & violence
Ne nous ait point forcé d'écarter l'alliance,
Et de nous feparer : toutesfois ie crains fort
Que nous nous feparions l'vn de l'autre à la mort,
Et qu'Antoine Rommain en Egypte demeure,

Et moy Egyptienne dedans Romme ie meure.
Mais ſi les puiſſans Dieux ont pouuoir en ce lieu
Où maintenant tu es, fais fais que quelque Dieu
Ne permette iamais qu'en m'entrainant d'ici
On triomphe de toy en ma perſonne ainſi :
Ains que ce tien cercueil, ô ſpectacle piteux
De deux pauures amans, nous racouple tous deux,
Cercueil qu'encore vn iour l'Egypte honorera,
Et peut eſtre à nous deux l'epitaphe ſera :
  Icy ſont deux amans qui heureux en leur vie,
D'heur, d'honneur, de lieſſe, ont leur ame aſſouuie :
Mais en fin tel malheur on les vit encourir,
Que le bon heur des deux fut de bien toſt mourir.
  Reçoy reçoy moy donc auant que Ceſar parte,
Que pluſtoſt mon eſprit que mon honneur s'écarte :
Car entre tout le mal, peine, douleur, encombre,
Souſpirs, regrets, ſoucis, que i'ay ſouffert ſans nombre,
I'eſtime le plus grief ce bien petit de temps
Que de toy, ô Antoine, eſloigner ie me ſens.

Le Chœur.

Voila pleurant elle entre en ce clos des tombeaux.
Rien ne voyent de tel les tournoyans flambeaux.

Eras.

Eſt-il ſi ferme eſprit, qui preſque ne s'enuole
Au piteux eſcouter de ſi triſte parole?

Charmium.

O cendre bien heureuſe eſtant hors de la terre!
L'homme n'eſt point heureux tant qu'un cercueil l'enſerre.

Le Chœur.

Auroit donc bien quelqu'vn de viure telle enuie,
Qui ne vouluſt ici meſpriſer ceſte vie?

Cleopatre.

Allons donc cheres sœurs, & prenons doucement
De nos tristes malheurs l'heureux allegement.

LE CHŒVR.

Strophe.

Plus grande est la peine
  Que l'outrageux sort
  Aux amis ameine,
  Que de l'ami mort
  N'est la ioye grande,
  Alors qu'en la bande
  Des esprits heurez,
  Esprits asseurez
  Contre toute dextre,
  Quitte se voit estre
  Des maux endurez.

Antistrophe.

Chacune Charite
  Au tour de Cypris,
  Quant la dent dépite
  Du sanglier épris
  Occit en la chasse
  De Myrrhe la race,
  Ne pleuroit si fort,
  Qu'on a fait la mort
  D'Antoine, que l'ire
  Transmit au nauire
  De l'oublieux port.

Epode.

Les cris, les plains

Des *Phrygiennes*
Estans aux mains
Myceniennes,
N'estoyent pas tels,
Que les mortels
Que pour Antoine
Fait nostre Roine.

Strophe.

Mais ore i'ay crainte,
Qu'il faudra pleurer
Nostre Roine esteinte,
Qui ne peut durer
Au mal de ce monde,
Mal qui se feconde,
Tousiours enfantant
Nouueau mal sortant :
On la voit deliure
Du desir de viure,
Mille morts portant.

Antistrophe.

Tantost gaye & verte
La forest estoit,
La terre couuerte
Sa Cerés portoit :
Flore auoit la pree
De fleurs diapree,
Quand pour tout ceci
Tout soudain voici
Cela qui les pille,
L'hyuer, la faucille,
Et la faulx aussi.

Epode.

Ia la douleur

Rompt la lieſſe,
La ioye & l'heur
A ma Princeſſe,
Reſte le teint
Qui n'eſt eſteint :
Mais la mort bleſme
L'oſtera meſme.

Strophe.

Elle vient de faire
L'honneur au cercueil :
O! quelle a peu plaire
Et deplaire à l'œil :
Plaire quand les roſes
Ont eſté decloſes,
Auec le Cyprés,
Mille fois aprés
Baiſotant la lame,
Qui ſemble à ſon ame
Faire les apreſts.

Antiſtrophe.

Verſant la roſee
Du fond de ſon cœur,
Par les yeux puiſee,
Et puis la liqueur
Que requiert la cendre :
Et faiſant entendre
Quelques mots lachez,
Baſſement machez,
Pour fin de la feſte
Meſlant de ſa teſte
Les poils arrachez.

Epode.

Elle a deſpleu,

Pource qu'il semblé
Qu'elle n'a peu
Que viure ensemble :
Et que soudain
De nostre main
Luy faudra faire
Vn mesme affaire.

ACTE V.

PROCVLEE, LE CHŒVR.

Proculee.

O iuste Ciel, si ce grief malefice
Ne t'accusoit iustement d'iniustice,
Par quel destin de tes Dieux coniuré,
Ou par quel cours des astres mesuré,
A le malheur pillé telle victoire,
Qu'en la voyant on ne la pourroit croire?
O vous les Dieux des bas enfers & sombres,
Qui retirez fatalement les ombres
Hors de nos corps, quelle palle Megere
Estoit commise en si rare misere?
O fiere Terre à toute heure souillee
Des corps des tiens, & en leur sang touillee,
As tu iamais soustenu sous les flancs
Quelque fureur de courages plus grands?
Non, quand tes fils Iupiter eschellerent,
Et contre luy serpentins se meslerent.
Car eux pour estre exemps du droit des cieux,
Voulurent mesme embuscher les grands Dieux,
Desquels en fin fierement assaillis,
Furent aux creus de leurs monts recueillis.
Mais ces trois ci, dont le caché courage

N'eust point esté mescreu de telle rage,
Qui n'estoient point geantes serpentines,
En redoublant leurs rages feminines,
Pour au vouloir de Cesar n'obeir,
Leur propre vie ont bien voulu trahir.
O Iupiter! ô Dieux! quelles rigueurs
Permets tu donc à ces superbes cœurs?
Quelles horreurs as tu fait ores naistre,
Qui des nepueux pourront aux bouches estre,
Tant que le tour de la machine tienne
Par contrepois balancé se maintienne?
Dictes moy donc vous brandons flamboyans,
Brandons du Ciel toutes choses voyans,
Auez-vous peu dans ce val tant instable
Découurir rien de plus espouuentable?
Accusez-vous maintenant, ô Destins,
Accusez-vous, ô flambeaux argentins :
Et toy, Egypte, à l'enui matinee,
Maudi cent fois l'iniuste destinee :
Et toy Cesar, & vous autres Romains
Contristez vous, la Parque de vos mains
A Cleopatre à ceste heure arrachee,
Et maugré vous vostre attente empeschee.

Le Chœur.

O dure, helas! & trop dure auanture,
Mille fois dure & mille fois trop dure.

Proculee.

Ha ie ne puis à ce crime penser,
Si ie ne veux en pensant m'offenser :
Et si mon cœur à ce malheur ne pense,
En le fermant ie luy fais plus d'offense.
   Escoutez donc, Citoyens, escoutez,
Et m'escoutant vostre mal lamentez.
I'estois venu pour le mal supporter

De Cleopatre, & la reconforter,
Quand i'ay trouué ces gardes qui frappoyent
Contre sa chambre, & sa porte rompoyent :
Et qu'en entrant en ceste chambre close,
I'ay veu (ô rare & miserable chose!)
Ma Cleopatre en son royal habit
Et sa couronne, au long d'vn riche lict
Peint & doré, blesme & morte couchee,
Sans qu'elle fust d'aucun glaiue touchee,
Auecq' Eras sa femme, à ses pieds morte,
Et Charmium viue, qu'en telle sorte
I'ay lors blasmee : A a Charmium, est-ce
Noblement faict? Ouy ouy c'est de noblesse
De tant de Rois Egyptiens venue
Vn tesmoignage. Et lors peu soustenue
En chancelant, & s'accrochant en vain,
Tombe à l'enuers, restant vn tronc humain.
Voila des trois la fin espouuentable,
Voila des trois le destin lamentable :
L'amour ne veut separer les deux corps,
Qu'il auoit ioints par longs & longs accords :
Le Ciel ne veut permettre toute chose,
Que bien souuent le courageux propose.
Cesar verra perdant ce qu'il attent,
Que nul ne peut au monde estre contant :
L'Egypte aura renfort de sa destresse,
Perdant apres son bon heur, sa maistresse :
Mesmement moy qui suis son ennemi,
En y pensant, ie me pasme à demi,
Ma voix s'infirme, & mon penser defaut :
O! qu'incertain est l'ordre de là haut !

LE CHŒVR.

Peut on encores entendre
  De toy, troupe, quelque voix?
  Peux tu ceste seule fois

De ton dueil la plainte rendre,
Veu que helas! tant douloureuse[29]*,*
De ton support le plus fort
Tu ne remets qu'en la mort,
Mort helas! à nous heureuse?
Mais prens prens donc ceste enuie
Sur le plus blanc des oiseaux,
Qui sonne au bord de ses eaux
La retraite de sa vie.
Et en te débordant mesme,
Despite moy tous les cieux,
Despite moy tous leurs Dieux,
Autheurs de ton mal extreme.
Non non, ta douleur amere,
Quand i'y pense, on ne peut voir
Si grande, que quelque espoir
Ne te reste en ta misere.
Ta Cleopatre ainsi morte
Au monde ne perira :
Le temps la garantira,
Qui desia sa gloire porte,
Depuis la vermeille entree
Que fait ici le Soleil,
Iusqu'aux lieux de son sommeil
Opposez à ma contree,
Pour auoir plustost qu'en Romme
Se souffrir porter ainsi,
Aimé mieux s'occire ici,
Ayant vn cœur plus que d'homme.

Proculee.

Mais que diray-ie à Cesar? ô l'horreur
Qui sortira de l'estrange fureur!
Que dira-il de mourir sans blessure
En telle sorte? Est-ce point par morsure
De quelque Aspic? Auroit-ce point esté
Quelque venin secrettement porté?

Mais tant y a qu'il faut que l'esperance
Que nous auions, cede à ceste constance.

Le Chœur.

Mais tant y a qu'il nous faudra renger
Dessous les loix d'vn vainqueur estranger,
Et desormais en nostre ville apprendre
De n'oser plus contre Cesar méprendre.
Souuent nos maux font nos morts desirables,
Vous le voyez en ces trois miserables.

FIN DE LA TRAGEDIE DE CLEOPATRE.

DIDON

SE SACRIFIANT

TRAGEDIE

D'ESTIENNE IODELLE,

PARISIEN[20].

PERSONNAGES DE LA TRAGEDIE
DE *DIDON*.

Achate.
Afcaigne.
Palinure.
Enee.
Le Chœur des Troyens.
Didon.
Le Chœur des Pheniciennes.
Anne.
Barce.

DIDON

SE SACRIFIANT

TRAGEDIE.

ACTE I.

ACHATE, ASCAIGNE, PALINVRE.

Achate.

Quel iour sombre, quel trouble, auec ce iour te roulent
Tes destins, ô Carthage ? & pourquoy ne se soullent
Les grands Dieux, qui leur veuë & leurs oreilles sainctes
Aueuglent en nos maux, essourdent en nos plaintes ?
Pourquoy donques, ialoux, ne se soullent de faire,
Ce qui fait aux mortels leur puissance desplaire ?
Race des Dieux, Ascaigne, & toy qui l'auanture
Des Troyens lis au ciel, asseuré Palinure,
Encor que nostre Enee au haure nous enuoye
Apprester au depart les restes de la Troye :
Encor que nous suiuions ses redoutez oracles,

Ses songes ambigus, ses monstrueux miracles :
Encor que, comme il dit, du grand Atlas la race,
Mercure, soit venu se planter à sa face,
Afin que hors d'Afrique en mer il nous remeine,
Pour faire aussi tost fin à nos ans qu'à la peine :
Ne iettez-vous point l'œil (las! se pourroit il faire
Que telle pitié peust à quelqu'vn déplaire?)
Iettez-vous point donc l'œil sur l'amante animee?
Sur Didon, qui d'amour & de dueil renflammee,
(Ia desia ie la voy forcener, ce me semble,)
Perdra son sens, son heur, & son Enee ensemble?
Et dont peut estre (ha Dieux!) la miserable vie
Auec nos fiers vaisseaux aux vents sera rauie :
Tant que l'iniuste mort retombant sur nos testes
Armera contre nous les meurtrieres tempestes.
Sa peine fut horrible alors que la nuict sombre
De son espoux Sichee offrit à ses yeux l'ombre,
L'ombre hideuse & palle, & qu'à ses yeux Sichee
Découurant vne playe, vne playe bouchee
De la poudre & du sang, monstroit à la deserte
De son frere meurtrier la cruauté couuerte,
D'vn son gresle enseignant sa richesse enterree :
Dont elle auecq' les siens par l'Afrique alteree
Fuyant de ce cruel Pygmalion la rage,
Marchanda pour bastir sur ce bruyant riuage,
Ce que les siens pourroyent enuironner de place
De la peau d'vn Taureau, & dont elle menace,
Ayant dressé Carthage, horreur mesme des guerres,
Les voisins ennemis, & les estranges terres.
L'autre mal la troubla, lors que Iarbe le prince
Des noirs Getuliens, luy offroit sa prouince,
Et son sceptre & sa gent, si par les torches sainctes
Du mariage estoyent leurs deux ames estreintes,
Sans qu'elle au vieil amour de Sichee obstinee,
Se peust faire flechir sous le ioug d'Hymenee :
Tant que ce Roy luy couue au fons de l'ame, pleine
D'vn immortel courroux, vne implacable haine.
Plus estrange malheur encor la vint surprendre,

Quand le pardon des flots appaisez fit descendre
Nostre troupe en Afrique : & que les yeux d'Enee
De cent traits venimeux blesserent l'effrenee,
Lors que son hoste Amour de ses flammes mordantes,
Peu à peu deuoroit ses entrailles ardentes,
Braisillant dans son cœur, comme on voit hors la braise
Les charbons s'allumans saillir dans la fournaise :
Ou comme l'ardant corps dont se fait le tonnerre,
Lors qu'à son element il s'eleue de terre
Dans le millieu de l'air, clos d'vne froide nuë,
Double de cent esclairs la longue pointe aiguë.
Mais las ! quand des Dieux l'ire à nostre aise s'oppose,
Nous nous sentons trainer de pire en pire chose.
Didon, qui nostre Enee (arraché de l'horrible
Massacre des Gregeois, de la fureur terrible
De Iunon aduersaire, & des hurlans abysmes)
Deslors mesme qu'vn pié dans Carthage nous mismes,
Dedans sa court receut, receuant dans son ame
Par le regard coupable, & l'image, & la flame,
Pourroit elle égaller tout le mal que luy brasse
Si long temps la Fortune, au dueil qui la menace
En nostre iniuste fuite ? Ainsi que l'indiscrette
Qui perdoit son Iason, ou que celle de Crete
Qui rappelloit en vain son Thesee au riuage,
Remplira l'œil de pleurs, son ame d'vne rage,
Et d'vne horreur sa ville.

Ascaigne.

En memoire me tombe
Ce qu'vn iour nous disoit mon pere sur la tumbe
D'Anchise mon ayeul : Que l'amour & la haine
Des Dieux vont bigarrant la fresle vie humaine :
Tant qu'à peine vne ioye aux mortels se rapporte,
Qui n'ait pour sa compagne vne douleur plus forte :
Mais il conseille aussi qu'aux choses douloureuses
On s'aueugle, pour voir & gouster les heureuses.

Palinure.

Il vaut mieux que les Dieux leurs ordonnances gardent,
Que pour se desmentir, aux dangers ils regardent :
Et lon ne doit son fiel contre les Dieux espoindre,
Quand on reçoit des Dieux de deux malheurs le moindre.
Quel malheur si Didon dans sa poitrine ardente,
Eust peu d'vn grand Enee enseuelir l'attente ?
Tant qu'vne mesme ardeur rauissant leur memoire,
Peust rauir des Troyens & de leur chef la gloire :
Et qu'ici s'attachant la fatale campaigne
Que le Tybre entortille, eust pour neant d'Ascaigne
Attendu les efforts, voire & l'horrible race,
Qui doit forcer sous soy ce que Neptune embrasse ?
Vn mal passe le mal.

Ascaigne.

Bien qu'vne douce amorce
Desrobe bien souuent au ieune cœur sa force,
Si m'aueuglé-ie au bien que i'auois, & au trouble
D'vne amante insensee. Il faut que lon redouble
L'ame pour vaincre vn dueil. Donc ceste Afrique douce
En la laissant nous charme ? Où le destin nous pousse
Suiuon, suiuon tousiours. Toute troupe est suiette
Au trauail : le trauail enduré nous rachette
Vn glorieux repos.

Achate.

La ieunesse bouillante
Qui contre le souci se rend tousiours nuisante,
Deffend à ton esprit, Ascaigne, qu'il ne ronge
La crainte des dangers, où plus agé ie songe :
La haine fait le dol. Iunon par les enuies
Que sans fin irritee acharne sur nos vies,
(Elle qui du Tonant est la sœur & l'espouse)
Renuerse les destins : & de tout heur ialouse,

Veut *monſtrer que celuy touſiours ſon malheur traine,*
Pour qui les cœurs felons ont enfielé leur haine.
N'auroit elle pas bien pourchaſſé par menee
Que hors d'ici les Dieux exilaſſent Enee?
Elle qui à ſon vueil Deeſſe ſe transforme,
Auroit elle point pris de Mercure la forme,
Pour nous oſter (feignant du grand Dieu le meſſage)
Vne Troye deſia redreſſee en Carthage?
Qui plus eſt par l'horreur de l'hyuer, & la rage
Des cruels Aquilons, & par le ſeul naufrage
S'appaiſent leur courroux: Iupiter nous commande
De faire deſmarer la Phrygienne bande,
Demeurant des Gregeois: car depuis que la Troye
Fut par l'arreſt celeſte aux Atrides la proye,
Ce pauure nom nous reſte, & ſemble qu'à ceſt heure
Le Ciel vueille que rien de Troye ne demeure.
Car veu qu'en nulle terre on ne nous ſouffre prendre
Le ſiege & le repos, & qu'ores de la cendre
Des funebres tombeaux les tremblantes voix ſortent,
Qui touſiours nouueau vol à noſtre fuite apportent:
Et qu'ores par les cris de quelque orde Harpye
Nous ſommes rechaſſez: & or' de la Libye
Par le fils de Maia, qui fait changer ſur l'heure
A la traiſtreſſe mer noſtre ſeure demeure.
Quelle belle Italie, ou quel autre heritage
Nous promet-on, ſinon l'eternel nauigage,
Et le fons de la mer, qui par la deſtinee
Veut pour vn Dieu marin receuoir ſon Enee,
Enee ſon neueu, & de luy ſeul contente,
Noyer auecques nous nos Dieux & noſtre attente?

Palinure.

Iamais aux bas mortels les Immortels ne rendent
Vne aſſeurance entiere: & touſiours ceux qui tendent
A la gloire plus haute, ont leurs ames eſtreintes
Aux ſoucis, aux trauaux, aux ſonges, & aux craintes.
Mais en vain celuy-là ſe tourmente & ſoucie,

Qui soit heur, soit malheur, dessus les Dieux appuye
Le hasart de ses faits : car bien qu'au ciel ie veisse
Les astres ennemis, & que ie me predisse
De mes voisins dangers l'euenement moleste,
Il vaudroit mieux, suiuant vn message celeste
(Quand mesme il seroit faux) mettre aux Dieux ma fiance
Que suiure pour guidon ma fresle cognoissance :
Aimant mieux en m'armant d'vne volonté pure
Perdre tout, que d'auoir vouloir de faire iniure
Au mandement d'vn Dieu, qui veut que pour vn vice
Executé, vouloir de faillir se punisse.

Ascaigne.

Encor oublions nous, qu'outre l'ailé Mercure,
Plus seurs encor nous doit rendre vn celeste augure.
Alors qu'au sac piteux nostre Troye estoit pleine
Du feu, de pleurs, de meurdre, vne flame soudaine
Vint embraser mon chef, qui comme nostre Anchise
L'expliqua, nous chassoit hors de la Troye prise.
Ie iure par l'honneur de ceste mesme teste,
Par celle de mon pere, & par la neufue feste
Que le tombeau d'Anchise adiouste à nostre annee,
Qu'vn mesme embrasement m'a ceste matinee
Donné le mesme signe : & qu'on nous tient promesse
De reuenger bien tost la Troye de la Grece.

Achate.

Sus sus doncques haston : l'entreprise est heureuse
Qu'on n'execute point d'vne main paresseuse.
Haston sans aucun bruit au labeur nostre troupe :
Que tout se trousse au port, que les rameaux on coupe
Pour couronner les masts : qu'aux vents on prenne garde
Aux fustes, aux esquifs : qu'aux armes on regarde :
Qu'il n'y ait mast, antene, ancre, voile, ou hune[81]*,*
Qui ne soit pour souffrir les hasards de Neptune.
Mais tourne l'œil, Ascaigne, & voy l'estrange peine

Où ton pere tout morne à l'écart se pourmene.
Las, faut-il qu'en amour l'audace la plus prompte
Pour vne peur, qui tient toufiours le frein, se domte ?

Enee.

Du fer, du sang, du feu, des flots, & de l'orage
Ie n'ay point eu d'effroy, & ie l'ay d'vn visage,
D'vn visage de femme, & faut qu'vn grand Enee
Sente plus que Didon sa force effeminee:
Non pas tant pour l'amour qui ait en moy pris place
Que pour ne pouuoir pas comment souffrir sa face.
Ie ne m'effroyay point quand la Grece outragee
Fit ramer ses vaisseaux iusques au bord Sigee,
Où des Atrides fiers, où Achille inuincible,
Où Aiax, où Vlysse, entre tous eux nuisible
Par ses trompeurs efforts, d'vne voix enflammee
Encourageoit au sac leur bien conduite armee:
Et que de la muraille, on les vit sur la riue
Menacer de trainer nostre Troye captiue
Parmi les flots marins : à fin d'orner Mycenes
De ce riche butin, sallaire de leurs peines :
Ie r'asseuray soudain ma raison eslancee,
Lors que ma mere on vit fatalement blessee
D'vn trait de Diomede : & ne m'estonnay gueres
Du destin accompli, quand les dextres meurtrieres
De deux hardis Gregeois, dans le sang se souillerent
De Dolon, & de Reze : & vainqueurs emmenerent
Les cheuaux Thraciens, auant qu'on les vist boire
Dans le Xanthe, duquel viuroit encor la gloire,
S'ils en eussent gousté. Moins encor fut troublee
Ma raison dedans moy, lors que Panthasilee,
Roine Amazonienne, en son camp déconfite,
Le reste de son ost fit sauuer à la fuite.
Mesmes la mort d'Hector (Hector seule deffense
De nos murs & de nous) ne força ma constance :
Ny mesme de Pallas l'image gardienne
Prise de l'ennemi, ny ceste nuict Troyenne,

*Ceste effroyable nuict, où les Dieux nous monstrerent
Que pour neant dix ans les Troyens resisterent :
Rien qui peust telle nuict s'offrir deuant ma veuë,
Ne trouua de son sens mon ame despourueuë.
Bien que du grand Hector l'effroyable figure,
Ayant les cheueux pris & de sang & d'ordure,
S'apparust deuant moy, pour lors aussi hideuse
Qu'estoit le corps d'Hector, par la trace poudreuse
Qu'il empourpra de sang tout autour de la ville,
Trainé par les cheuaux de son meurtrier Achille :
Bien (dy-ie) que sortant de la maison mienne,
Ie veisse en mon chemin la prophete Troyenne
Entre les mains des Grecs miserablement serue,
Tirer par les cheueux du temple de Minerue :
Et bien qu'à tant d'amis par le fer & les flames
Ie veisse saccager les maisons & les ames :
Bien (dy-ie) qu'en entrant dans la maison royalle
Auecq' les Grecs, ie veisse Hecube froide & palle
De femmes entouree, & de cris & de rages,
Dessous vn vieil laurier embrasser les images
Des pauures Dieux vaincus, & comme condamnee
Tendre le pauure col à toute destinee,
Voire son Roy vieillart, qui d'vne main dépite
Tachoit vanger le sang de son enfant Polite,
Frappé de mesme main, tout petillant & blesme
Deuant l'autel sacré respandre son sang mesme.
Mais quand aurois-ie dit les troubles qui m'auindrent
Ceste effroyante nuict, qui pourtant ne me tindrent
Esperdu que bien peu ? Tant de fois voir ma mere
Se planter tout soudain deuant moy : voir mon pere
Pesant de la vieillesse, & mon enfant debile,
Qu'il falloit nonobstant arracher de la ville :
Voir en chemin ma femme amoindrir nostre nombre,
Et se perdre de moy, puis tout soudain son ombre
Reuenant, se ficher deuant mes yeux, me dire
L'adieu qu'elle deuoit. Hé qui pourroit suffire
A compter tous ces maux, & encor les affaires
Que m'ont fait rencontrer les destins aduersaires*

Depuis ce cruel sac, sans que le Ciel m'estonne
Des cas auantureux que pour nous il ordonne?
La voix de Polidore au taillis entendue,
Rendit elle ma voix autrement esperdue,
Que ie n'ay de coustume? Et lors que tous malades
Du tourment de la mer, dans les isles Strophades
Nous prismes nostre port, & que par la Harpye
(Monstre horrible & puant) fut ma troupe aduertie
Du malheur qui nous suit, vit on que ie changeasse
De beaucoup mon visage, & mes sens ie troublasse
De si rares hideurs? L'horrible prophetie
Des trauaux qu'Helenus predit sur nostre vie :
Le monstrueux Cyclope, à qui nous arrachasmes
Le pauure Achemenide, & au port le menasmes :
Le trespas de mon pere, à qui la sepulture
Nous fismes à Drepan, bien qu'encor i'en endure,
M'ont ils fait monstrer autre? Et mesmes quand nos testes
Ie vey quasi couurir des dernieres tempestes
Que nous eusmes en mer, de quelle contenance
Me peut on voir monstrer vn deffaut d'asseurance?
Toutesfois maintenant hors quasi de tout trouble,
Ie palli, ie me pers, ie me trouble & retrouble :
Ie croy ce que i'ay veu n'estre rien fors qu'vn songe,
Duquel ie veux piper la Roine en mon mensonge :
Et bien que ie la sçache entre tous estre humaine,
Ie me la feins en moy de rage toute pleine.
Il me semble desia que les sœurs Eumenides
Pour tantost m'effroyer, seront les seules guides
De ces cris effrenez, me faisant miserable
Moymesme estre enuers moy de trahison coulpable :
Ou bien si sa douceur à l'œil ie me presente,
Plus encor sa douceur de moymesme m'absente :
Veu que i'aurois vne ame estrangement cruelle,
Si la iuste pitié qu'il me faut auoir d'elle,
Ne me faisoit creuer & rompre l'entreprise,
Qui la loy de l'amour infidellement brise.
Si ne le faut-il pas : il faut que ma fortune
S'obstine contre tout, & faut que toy, Neptune,

Portes deſſus ton dos, quoy qu'ores il aduienne,
Du royaume promis la troupe Phrygienne :
Le conſeil en eſt pris, à rien ie ne regarde.
« *Vne neceſſité à tout mal ſe haſarde.*

LE CHŒVR DES TROYENS.

Les Dieux des humains ſe ſoucient,
 Et leurs yeux ſur nous arreſtez,
 Font que nos fortunes varient,
 Sans varier leurs volontez.
 Le tour du Ciel qui nous rameine
 Apres vn repos vne peine,
 Vn repos apres vn tourment,
 Va touſiours d'vne meſme ſorte :
 Mais tout cela qu'il nous rapporte
 Ne vient iamais qu'inconſtamment.
 Les Dieux touſiours à ſoy reſſemblent :
 Quant à ſoy les Dieux ſont parfaits :
 Mais leurs effects ſont imparfaits,
 Et iamais en tout ne ſe ſemblent.
Les deux peuples diuers, qu'enſemble
 L'immuable fatalité
 Pour ce ſeul iour encore aſſemble
 Dans les murs de ceſte cité :
 Les Troyens ſous le fils d'Anchiſe,
 Tes Tyriens deſſous Elyſe,
 Monſtrent aſſez à tous viuans,
 Qu'il n'y a que l'audace humaine
 Qui face, que le Ciel attraine
 L'heur & le malheur ſe ſuiuans.
 Noſtre heur auroit vne conſtance,
 Si voulans touſiours hault monter,
 Nous ne taſchions meſme d'oſter
 Aux grands Dieux noſtre obeiſſance.
Mais eux qui toutes choſes voyent,
 Exempts d'ignorer iamais rien,

Ont veu comme il faut qu'ils enuoyent
Aux mortels le mal & le bien.
Et d'vn tel ordre ils entrelacent
L'heur au malheur; & se compaſſent
Si bien en leur iuſte equité,
Que l'homme au lieu d'vne aſſeurance,
Ne peult auoir que l'eſperance
De plus grande felicité.
Pendant que chetif il eſpere,
(Chacun en ſa condition)
La Mort oſte l'occaſion
D'eſperer rien de plus proſpere.
Ainſi les hauts Dieux ſe reſeruent
Ce poinct, d'eſtre tous ſeuls contens :
Pendant que les bas mortels ſeruent
Aux inconſtances de leur temps.
Des euenemens l'inconſtance
Engendre en eux vne ignorance :
Tant qu'aueuglez par le deſir
Auquel trop ils s'aſſuiettiſſent,
Pour l'heur le malheur ils choiſiſſent,
L'ombre du plaiſir pour plaiſir.
Mais quoy ? veu telle incertitude,
L'homme ſage ſans s'eſmouuoir
Reçoit ce qu'il faut receuoir,
Mocqueur de la viciſſitude.
Car ſi toutes choſes qui viennent,
Auoyent parauant à venir,
Si les douleurs qui en prouiennent,
Par vn malheureux ſouuenir,
Ou bien la crainte qui deuance
L'euenement de telle chance,
Ne nous peuuent apporter mieux :
Grands Dieux, qu'eſt-ce qui nous fait faire
Plus malheureux en noſtre affaire,
Que meſme ne nous font les Cieux ?
Heureux les eſprits qui ne ſentent
Les inutiles paſſions,

Filles des apprehensions,
Qui seules quasi nous tourmentent.
Tout n'est qu'vn songe, vne risee,
Vn fantosme, vne fable, vn rien,
Qui tient nostre vie amusee
En ce qu'on ne peut dire sien.
Mais ceste maratre Nature,
Qui se monstre beaucoup plus dure
A nous, qu'aux autres animaux,
Nous donne vn discours dommageable,
Qui rend vn homme miserable,
Et auant & apres ses maux.
Et plus les bourrelles Furies
Voyent que nous sommes en heur,
Et plus apres nostre malheur
Monstre sur nous leurs seigneuries.
Ceste ineuitable Fortune,
Qui renuersa nostre cité,
N'eust point esté tant importune
Contre nostre felicité,
Si auant que les tristes flames
Eussent raui les cheres ames
De nos superbes Citoyens,
Ceste vangeresse muable,
N'eust point esté tant fauorable
Aux murs, & au nom des Troyens.
Mais qui eust peu brider sa rage,
Voyant que le Ciel gouuerneur
Souffroit qu'on saccageast l'honneur
Des villes, & des Dieux l'ouurage ?
Ainsi n'eust pas esté saisie
Par les trois infernales sœurs,
L'ame de ce grand Roy d'Asie,
Voyant les Grecs estre vainqueurs :
Si ce grand Priam nostre prince
N'eust apparu dans sa prouince,
Comme Roy de tous autres Rois.
L'Ire n'est point en la puissance

Des princes : & l'Impatience
Contraint leur cœur deſſous ſes loix.
Quel horreur, quand la gloire haute
Treſbuche, & que les royautez
Se tournent en captiuitez,
Soit par haſart, ſoit par leur faute?
Toymeſme Hecube infortunee,
Qui cruellement des Gregeois
Pour eſclaue fus entrainee,
Comment maintenant tu dirois.
Quels brandons & quelles tenailles
S'acharnent deſſus les entrailles
De ceux, qui deuant triomphans,
Voyent ſoudain choir les orages,
Et enſanglanter leurs viſages
Du ſang meſme de leurs enfans?
Nous meſmes qui deſſous Ence
Cherchons noſtre bien par nos maux,
Diſons qu'auecq' les cœurs plus hauts
La plus grande miſere eſt nee.
Mais qui veut voir vn autre exemple,
Soit du deſtin, ou ſoit du mal,
Que l'homme en ſouffre, qu'il contemple
En ce departement fatal,
Comment la Fortune ſe iouë
D'vne grand' Roine ſur ſa rouë.
I'ay grand' peur qu'aucune raiſon
Voyant le ſort tant variable,
(O pauure Didon pitoyable!)
Ne demeure dans ta maiſon.
Vne impatience eſt plus grande
Que tout mal que l'on puiſſe auoir :
Mais la mort a ſouuent fait voir,
Qu'impatience au mal commande.

ACTE II.

DIDON, CHŒVR DES PHENICIENNES,
ANNE, ENEE.

Didon.

Dieux, qu'ay-ie soupçonné? Dieux, grands Dieux qu'ay-ie
Mais qu'ay-ie de mes yeux moymesmes apperceu?
Veut donc ce desloyal auec ses mains traistresses
Mon honneur, mes bienfaits, son honneur, ses promesses,
Donner pour proye aux vents? Ie sens, ie sens glacer
Mon sang, mon cœur, ma voix, ma force, & mon penser.
Las! Amour, que deuien ie? & quelle aspre furie
Se vient planter au but de ma trompeuse vie?
Trompeuse, qui flattoit mon aueugle raison,
Pour en fin l'estouffer d'vne estrange poison?
Est-ce ainsi que le Ciel nos fortunes balance?
Est-ce ainsi qu'vn bienfait le bienfait recompense?
Est-ce ainsi que la foy tient l'amour arresté?
Plus de grace a l'amour, moins il a de seurté.
O trop fresle esperance! ô cruelle iournee!
O trop legere Elise! ô trop pariure Enee!
 Mais ne le voici pas? sus sus escartez-vous,
Troupe Phenicienne: il faut que mon courroux
Retenant ce fuitif, desor' se desaigrisse:
Ou que plus grand' fureur mes fureurs amoindrisse.
Toymesme (ô chere sœur) laisse moy faire essay,
Ou d'arrester ses naus, ou bien les maux que i'ay.
Il n'aura pas, ie croy, le cœur de roche: & celle
Qu'il dit sa mere, est bien des Dieux la moins cruelle.
Il faut que la pitié l'arreste encor ici,
Ou que ma seule mort arreste mon souci.
La mort est vn grand bien: la mort seule contente

L'esprit, qui en mourant voit perdre toute attente
De pouuoir viure heureux.

Le Chœur.

     Qui ne verroit comment
L'amour croist son pouuoir de son empeschement?
Mais souuent d'autant plus qu'au fait on remedie,
Et plus en vain dans nous s'ancre la maladie.

Didon.

Quoy t'esmerueilles-tu, si ma iuste fureur,
O pariure cruel, remplit mes mots d'horreur?
Et qu'outre mon deuoir, deçà delà courante
Il semble que ie face à Thebes la Bacchante,
Qui sentant arriuer les iours Trieteriques,
Fait forcener ses sens sous les erreurs Bacchiques?
T'en esbahis-tu donc, veu qu'assez tu sçauois,
Las! que tu rendois telle & mon ame & ma voix?
Car bien que ton depart tu me dissimulasses,
Bien qu'à la desrobee aux vents sacrifiasses,
Et au pere Ocean: bien que sans te changer
Tu m'eusses fait fier du tout à l'estranger,
Sans que iamais on t'eust mescreu de telle faute:
Esperois tu pourtant, ô ingrat, ingrat hoste,
Aueugler tous nos yeux en telle lacheté?
Les cieux sont ennemis de la mechanceté.
La terre maugré soy soustient vn homme lasche:
Et contre le meschant la mer mesme se fasche.
Quand mesme ton dessein ce iour ie n'eusse veu,
Ny entendu des miens, le Ciel ne l'eust pas teu:
Ma terre en eust tremblé, & iusques à Carthage
La mer le fust venu sonner à mon riuage.
 Mais qui te meut, Cruel? pourquoy trop inhumain
Laisses tu celle la qui t'a mis tout en main?
Nostre amour donc, helas! ne te retient-il point,
Ny la main à la main, le cœur au cœur conioint

Par vne foy ſi bien iuree en tes delices?
Que ſi les iuſtes Dieux vangent les iniuſtices,
Tes beaux ſermens rompus rompront auſſi ton heur.
   Fais tu ſi peu de compte encor de mon honneur,
Las! qui t'enrichiſſant d'vn ſuperbe trophee,
Tiendra ma plus grand' gloire en moymeſme eſtouffee?
Ne te meut point encor vn horrible treſpas,
Dont ta Didon mourra, qui auſſi toſt ſes pas
Bouillante haſtera dedans la nuict profonde,
Que les vents haſteront tes vaiſſeaux parmi l'onde?
   Or ſi tu n'es (helas!) de mon mal ſoucieux,
Sois pour le moins (Ingrat) de ton bien curieux.
En quel temps ſommes nous? n'as tu pas veu la greſle
Et la neige & les vents, tous ces iours peſle-meſle
Noircir toute la mer, & tant qu'on euſt cuidé
Que le plus grand Neptune aux eaux n'euſt commandé,
Tant les vents maiſtriſoyent les grand's vagues enflees,
Qui iuſqu'au Ciel eſtoyent horriblement ſoufflees?
Celuy ne ſ'aime pas, qui au cœur de l'hyuer,
Haſardant ſes vaiſſeaux & ſa troupe en la mer,
Prodigue de ſa vie, attend qu'vn noir orage
Dans l'eau d'Oubli luy dreſſe vn autre nauigage.
Sans crainte de la mort on ſuiuroit tout eſpoir,
S'on pouuoit pluſieurs fois la lumiere reuoir.
   Prens encor que les eaux ſe rendiſſent bonaces
En ton departement, crains tu point les menaces
Du Dieu porte-trident irrité contre toy,
Infidelle à celuy qui n'aura plus de foy?
Toutes les fois qu'en mer les flots tu ſentiras
Contre-luter aux flots, palliſſant tu diras:
C'eſt à ce coup, ô ciel, ô mer, que la tempeſte
Doit iuſtement vanger ma foy contre ma teſte.
Et ſi tu attens lors, que de Troye les Dieux
Portez dans ton nauire, appaiſent & les cieux,
Et l'onde courroucee, il te viendra ſoudain
Dans l'eſprit, que tout Dieu laiſſe l'homme inhumain.
Vn Dieu meſme perdroit l'Ambroſie immortelle,
Priué de deïté, ſ'il eſtoit infidelle.

Tu gaignas leur secours par vne pieté,
Leur secours tu perdrois par vne cruauté.
   Songes tu point encor, que mesme en la marine
L'Amour voit honorer sa puissance diuine?
Neptune sçait il pas, que c'est que de sentir
Le brandon que ses eaux ne peuuent amortir?
Glaucque le fier Triton, & la troupe menuë
De ces Dieux, ont ils pas la force en soy cogneuë
Dont Amour leur commande? & son diuin flambeau
Ard-il pas les poissons iusques au creus de l'eau?
Mesmement quant aux vens : le fier vent de Scythie
Se vit il pas flechir sous l'amour d'Orithie?
Voyant donc maintenant tous ces Dieux obeïr
Aux loix d'Amour, voyant qu'ores tu veux haïr
De celle là la vie, à qui mesmes la tienne
A iamais sera deuë, à ceste heure te vienne,
Qu'il te vienne vn remors de t'estre en l'esprit mis
De vouloir dans la mer à tous tes ennemis
Te fier de ta vie, en irritant ton frere,
Ton puissant frere Amour, en irritant ta mere,
Qui tous deux te feront sçauoir à tous les coups,
Qu'en pechant contre Amour nous pechons contre nous.
Si encores ta Troye & les grands tours cogneuës
De ton Priam, dressoient le chef iusques aux nuës :
Si des murs que bastit Apollon, tout le clos
N'estoit point couuert d'herbe, & de pierres, & d'os,
Qu'entreprendrois-tu plus des païs estrangers?
Chercherois-tu le tien parmi plus de dangers?
Lairrois-tu quelque terre heureuse & bien aimee,
Pour voir par cent perils de Troye la fumee?
Craindrois tu point l'hyuer, ny mesme Cupidon,
Pour la foy pariuree à quelque autre Didon?
Et maintenant (bons Dieux!) qu'en toy tu deliberes,
Cruel, de faire voile aux terres estrangeres,
Laissant si douce terre, & si doux traictement,
Pour suyure pour ton but vn hazard seulement,
Que faut-il que ie songe? helas doy-ie pas croire
Que dessus vn amour la haine aura victoire?

*Veu que tu me fuis tant, qu'à fin de t'eſtranger
De Didon, tu ne crains de ſuiure aucun danger.
Me fuis tu? me fuis tu? ô les cruels alarmes
Que me donne l'Amour, par ces piteuſes larmes
Qu'ores deuant ta face eſpandre tu me vois!
Larmes, las! qui ſe font maiſtreſſes de ma voix,
Qui hors de moy ne peut ne peut...*

Anne.

*Quand l'innocente
Flechit ſous le coulpable, & plus forte lamente
Deuant le foible, helas! le Ciel aueuglément
Donnant à l'vn le crime, à l'autre le tourment,
Fait-il pas voir qu'il faut ſ'accompagner du vice,
Qui traine inceſſamment l'innocence au ſupplice?*

Didon.

*Par ces larmes ie dy, que te monſtrant à l'œil
Combien l'amour eſt grand, quand ſi grand eſt le dueil:
Et par ta dextre auſſi, puis que moy miſerable
Ne me ſuis laiſſé rien qui me* [32] *ſoit ſecourable:
Par les feux, par les traits, dont ton frere ſi bien
A vaincu ma raiſon qu'il ne m'en reſte rien:
Par noſtre mariage, & par nos Hymenees
Qu'auoient bien commencé mes rudes deſtinees:
Par les Dieux, que deuôt tu portes auec toy,
Compagnons de ta peine, & teſmoins de ta foy:
Par l'honneur du tiers Ciel que gouuerne ta mere:
Par l'honneur que tu dois aux cendres de ton pere,
Si iamais rien de bon i'ay de toy merité,
Si iamais rien de moy à plaiſir t'a eſté,
Ie te pry prens pitié d'vne pauure famille,
Que tu perdras, au lieu d'acheuer vne ville,
Comme nous eſperions, & d'aſſembler en vn
Deux peuples aſſeruis deſſous vn ioug commun.
L'eſpoir flatte la vie, & doucement la pouſſe,
L'eſtranglant à la fin d'vne corde moins douce.*

ACTE II.   173

Nostre espoir est il tel? pourrois-tu faire voir
Qu'entre tous les malheurs il n'y a que l'espoir,
Qui engendre à la fin luy mesme son contraire?
Vn cœur se doit flechir, & l'homme est aduersaire
Des hommes, & des Dieux, lors que d'vn mechant cœur
Fuit plus tost la pitié que son propre malheur.
  T'es tu changé si tost? oste oste moy desores,
(Si quelque lieu me reste aux prieres encores)
Le cœur enuenimé, qui te deguise ainsi.
Las! ie ne te cogneu iamais pour tel ici :
Ie t'ay cogneu pour tel, que iustement surprise
I'ay mesprisé l'amour en tous autres éprise :
L'amour trop mise en vn, comme ie l'ay dans toy,
Est la haine de tous, & la haine de soy.
I'ay pour t'auoir aimé la haine rencontree
Des peuples & des Rois de toute la contree :
Mesmes les Tyriens de ton heur offensez
Couuent dessous leurs cœurs leurs desdains amassez.
La Princesse aime bien, qui beaucoup plus regarde
A vn seul, qu'à tous ceux qu'elle a pris en sa garde.
Qui plus est, pour toymesme (ô Soleil me peux tu
Voir veufue de Sichee, & veufue de vertu?)
Pour toymesme (ô Enee) éprise de tes feux,
I'ay mon honneur esteint, ma chasteté, mes vœus :
Pour toy (dy-ie) ô Enee, on verra tost esteindre
Ma renommee aussi, qui se vantoit d'atteindre
D'vn chef braue & royal la grand' voûte, où les Dieux
D'vn ordre balancé font tournoyer les cieux :
Qui, peut estre, m'ostant du nombre des Princesses,
M'eust mise apres ma mort au nombre des Deesses.
  A qui (ô trop cher hoste) à qui, ô seul support
De ma Carthage, à qui prochaine de la mort
Laisses tu ta Didon? Il faut que ma mort oste
Mes haines d'entour moy, si ie pers vn tel hoste,
Hoste, puis que ce nom me reste seulement
En celuy, qui m'estoit mari premierement.
Qu'atten-ie plus sinon que mes murs de Carthage,
Sentent de mon cruel Pygmalion la rage?

Ou que hors de ce lieu que tu auras quitté,
Mon dur malheur me iette en la captiuité
Du Roy Getulien? Rien n'espargne l'enuie :
Et iamais vn malheur ne vient sans compagnie.
Aumoins si i'auois eu quelque race de toy,
Auant que de te voir arracher d'auec moy :
Et si dedans ma court, du pere abandonnee
Ie pouuois voir iouër quelque petit Enee,
Qui seulement les traits de ta face gardast,
Et m'amusant à luy mes soucis retardast :
Ie ne penserois point ny du tout estre prise,
Ny du tout delaissee. Alors que l'ame éprise
Ne peut auoir celuy qui toute à soy l'attrait,
Elle se paist aumoins quelquefois du pourtrait :
Et bien qu'vn souuenir m'embrasast d'auantage,
I'asseurerois au moins ma debte sur ton gage.
Mais ores que feray-ie? ay-ie vn autre confort,
Sinon que d'oublier Enee par ma mort?
Et sans m'attendre au temps, qui souuent desenflame,
Me despestrer d'espoir, de l'amour, & de l'ame?
L'amour fait que lon doit du Soleil s'ennuier,
Si la seule eau d'oubli peut ses flames noyer.

   Mais pourquoy tant de mots? doy-ie donc satisfaire
A celuy qui se doit plustost qu'à moy complaire?
L'amour, l'amour me force, & furieusement
M'apprend, Que qui bien aime, aime impatiemment.
Qu'en dis-tu?

Enee.

   Ie ne puis (ô Roine, qui proposes
Parlant d'vn tel courage, & mille & mille choses)
Faire que ton parler ne me puisse esmouuoir,
Ny faire que ie n'aye esgard à mon deuoir :
Ces deux efforts en moy l'vn contre l'autre battent,
Et chacun à son tour coup dessus coup abbattent :
Mais lors que l'esprit sent deux contraires, il doit
Choisir celuy qu'alors plus raisonnable il croit.
Or la raison par qui enfans des Dieux nous sommes

ACTE II. 175

Suit pluſtoſt le parti des grands Dieux que des hommes.
Tu veux me retenir : mais des Dieux le grand Dieu
N'a pas voulu borner mes deſtins en ce lieu.
Le Ciel qui moyennant mon courage & ma peine,
Promet vn doux repos à ma race, me meine
De deſtin en deſtin, & monſtre que ſouuent
La celeſte faueur bien cherement ſe vend.
Ainſi qu'ores à moy, que le deſtin repouſſe
Hors d'vn repos acquis, hors d'vne terre douce,
Hors du ſein de Didon, pour encores ramer
Les boüillons eſcumeus des gouffres de la mer,
Pour voir mille hideurs, tant que cent Hippolytes
En ſeroient mis encor par morceaux en leurs fuites.
Mais ſoit que ceſte terre, où ie conduy les miens,
Semble eſtre ſeul manoir des plaiſirs & des biens :
Soit que l'onde irritee, & mes voiles trop pleines
Repouſſent mes vaiſſeaux aux terres plus loingtaines :
Soit encor que Clothon renouë par trois fois
Le filet de ma vie, ainſi qu'au vieil Gregeois :
Soit qu'apres mon treſpas ma mere me rauiſſe,
Ou qu'aux loix de Minos ma pauure ombre flechiſſe,
Iamais ne m'aduiendra, tant que dans moy i'auray
Memoire de moymeſme, & tant que ie ſeray
Enee, ou bien d'Enee vne image bleſmie,
De nier que Didon & de Roine, & d'amie
N'ait paſſé le merite, & iamais ne ſera
Que ton nom, qui ſans fin de moy ſe redira,
Ne m'arrache les pleurs, pour certain teſmoignage
Que maugré moy le Ciel m'arrache de Carthage.
Mais quant à ce depart dont ie ſuis accuſé,
Ie te reſpons en bref : Ie n'ay iamais vſé
De feintiſe, ou de ruſe en rien diſſimulee,
A fin que l'entrepriſe à tes yeux fuſt celee.
L'amour ne ſe peut feindre : & mon cœur, dont teſmoins
Sont les Dieux, me forçoit au congé pour le moins.
Celuy n'eſt pas mechant qui point ne recompenſe :
Mais mechant eſt celuy qui aux bienfaits ne penſe.
Ie n'ay iamais auſſi pretendu dedans moy,

Que les torches d'Hymen me ioigniſſent à toy.
Si tu nommes l'amour entre nous deux paſſee,
Mariage arreſté, c'eſt contre ma penſee.
Souuent le faux nous plaiſt, ſoit que nous deſirions
Que la choſe ſoit vraye, ou ſoit que nous couurions
Sous vn honneſte mot[33], *& la honte, & la crainte :*
Mais dedans nous le temps ne doit pas d'vne feinte
Faire vne verité : la perſuaſion
Geſne, eſclaue, en l'amour, la prompte affection.
Ce n'eſtoit, ce n'eſtoit dedans ta court royale,
Où les Troyens cherchoient l'alliance fatale :
Si les arreſts du Ciel vouloient qu'à mon plaiſir
Ie filaſſe ma vie, & me laiſſoient choiſir
Telle qu'il me plairoit au moins vne demeure
Qui gardaſt que du tout le nom Troyen ne meure :
Si ie tenois moymeſme à mon ſouci le frain,
Ie ne choiſirois pas ce riuage lointain :
Ie baſtirois encor ſur les reſtes de Troye,
I'habiterois encor ce que les Dieux en proye
Donnerent à Vulcan, & de nom & de biens
Ie taſcherois vanger les ruines des miens :
Les temples, les maiſons, & les palais ſuperbes
De Priam & des ſiens, ſe vangeroyent des herbes
Qui les couurent deſia : nos fleuues qui tant d'os
Heurtent dedans leur fons, s'enfleroient de mon los :
Moymeſme d'vn tel art que Phebus & Neptune,
De Pergames nouueaux i'enclorrois ma fortune.
Le païs nous oblige : & ſans fin nous deuons
Aux parens, au païs tout ce que nous pouuons.
Et qu'euſſé-ie plus fait pour moy ne pour ma terre,
Qu'en me vengeant venger ſon nom de telle guerre ?
Mais les oracles ſaincts d'Apollon Cynthien,
Et les ſorts de Lycie, & le Saturnien,
Qui d'vn deſtin de fer noſtre fortune lie,
Me commande de ſuiure vne ſeule Italie.
En ce lieu mon amour, en ce lieu mon païs,
Là les Troyens vainqueurs ne ſe verront haïs
Des Dieux, comme deuant : là la ſaincte alliance

Sortira des combats : là l'heureuse vaillance
De neueus en neueus iusqu'à mil ans & mil
Asseruiront sous soy tout ce païs fertil :
Et le monde au païs. Si toy Phenicienne
Tu te plais d'habiter ta ville Lybienne,
Quelle enuie te prend, si ce peuple Troyen
S'en va chercher son siege au port Ausonien ?
N'as tu pas bien cherché ceste terre en ta fuite :
Et pourquoy, comme à toy, ne nous est-il licite
De chercher vn Royaume estranger, quand les Dieux
Presque bon gré, maugré, nous chassent en tels lieux ?

Anne.

Que la malice peut ingenieux nous rendre,
Quand elle veut son tort contre le droit deffendre :
Plus le vainqueur Thebain sur l'Hydre s'efforçoit,
Et plus de ses efforts l'Hydre se renforçoit :
Si nostre conscience enuers nous ne surmonte,
Iamais par la raison la malice on ne donte :
Voudroit-on engluer le Griffon rauisseur,
L'Aigle, ou le Gerfaut ? l'homme mechant est seur [34]
Qu'il n'est né que pour prendre, helas ! mais quelle proye ?
Que ne prens tu, Troyen, sur ceux qui ont pris Troye ?

Enee.

Quant à la foy que tant on reproche : iamais
T'ay-ie donné la foy, que ce lieu desormais
Emmurant ma fortune, ainsi que tu t'emmures,
Finiroit des Troyens les longues auantures ?
Lors que tu me faisois les troubles raconter
De ceste nuict, qui peut par vn dol emporter
La ville, à qui dix ans, à qui des grands Dieux l'ire,
A qui l'effort des Grecs n'auoit encor sceu nuire :
Te dy-ie pas qu'auant que les Dieux eussent mis
Telle fin au trauail des vainqueurs ennemis,
Souuentesfois Cassandre en changeant de visage,

Toute pleine d'vn Dieu, qui mefloit fon langage
De mots entrerompus, & dont les fainɗs efforts
La faifoient forcener pour les pouſſer dehors,
Nous auoit dit, qu'apres la Troyenne ruine,
Apres les longs trauaux foufferts en la marine,
Ie viendrois replanter noftre regne, & mon los,
En la terre qui tient Saturne encore enclos?
Te dy-ie pas qu'ainfi les effroyans oracles,
Les fonges, les boyaus, & les foudains miracles
Des cheueux de mon fils, mefmement le difcours
Que le bon Helenus me fit fus tous mes iours,
Voire iufqu'à la voix de la falle Harpye,
Appelloient à ce but ma trauaillante vie?
As tu donc oublié, que quand nous abordafmes
Et qu'humbles deuant toy long temps nous harangafmes
De ce qui nous menoit, & quel eftrange fort
Nous auoit faiɗ alors ancrer dedans ton port,
Nous difmes deffus tout, que defia fept annees
Nous auoient veu cherchans la fin des deftinees,
Qui l'heureufe Italie à ma race donnoient,
Et qui là les labeurs des Phrygiens bornoient?
Tu ne peux ignorer que toute humaine attente
Ne foit toufiours au lieu, qui tout feul la contente :
Et que ie n'euffe fceu, voyant deuant mes yeux
Sans fin, fans fin, ce but où me tiroient les Dieux,
Par vn nouueau ferment autre promeffe faire
Que i'euffe veu du tout à mon efprit contraire.
Car qui eft celuy-là, qui fçachant vrayement
Qu'il faulfera la foy de fon traiftre ferment,
Aura pluftoft en foy de refufer la crainte,
Que l'eternel remors d'auoir fa foy contrainte
Outre fon efperance ? Il ne faut donc penfer
Que i'aye iamais fceu la promeffe auancer,
Qui pourroit (ie fuis tel) fi telle elle eftoit faite,
Bon gré maugré les Dieux empefcher ma retraite.
Ie ne dy pas qu'en tout inculpable ie fois :
Vn feul deffaut me mord, c'eft que ie ne deuois
Arreftant fi long temps dans cefte eftrange terre,

Te laisser lentement prendre au laqs qui te serre :
Mais prens t'en à l'Amour, l'Amour t'a peu lier :
Et l'Amour m'a peu faire en ta terre oublier.
Amour, non à son faict, mais à son feu regarde :
Et le danger le prend quand moins il y prend garde.
Si tel amour tu sens, ie le sens tel aussi,
Qu'encores volontiers ie m'oublirois ici :
Tesmoins me sont nos Dieux, que iamais les nuicts sombres
Ne nous cachent le ciel de leurs espesses ombres
Que de mon pere Anchise en sursaut ie ne voye
L'image blemissante, & qu'elle ne m'effroye,
Souuent m'effroye aussi Ascaigne, dont le chef
Ie voy comme dans Troye embraser de rechef.
Tout cela nonobstant n'a point eu tant de force
Qu'a eu ce iour le Dieu, qui au depart me force.
Ie iure par ton chef, & par le mien aussi,
Que manifestement i'ay veu de ces yeux-ci
Mercure des grands Dieux le messager fidelle,
Entrant dans la cité, m'apporter la nouuelle,
Enuoyé du grand Dieu, qui fait sous soy mouuoir
Et la terre & le ciel, pour me tancer d'auoir
Seiourné dans Carthage, oublieux de l'iniure
Que ie fais à Ascaigne, & à sa geniture.
  Or cesse cesse donc de tes plaintes vser,
Et mesme en t'embrasant tascher de m'embraser.
La plainte sert autant aux peines douloureuses,
Que l'huile dans vn feu : les rages amoureuses
S'apprehendent au vif lors que nous nous plaignons,
Et les desespoirs sont des regrets compagnons.
Ce n'est pas de mon gré que ie fuy l'Italie :
Mais la loy des grands Dieux les loix humaines lie.
Ne me remets donc rien en vain deuant les yeux,
Ie m'arreste à l'arrest de mes parens les Dieux.

Didon.

Les Dieux ne furent oncq tes parens, ny ta mere
Ne fut oncq celle là, que le tiers Ciel tempere,

Le plus benin des Cieux : ny oncq (traistre menteur)
Le grand Dardan ne fut de ton lignage auteur.
Le dur mont de Caucase, horrible de froidures,
(O cruel) t'engendra de ses veines plus dures :
Des Tigresses, ie croy, tu as sucé le laict,
Ou plustost d'Alecton le noir venin infect,
Qui tellement autour de ton cœur a pris place,
Que rien que de cruel & mechant il ne brasse.
N'allegue plus le Ciel guide de ton espoir,
Car ie croy que le Ciel a honte de te voir :
Sans tels hommes que toy le Ciel n'auroit point d'ire,
Iupiter n'auroit point de ses tonneaux le pire.
Voyez si seulement mes pleurs, ma voix, mon dueil,
Ont peu la moindre larme arracher de son œil ?
Voyez s'il a sa face ou sa parole esmeuë ?
Voyez si seulement il a flechi sa veuë ?
Voyez s'il a pitié de ceste pauure amante,
Qu'à grand tort vn amour enraciné tourmente,
Plus qu'on ne voit Sisyphe aux enfers tourmenté,
Sans relache contraint de son fardeau porté ?
Voire plus que celuy qui sans cesse se rouë,
Emportant de son pois & soymesme & sa rouë ?
Car tousiours aux enfers vn tourment est égal :
Mais plus ie vais auant, & plus grand est mon mal.
Toutesfois ce cruel n'en a non plus d'atteinte,
Que si mon vray tourment n'estoit rien qu'vne feinte.
Qu'on ne me parle plus des Scythes, ny des Rois,
Qui ont tirannisé Mycenes sous leurs loix :
Qu'on ne me parle plus des cruautez Thebaines,
Lors que des bas enfers les rages inhumaines,
Semans vn feu bourreau des loix, & d'amitié,
Se faisoient elles mesme, en leur rage, pitié.
Qu'on ne m'estonne plus de tout cela que l'ire
Des hommes peut brasser : tu peux, tu peux suffire
A monstrer qu'vn seul homme a d'inhumanité
Plus que cent Tigres n'ont en soy de cruauté.
Car en tout ce qu'on peut raconter des Furies,
Qui sembloient se iouër & du sang & des vies,

ACTE II.   181

La cruauté naiſſoit de quelque deplaiſir,
Et ta cruauté naiſt de t'auoir faict plaiſir :
Voire vn plaiſir, helas! dont la moindre memoire
Deſſus vn cœur de marbre auroit bien la victoire.
O Iunon, grand Iunon, tutrice de ces lieux,
O toymeſme grand Roy des hommes & des Dieux,
Deſquels la maieſté traiſtrement blaſphemee,
Aſſeura faulſement ma pauure renommee :
Qu'eſt-ce, qu'eſt-ce qui peut or' me perſuader,
Que d'enhaut vous puiſſiez ſus nous deux regarder
D'vn viſage equitable? Ha grans Dieux, que nous ſommes
Vous & moy bien trahis! la foy, la foy des hommes
N'eſt ſeure nulle part : las! comment, fugitif,
Tourmenté par ſept ans de mer en mer, chetif,
Tant qu'il ſembloit qu'au port la vague fauorable
L'euſt ietté par deſpit, ſouffreteux, miſerable,
Ie l'ay, ie l'ay receu, non en mon amitié
Seulement, mais (helas! trop folle) en la moitié
De mon royaume auſſi : I'ay ſes compagnons meſme
Ramené de la mort : ha vne couleur bleſme ³⁵
Me prend par tout le corps, & preſque les fureurs
Me iettent hors de moy, apres tant de faueurs.
Maintenant, maintenant il vous a les augures
D'Apollon, il vous a les belles auantures
De Lycie, il allegue & me paye en la fin
D'vn meſſager des Dieux qui haſte ſon deſtin.
C'eſt bien dit, c'eſt bien dit, les Dieux n'ont autre affaire :
Ce ſeul ſouci les peut de leur repos diſtraire :
Ie croirois que les Dieux affranchis du ſouci,
Se vinſſent empeſcher d'vn tel que ceſtuy-ci.
Va ie ne te tiens point : va, va ie ne replique
A ton propos, pipeur, fuy ta terre Italique :
I'eſpere bien en fin (ſi les bons Dieux aumoins
Me peuuent eſtre enſemble & vengeurs & teſmoins)
Qu'auec mille ſanglots tu verras le ſupplice,
Que le iuſte deſtin garde à ton iniuſtice.
Aſſez toſt vn malheur ſe fait à nous ſentir :
Mais las! touſiours trop tard ſe ſent vn repentir.

Quelque isle plus barbare, où les flots equitables
Te porteront en proye aux Tigres tes semblables,
Le ventre des poissons, ou quelque dur rocher
Contre lequel les flots te viendront attacher,
Ou le fons de ta nef, apres qu'vn trait de foudre
Aura ton mas, ta voile, & ton chef mis en poudre,
Sera ta sepulture, & mesmes en mourant,
Mon nom entre tes dents on t'orra murmurant :
Nommant Didon, Didon, & lors tousiours presente
D'vn brandon infernal, d'vne tenaille ardente,
Comme si de Megere on m'auoit fait la sœur,
I'engraueray ton tort dans ton pariure cœur.
Car quand tu m'auras fait croistre des morts le nombre,
Par tout deuant tes yeux se roidira mon ombre.
Tu me tourmentes : mais en l'effroyable trouble
Où sans fin tu seras, tu me rendras au double
Le loyer de mes maux : la peine est bien plus grande
Qui voit sans fin son fait : telle ie la demande :
Et si les Dieux du ciel ne m'en faisoient raison,
I'esmouurois i'esmouurois l'infernale maison.
Mon dueil n'a point de fin : vne mort inhumaine
Peut vaincre mon amour, non pas vaincre ma haine.
Ie le sen, ie le voy, ouy grands Dieux ! ie le voy :
Le mal est le degré du mal : soustenez-moy,
Entron, ie ché, ie ché, entron.

Enee.

O saints Augures,
Interpretes des Dieux, qui des choses futures,
Des presentes aussi, donnez aux bas mortels
Les soudains iugemens, paroissez ores tels,
Que Didon puisse auoir par vous la cognoissance,
Et du vouloir des Dieux, & de mon innocence.
Mais quelle horreur l'esprend? comment, ô cher support
Des peuples affligez (il faut iusqu'à la mort
Que ie confesse ainsi) comment, ô chere Dame,
Comment donc souffrez vous de ceste gentile ame
Euanouïr la force? O Iupiter, quel œil!

Qui eust pensé l'Amour pere d'vn si grand dueil?
Quelle torche ay-ie veuë en ses yeux qui me fuyent?
Comment auec mes yeux mes paroles l'ennuyent?
En quelle pasmoison la conduit-on dedans?
Comment son estomach de gros sanglots ardens
Bondit contre le Ciel, & tout despit s'efforce
De mettre hors son feu qui prend nouuelle force
Du vent qu'elle luy donne? & comme peu à peu
Les soufflets se renflans embrasent vn grand feu?
Maint souspir bouillonnant qui son brasier allume,
Fait qu'auec son humeur son ame se consume.
Quels propos furieux m'a elle degorgez?
Le courroux fait la langue : & les plus outragez
Sont ceux, qui bien souuent poussent de leurs poitrines
Des choses, que l'ardeur fait sembler aux diuines.
I'en suis encor confus : vne pitié me mord :
Vn frisson me saisit : Mais rien, sinon la mort,
Ne peut rendre celuy des encombres deliure,
Qui veut le vueil des Dieux entre les hommes suiure :
Et semble que le Ciel ne permette iamais
La vraye pieté s'assembler à la paix.
O Amour, ô Mercure, ô Didon, ô Ascaigne,
O heureuse Carthage, ô fatale campagne
Où Iupiter m'appelle, ô regrets douloureux,
O bien heureux depart, ô depart malheureux!

Le Chœur.

Quel heur en ton depart?

Enee.

L'heur que les miens attendent.

Le Chœur.

Les Dieux nous ont fait tiens

Enee.

Les Dieux aux miens me rendent.

Le Chœur.

La seule impieté te chasse de ces lieux.

Enee.

La pieté destine autre siege à mes Dieux.

Le Chœur.

Quiconques rompt la foy encourt des grans Dieux l'ire.

Enee.

De la foy des amans les Dieux ne font que rire.

Le Chœur.

La pieté ne peut mettre la pitié bas.

Enee.

La pitié m'assaut bien, vaincre ne me peult pas.

Le Chœur.

Par la seule pitié les durs destins s'esmeuuent.

Enee.

Ce ne sont pas destins si flechir ils se peuuent.

Le Chœur.

Vn regne acquis vaut mieux que l'espoir d'estre Roy.

Enee.
Non ceſtuy, mais vn autre eſt deſtiné pour moy.

Le Chœur.
Quel païs ſe rendra ſçachant ta deceuance?

Enee.
I'ay non pas au païs, ains au Ciel ma fiance.

Le Chœur.
Que la Religion eſt ſouuent vn grand fart !

Enee.
La Religion ſert ſans art & auec art.

Le Chœur.
Sans la Religion viuroit vne Iphigene.

Enee.
Sans elle auſſi viuroit & Troye & Polyxene.

Le Chœur.
Ton pauure Aſtianax ſentit bien ſon effort.

Enee.
Les Grecs ne ſont point ſeurs cheʒ eux que par ſa mort.

Le Chœur.
A Diane elle fait des hommes ſacrifice.

Enee.

Diane par le sang humain nous est propice.

Le Chœur.

Que d'autres meurdres, las ! elle a mis en ce rang.

Enee.

Le Ciel aussi requiert obeissance ou sang.

Le Chœur.

Tu feras que Didon en augmente la bande.

Enee.

Ha Dieux, ha Dieux, tay toy, vn remors me commande,
Bien qu'il soit sans effet, de rompre ce propos :
Iamais homme n'aima sans haïr son repos.

LE CHŒVR.

Quelle orde peste recelee,
 D'vne feinte dissimulee,
 Seul masque de nos trahisons,
 Qui dessous vn serain visage
 Couue dans le traistre courage
 Mille renaissantes poisons [36],
 Et tant de mal aux autres donne,
 Qu'en fin son maistre elle empoisonne ?
Tel souuent nourrit vne haine,
 Qui emmielle sa langue pleine
 De toute ardente affection :
 Tel bien souuent les Dieux mesprise,

ACTE II.

 Qui pour baſtir ſon entrepriſe
 Ne bruit que de Religion :
 L'vn ainſi les eſprits amorce,
 L'autre ainſi peu à peu prend force:
Tandis & l'vne & l'autre feinte
 Donne mainte mortelle atteinte :
 Car l'eſprit qui ſe penſe aimé
 Se prend & ſe plaiſt en ſa flame
 Tant qu'il ſente le corps & l'ame,
 Le bien & l'honneur conſommé.
En ſon repas l'oiſeau ſ'engluë :
 D'vn apaſt le poiſſon ſe tuë :
Et l'autre qui du tout ſe fie
 Des biens, de l'honneur, de la vie,
 Sus celuy qui penſe eſtre ſainct,
 Voit en fin l'ame ambitieuſe,
 Vne ame en fin ſeditieuſe,
 Qui tout vif iuſqu'au vif l'atteint :
 Le vipere meurt, pour ſallaire
 De trop à ſa vipere plaire.
Alors tant plus de force on vſe,
 Quand on voit la traiſtreſſe ruſe,
 Et ſouuent plus on ſe fait tort :
 Vn mal vient plus ſoudain abbatre
 Ceux, qu'on voit le plus ſe debatre ³⁷ *:*
 Comme vn ſanglier qui tant plus fort
 Pouſſe, eſcume, gronde, & enrage,
 S'enferre touſiours d'auantage.
De qui ne ſeroit deſcouuerte,
 Ceſte ame en toute feinte experte,
 Dont ce Troyen nous abuſoit,
 Alors que d'vn amour extreme,
 Alors que de ſes grans Dieux meſme
 La pauure Didon amuſoit ?
 Autour du miel pique l'abeille,
 Et l'aſpic dans les fleurs ſommeille.
Ce pendant, ô ſort improſpere,
 O Amour traiſtre, auec ton frere .

La pauure Roine se paissant,
De ceste feinte variable
Reçoit par vn feu veritable
Vn trespas cent fois renaissant.
Ainsi donc les colombes meurent :
Ainsi les noirs corbeaux demeurent.
Les yeux sanglans, la face morte,
Le poil meslé, le cœur transi,
Efforce sa force peu forte,
Et sus son lict petille ainsi,
Qu'Hercule arrachant sa chemise,
Qui ia iusqu'à l'os s'estoit prise.
Mais comment se pourroit-il faire,
Que le Ciel vn iour n'enuoyast
De ces trahisons le sallaire,
Qui son maistre en la fin payast ?
Ainsi la vipere tortue
Nourrit en soy ce qui la tue.

ACTE III.

DIDON, ANNE, ENEE, ACHATE.

Didon.

Foible, palle, sans cœur, sans raison, sans haleine,
Anne mon cher support, maugré moy ie me traine
De rechef çà & là, mal apprise à souffrir
Vn repos qui me vient l'impatience offrir :
Tant que quand tu verras sus la prochaine riue,
La mer qui se tenoit dedans ses bords captiue,
Lors qu'vn Aquilon vient dessus ses flancs donner,
Bruire, bondir, courir, iusqu'au ciel bouillonner,
Et sans aucun arrest pousser iusqu'aux campagnes,
De ses flots depitez les suiuantes montagnes,

Tu verras, tu verras l'eſtat où vn trompeur
A fait eſtre le corps & l'ame de ta ſœur.
Et bien que ie ne ſemble eſtre tant effrenee,
Que quand ie rembarray de mes propos Enee,
Plus i'ay perdu dans moy de deſpit rigoureux,
Et plus i'ay regaigné de tourmens amoureux.
Alors que contre nous la fortune s'efforce,
Du decroiſt d'vn grand mal l'autre mal ſe renforce :
Tant que ie croy les Dieux contre mon chef iurer
De plus en plus me faire en mes iours endurer.
Mais, las! ſi ie deſplais au Ciel, & ſi l'enuie
D'vne Alecton mutine en veut tant à ma vie,
Que ne vient on changer à ma mort ma langueur?
Si de mon heur l'amour ne veut qu'eſtre vainqueur,
Si Venus quelquefois par Iunon outragee,
Ne veut que par ma mort eſtre d'elle vangee,
Que ne m'ont ils permis en ceſte paſmoiſon,
D'où ie reuien, d'entrer en la noire maiſon?
I'euſſe appaiſé d'vn coup par l'extreme allegeance
Mon tourment, leur dedain, leur enuie & vengeance.
Auec mon ſang ſe fuſt mon braſier refroidi,
Auec mes ſens ſe fuſt mon trauail engourdi.
O malheureuſe ardeur, qui reuiens en mes veines!
O malheureux reſueil, qui me rends à mes peines!
Qu'heureuſement i'eſtois oublieuſe de moy!
Que maugré moy ie prens le iour que ie reuoy!
Ie ſens, Anne ma ſœur, ie ſens, veu la racine
Que mon mal incurable a pris dans ma poitrine,
Que rien ne me ſçauroit, non pas la meſme mort,
Fauoriſer au mal qui redouble ſi fort :
Si le courroux ardent, & la haine irritee
Contre vn, duquel on a l'amorce trop gouſtee,
Pouuoit l'ardent effort de l'amour amortir,
Le courroux m'euſt l'exil de l'amour fait ſentir :
Veu qu'vn tel creuecœur s'eſt aigri dans mon ame,
Que moindre que mon ire on euſt penſé ma flame.
Mais le feu n'eſt iamais du feu l'allegement :
Et le deſpit du mal nous cauſe vn tiers tourment.

Ou bien ſi la douleur viuement engrauee
Pouuoit faire mourir la perſonne aggrauee,
Ie mourrois ſur le champ : veu qu'on ne peut parler
D'vne douleur qu'on peuſt à la mienne égaler.
Mais tant plus que le vent combat contre la flame
Pour la tuer ſoudain, & plus elle prend d'ame.
C'eſt en vain, c'eſt en vain, guarir tu ne te peux
(O Didon) ny mourir lors que mourir tu veux :
Il faut que maugré toy, en ton mal tu te tiennes,
Il faut que maugré toy aux larmes tu reuiennes.
Rabaiſſe toy mon cœur, ſans que plus ton courroux
Puiſſe triompher d'vn, qui triomphe de nous.
Mais quoy ? faut-il qu'ainſi mon bon cœur degenere ?
Faut-il que la vertu flechiſſe à la miſere !
Verra t'on ſous le ſerf la Roine ſouſpirer ?
Veux-ie encor de ce poinct mon honneur empirer ?
Faut-il qu'enuers vne ame outre meſure ingrate
Ie face de rechef la priere aduocate ?
Ie ne puis, ie ne puis.

Anne.

Arreſte, ô chere ſœur,
O ſœur qui de ta voix me peux tirer le pleur,
Et le cœur tout enſemble, arreſte la carriere,
Serrant plus fort la bride à ta douleur trop fiere :
De peur qu'auant le temps tu ne perdes ainſi,
Toy, ta ſœur, ta douleur, & ton Enee auſſi.
L'eſpoir ſert de remede : en eſperant, les Cieux
Te feront la raiſon : ou l'eſpoir gracieux,
Quand meſme tu perdrois la choſe pretendue,
T'aura touſiours plus ſaine auec le temps rendue.
On doit tout eſprouuer, lors que nous cognoiſſons
En nos extremes maux que rien nous ne laiſſons,
Qui nous puiſſe apporter l'heureuſe deliurance.
Nous forçons nos ennuis aux loix de la conſtance,
Mais la douleur ne peut ſon relache trouuer,
Quand on ſçait qu'on endure à faute d'eſprouuer
Tout ce qui peut ſeruir : car ce qui plus nous oſte

Le moyen de guarir, c'eſt d'y voir noſtre faute.
Du premier coup le bœuf au ioug ne s'apprend pas :
Le fier poulain ne reigle au premier coup ſes pas :
Mais ores on les flate, ores on éguillonne,
Tant que l'vn au colier, l'autre au frain ſe façonne.
Crois tu pas que ſi Phedre euſt taſché pluſieurs fois
D'embraſer Hippolyte, & de pleurs & de voix,
Conduiſant ſagement ſon embuſche dreſſee,
Qu'ils ſe fuſſent ſauuez tous deux de mort forcee?
Achille courroucé, ſi toſt ne reuint pas
Pour les preſens d'Atride, aux Phrygiens combats.
Et que ſçais tu ſi c'eſt vne feinte ruſee
Dont ce Troyen te veut rendre plus embraſee?
Car comment cognoiſt-on vn Pin eſtre conſtant,
Sinon qu'en vain le Nord va ce Pin combatant?
Mais ſouuent eſtonnez du premier choc qu'on donne,
Nous laiſſons le butin que le haſard nous donne.
Il faut ſuiure, il faut ſuiure.

Didon.

       Helas! las, quelle feinte?
Ce cruel ne m'a veu iamais que trop atteinte :
Il ne feint point la fuite à fin de m'embraſer,
Mais il feint vn oracle à fin de m'abuſer.
Toutesfois puis qu'il faut à mon malheur complaire,
Puis que ie voy ma vie en la main aduerſaire,
Puis que mon deſtin ſemble auoir remis ce iour
Tout mon bien deſſus l'arc ou de mort ou d'amour,
Anne mon ſeul eſpoir, Anne qui mieux appriſe,
Peux tirer des enfers ta pauure ſœur Eliſe,
Fay, fay moy, pour tout bien, le vaincre en vn ſeul poinct,
Dont le plus ennemi ne m'eſconduiroit point.
Tu vois deſia les naus d'oliuiers couronnees,
Tu vois qu'vn vain eſpoir des faulſes deſtinees,
Pouſſe, & preſſe au labeur ces fuitifs eſtrangers,
Comme vn noir eſcadron de fourmis meſnagers :
Tu vois que mon Enee, entalenté de faire

Que du bien que i'ay fait mon mal soit le sallaire,
Preside sus la trope, encores moins esmeu
Des vents, que de mes pleurs qui mouuoir ne l'ont peu,
Constant en son propos, autant qu'en l'alliance
Qu'il a fait auec nous il monstre d'inconstance :
S'il est ainsi, ma sœur, que ton conseil premier
M'a fait mettre ma vie en la main du meurdrier :
S'il est ainsi qu'encor ta pauure sœur tu aimes,
Qui t'aime tousiours plus qu'elle n'aime soymesmes :
S'il est ainsi qu'Enee entre tous t'honorast,
Et en tous ses secrets vers toy se retirast :
S'il est ainsi que seule entre tous tu cogneusses
Les addresses vers l'homme, & que les temps tu sceusses,
Va ma sœur & luy dy, dy luy, ma sœur, qu'helas
Miserable Didon, de ceux ie ne suis pas
Qui pour les fils d'Atree en Aulide iurerent
La ruine Troyenne, & leur force y menerent :
Ie n'ay hors du tombeau la cendre bien aimee
De son bon pere Anchise, au gré du vent semee :
Ie ne luy ay pas faict, pour tascher de vanger
Iunon contre Venus, son Ascaigne manger :
Pourquoy veut-il bouscher l'oreille à ma parolle ?
Où court-il ? est-ce ainsi qu'vne amante on console ?
S'il se repent si tost de promettre à Didon
Le reste de ses iours, aumoins vn dernier don,
Vn dernier don aumoins à moy lasse, s'ottroye,
Moy pauure amante, helas ! que sa rigueur foudroye,
C'est qu'il vueille le temps attendre seulement,
Qu'il pourra dans la mer s'embarquer seurement :
Qu'il attende le temps, qu'auecque ma fortune
Nous voyons appaiser & les vens & Neptune.
  Adieu Hymen, adieu mariage ancien,
Puis qu'Enee en trahit le mal-noüé lien :
Ie ne luy requiers plus, que pour sa simple hostesse,
Albe, Romme, Italie, & tout le monde il laisse :
Qu'il s'en voise bastir toutes telles citez,
Dont il a (ie le croy) les beaux noms inuentez :
Ie ne veux plus en rien me rendre à luy contraire,

Tant pour mollir son cœur il me plaist de luy plaire :
Rien plus ie ne requiers, fors qu'vn temps qui est vain,
Pour espace & repos de mon tourment certain :
Ie ne requiers sinon que ce dernier relache,
A fin que ma fortune enuieuse, qui tache
Me faire vaincre à moy, m'apprenne à me douloir,
Non d'vne douleur faire vn hideux desespoir.
 La (chere Sœur) la donc, prens peine, ie te prie,
De mes pleurs, de mes cris, de mes feux, de ma vie :
Feins en toy d'estre moy, & vien gesner tes sens
Pour vne heure du mal qui me poind si long temps :
Tu n'auras, si tu sens tant soit peu mes alarmes,
Pour ce marbre amolir, que trop, que trop de larmes :
Plus pitoyablement encor ie t'instruirois,
Si tous pleurs n'empeschoyent l'accent piteux des voix.
O Amour, traistre Amour, ô Amour!

    Anne.
        Le dueil serre
Et mes pleurs, & ma voix, lors que ta voix m'enferre
Iusqu'au plus creus de l'ame : ha, faux Amour, ie sens
Que ta fiere rigueur n'en veut qu'aux innocens.
Pourtant, pourtant Amour, si toymesme & ton frere
N'estes fils d'vn Pluton, conceus d'vne Megere,
Si tous deux ne portez autour d'vn cœur mutin,
L'inexpugnable fort d'vn roc diamantin :
Si l'Enfer ne vous preste à la dolente terre,
Pour reuenger ses fils accablez du tonnerre
Par mille impietez : si encor de vous deux
Le Ciel n'a plus d'effroy, qu'ensemble de tous eux,
Ie croy que la pitié de mon humble harangue,
La pitié de mes pleurs, faisant tort à ma langue,
Fera, que comme nous tu l'atteignes au vif.
L'humble douceur commande au cheual plus retif,
Non le rude esperon. Mais sois, sois nous propice,
Venus, mere d'Enee : ainsi pour sacrifice
Du feu des aubespins, soit ton autel orné,

D'vn myrte & d'vn rosier vermeil encourtiné,
Le Cygne & le Pigeon en ton offrande tombe,
Et tousiours en honneur soit d'Anchise la tombe.

Didon.

Nostre ame, quand l'horreur des filles de la nuict
De propos en propos, de pas en pas la suit,
Or' de brandons ardens, or' d'ardentes tenailles,
Et or' de noirs serpens deuorant nos entrailles,
Combien qu'enuers le Ciel incoulpable elle soit,
Tousiours enuers soymesme vne coulpe conçoit,
Se condamnant sans fin des choses qui suruiennent,
Croyant que pour cela les rages la retiennent.
Encor qu'enuers le Ciel ie n'aye commis rien
Qui le face auiourdhuy me priuer de tout bien,
Si est-ce qu'en oyant mes parolles dernieres,
Par qui ma sœur dressoit à Venus ses prieres,
A fin que l'obstiné se ployast à mon gré,
(Cet obstiné que i'ay sans fin au cœur ancré)
Ie me suis condamnee, en iugeant que la faute
De n'auoir tout ce iour à la maiesté haute
De Venus Cyprienne offert mes humbles vœux,
A refroidi son fils & rembrasé mes feux.

Il faut donc que dressant vers les cieux la lumiere,
Ie t'appaise, ô Deesse, ô grand' Deesse, mere
De tout estre viuant[38], qui as tousiours esté
Des hommes & des Dieux la seule volupté:
Alme Venus qui tiens sous la grand' sphere blonde
Des signes porte-iour, le plus beau ciel du monde:
Où les Amours archiers, les follastres desirs,
Les Charites, les ieus, les asseurez plaisirs,
Où de tous animaux, les moules, la figure,
Que Dieu par toy, sa fille, ottroye à la Nature,
D'vn accord mesuré se roulent plaisamment,
Inspirant mainte vie en leur sainct mouuement.
Toy, le but de Nature, à qui ne sçauroit plaire
De defaire aucun œuure, ains tousiours de refaire,

Et qui deſſus la Mort gaignes ſans fin le pris,
Luy faiſant rendre autant qu'elle en a touſiours pris :
A fin que depeuplant & repeuplant la ſalle
De Pluton, l'entretien de ce monde ſ'egalle :
Toy qui fais les oiſeaux ſe plaire dedans l'air,
Les beſtes en la terre, & les poiſſons en mer :
Toy par qui nous voyons les maiſons, & les villes,
Les loix, les amitiez, les polices ciuilles :
Toy qui fais differer tout eſtre terrien,
Selon le plus & moins que tu leur fais de bien,
Seul bien vniuerſel, où les hommes aſpirent,
Soit que bien, ſoit que mal, aueuglés ils deſirent :
Toy qui meſlas ta force auec le Ciel, & fis
Sortir mon grand vainqueur, ton indomtable fils,
Qui, combien qu'on en face vn autre, dont la dextre
Le grand Caos meſlé remit en meilleure eſtre,
Monſtre de iour en iour (vainqueur meſme des Dieux)
Combien peut deſſus tout ſon arc victorieux :
Toy de qui maintesfois mainte & mainte louange
Ie retins d'vn vieillard, que d'vn païs eſtrange
La Fortune m'auoit en Phenice amené,
Pour polir mon eſprit du ſien endoctriné :
Toy (dy-ie) las! qui vois les piteuſes merueilles
Qu'on exerce ſur moy : & qui n'as tes oreilles
(Au moins comme ie croy) cloſes à mon parler,
Qui vois. qui vois mon corps d'heure en heure eſcouler,
Sous la cruelle ardeur d'Amour, qui me martyre :
Comme deuant le feu on voit fondre vne cire :
Comme l'ardent metail par rougiſſans ruiſſeaux
On voit couler en bas des eſchauffez fourneaux :
Ou comme on voit couler la neige des montagnes,
Et les ruiſſeaux glacez au trauers des campagnes :
Puis que ie n'ay iamais refuſé de ployer
Sous les loix qu'il t'a pleu de ton Ciel m'enuoyer,
Puis que ie n'ay ſacré vne ingrate Ieuneſſe
Au trauail inutil de ta ſœur chaſſereſſe :
Si, humble, i'ay perdu pour vn hommage ſainct,
A ton Autel ſacré mon chaſte demy-ceint :

Si au son de ton nom i'ay receu ton Enee :
Si ie me suis, helas! toute à son gré donnee,
Ployant dessous ton ioug : si pour l'amour de toy
I'ay mieulx faict aux Troyens qu'à ceux qui sont à moy,
Tourne en ce lieu ta veuë, & la misericorde
De toy, de la fortune, & de tes fils accorde,
Pour iustement changer mon trauail au repos.

 Voy, Venus, le venin qui tient à tous mes os :
Voy tantost vn brasier, & tantost vne glace,
Qui soudain me r'enflamme, & soudain me r'englace :
Voy mon ame offusquee en tous autres obiets,
Fors qu'en ton fils, qui rend tous mes sens ses suiets :
Voy sortir de mes yeux, & les larmes coulantes,
Et les brillans esclairs de mes flammes bruslantes :
Voy Didon sans humeur, voy Didon se iettant
A genoux deuant toy, voy Didon sanglotant.
Prens pitié, prens pitié, Deesse Idalienne,
Paphienne, Erycine, Vndeuse, Gnidienne,
Prens, prens donque pitié, & ne permets iamais
Que d'vn tort detestable on paye mes bienfaits.

 Si tu crois que ie t'aye autrefois fait offense,
D'auoir fait à Iunon plus qu'à toy reuerence,
Amoli toy de pleurs, appaise toy de vœus :
Ie iure tes yeux noirs, ie iure tes cheueus,
Qu'en receuant ce iour par toy ce benefice,
Ie payeray l'vsure à ton sainct sacrifice.
Ie requiers peu, mais las ! toutes telles fureurs
Pour bien peu de relais perdent beaucoup de pleurs.

Enee.

Les ennuis dereiglez, les maux insupportables,
Qu'on voit sur vn esprit se rendre insatiables,
La raison qui nous peut dessous ses loix forcer,
Et la pitié qui peut nos raisons effacer,
Les mots entrerompus par les larmes meslees,
Et les souspirs tesmoins des ames desolees,
Ne peuuent rien sinon qu'en vain nous esmouuoir,

Lors qu'en vn fait les Dieux nous oſtent le pouuoir.
Anne, ſi les ennuis & ſi l'angoiſſe extreme
Me pouuoient arreſter, l'angoiſſe de moymeſme,
Sans que ton œil piteux teſmoignaſt tant de maux,
Seroit la corde & l'ancre à retenir mes naus :
Veu que nul ne ſçauroit la peine aſſez comprendre,
Que ſans ceſſe en l'eſprit mon amour me r'engendre.
Mais les Dieux ſont ſi forts, & du deſtin la loy
Se rend ſi ſainctement inuiolable en moy,
Que les pleurs de Didon, que les larmes piteuſes,
Qu'en mon piteux adieu mes larmes angoiſſeuſes,
Voire des Tyriens les pleurs enſemble vnis,
Voire les pleurs des miens auec les autres mis,
Bref, de tous les mortels & les pleurs & les plaintes,
Ne pourroient pas des Dieux combattre les loix ſainctes.

  Ceſſons donc de plorer, tant plus nous plorerons,
Et plus noſtre tourment dans nous nous grauerons.
Le pleur qui peu à peu ſus noſtre face coule,
Et iuſqu'à l'eſtomach, ſa reſource, ſe roule,
Pour de rechef entrant & montant au cerueau
Redeſcendre par l'œil, nous mange, comme l'eau
Qui aux iours pluuieux des gouſtieres degoute,
Mange la dure pierre en tombant goutte à goutte.
Ceſſons, ceſſons.

Anne.

        Enee, ô Enee obſtiné,
Tu as bien ce propos contre toy ramené,
Pour monſtrer que ton cœur que haineux tu reſerres
Sans l'ouurir à pitié, eſt plus dur que les pierres.
La pluye goutte à goutte vn marbre caueroit,
Et quaſi vn torrent de nos yeux ne ſçauroit
Mordre deſſus ton cœur, plus felon que ie cuide
Qu'vn cœur de Diomede aſſommé par Alcide,
Cœur qui ſouffroit du ſang des hoſtes ſaccagez
Voir abbreuuer chez ſoy ſes cheuaux enragez :
Plus cruel qu'vn Procuſte, & tous ceux dont la guerre
De Theſee & d'Hercule a deliuré la terre.

Mais qui me fait ainſi ceux ci ramenteuoir,
Si ce n'eſt la fureur qu'on me fait conceuoir?
Eſt-il poſſible, helas! qu'en l'ame feminine
Vne fureur tant aſpre & ſans bride domine?
Et qui pourroit (bons Dieux) ſe garder de fureur,
Quand on voit qu'on ne peut rien faire par le pleur?
N'ay-ie ſceu donc rien faire? & n'ay-ie point l'addreſſe,
De faire la pitié ſur ta rigueur maiſtreſſe?
Se perd doncques en l'air tout ce dont i'ay ploré?
Tout cela dont i'aurois l'aimant meſme attiré?
Cela, pour qui les Dieux, que ton dol nous raconte,
Seroyent, ie croy, meſchans s'ils n'en tenoient point conte,
Cela pour qui tout cœur humain ne craindroit pas
Pluſtoſt qu'y reſiſter, de ſouffrir cent treſpas,
Faut-il qu'ainſi ie perde? & faut-il que ie voye
Que les Dieux iuſtement ont puni ceux de Troye?
Me faut-il voir encor que ny moy ny Didon
N'auons iamais penſé au vieil Laomedon?
Si de tromper les Dieux ceſtuy-la print l'audace,
Ha que nous falloit-il eſperer de ſa race?
Que porté-ie à ma ſœur, fors le venin dernier,
Qui la va faire voir l'infernal Nautonnier?
Puis-ie encor à ſes yeux me monſtrer en la ſorte,
Moy qui ouure à ſes maux & à ſa mort la porte?
Puis-ie, puis-ie me voir moymeſme le corbeau
De ma ſœur, luy portant l'augure du tombeau?
Hé que ſçais-tu (Cruel!) qui donnes telle atteinte
A ceux qui te font bien, ſi de ton fait enceinte
Elle ne cache point maintenant dedans ſoy
(O fardeau malheureux!) vne moitié de Roy?
Veux-tu qu'auant que voir du monde la lumiere,
Ton propre enfant ſe face vn cercueil de ſa mere?
Veux-tu pour rendre Aſcaigne, & les ſiens triomphans,
Faire eſtouffer ainſi l'autre de tes enfans?
Las, ſi les meres ſont en voſtre endroit coulpables,
(Grands Dieux) qu'en peuuent mais les enfans miſerables?
Quant aux meres, ie croy, que tu es couſtumier
(O le loyal eſpoux) d'en eſtre le meurdrier.

Si l'on demande où est la mere à ton Ascaigne,
Elle est où tu veux mettre vne autre, que dedaigne
Tellement ta fierté, qu'il semble que le Ciel
Dedans ton lache esprit n'ait versé que du fiel :
Et qu'il s'egaye ainsi, que de tout temps tu rompes
Auec la foy, la vie, à celles que tu trompes.
Hé qui croira iamais qu'on puisse refuser
Vn delay seulement? mais ie ne fais qu'vser
Et ma langue & mes yeux en mes vaines reproches.
En vain taschent les vents de combattre les roches.
Voila l'heureux loyer: penses, que pour vn tel,
Ma sœur deuoit sentir d'amour le dard mortel :
Penses, que ie deuois, miserable & deceuë
Pour vn tel donner force à la flamme receuë.
Ie deuois bien luy plaire au vouloir d'vn mechef :
Nous deuions bien orner de fueilles nostre chef,
Pour faire aux Dieux, seigneurs des sacrez mariages,
Pour vn tel que cestuy, les saincts sacrez hommages :
Ie deuois bien luy faire vn Sichee oublier,
Pour au lieu d'vn espoux à Pluton l'allier.
Deuions nous mille honneurs, mille caresses rendre,
A celuy qui filoit le cordeau pour nous pendre?
Ha ie ne puis, alors qu'vn si dur souuenir
Me reuient, ie ne puis mon ame retenir.
Ie me fauls à moymesme, & sans l'ire enflamee
Qui m'aigrist & soustient, on me verroit pasmee.
Ie m'en vais, ie le laisse, ô rigueur incroyable !
Que cest homme inconstant en nos malheurs est stable!

Enee.

O quel tumulte, Achate.

Achate.

Amour fait la discorde.

Enee.

Vois tu point de remede?

Achate.

Auec la Roine accorde.

Enee.

Dois-ie pour accorder difcorder au deftin ?

Achate.

Va donc : Celuy fait bien qui fait à bonne fin.

Enee.

Pourquoy me gefne donc ma confcience encore ?

Achate.

C'eft l'Aigle qui le cœur fur Caucafe deuore.

Enee.

O grand Ciel, que voit-on au monde d'arrefté ?

Achate.

Le Ciel a retiré toute tranquillité.

Enee.

Quel bonheur donque refte au monde pour les hommes ?

Achate.

De n'eftre pas long temps ce que chetifs nous fommes.

Enee.

Qu'attendons-nous pour fin & loyer des trauaux ?

Achate.

La mort est le loyer de nos biens & nos maux.

Enee.

Nul donques ne peut-il ici bas heureux estre?

Achate.

Celuy que pour heureux les grands Dieux ont fait naistre.

Enee.

Ie croy que le bon heur des humains ne leur plaist.

Achate.

Pour ce que leur honneur bien souuent nous deplaist.

Enee.

Ie pense voir le iour que la colere ardente
De Iunon redoutee, enuoya la tourmente
Contre nos pauures naus, & qu'à voir vn tonnerre
Espouuenter la mer, & desplacer la terre,
Les esclairs redoubler, & des vens aduersaires
Les gosiers s'aboyer, & resiffler contraires,
Les flots monter au ciel, il sembloit que les ondes
Taschassent de rauir aux abysmes profondes,
Ceux qui s'estoyent sauuez de la Troyenne cendre:
Quand vn feu nous pardonne vne eau nous vient attendre.
Durant l'orage tel mes naus vireoltees,
S'écartans çà & là, de tous costez iettees
A la merci du vent, sans suiure route aucune,
Ore deuers le Nord attendoyent leur fortune,
Ore deuers le Sud par le Nord ramenees,
Et ore deuers l'Est se voyoyent destournees

Par l'Ouest opposé : tant que la mer bonace
De ses freres bandez appaisant la menace,
Nous eust poussez à bord : Ie sens de mesme sorte
(Ore que ma fortune arreste que ie sorte)
Agiter mon esprit, qui çà qui là se vire
De cent troubles diuers, comme au vent le nauire.
D'vn costé le proffit, la peur me tient de l'autre,
Soit la peur de sa mort, soit la peur de la nostre :
Didon & la saison sont d'vne fureur mesme :
Mais la plus grand' fureur, c'est la fureur supreme.

Achate.

Quoy ? où reuenons nous ? quoy, toy qui as pour mere
Vne Venus, faut-il tenir du tout du pere ?

Enee.

Ha foy, ha stable foy, seul gage inuiolable
Des hommes & des Dieux, cent fois est punissable
Celuy qui t'offensant de certaine science
Amortit l'éguillon que sent sa conscience !
Il luy deuroit sembler, lors que le Ciel tempeste,
Qu'il ne s'emeut sinon que pour briser sa teste :
Il luy deuroit sembler lors que la mer s'irrite,
Que contre luy tout seul son courroux se dépite :
Mesme au moindre combat, chetif, il deuroit croire,
Que le Ciel l'a desia priué de la victoire,
Puis qu'il a hasardé auec sa foy premiere,
L'asseurance, le sens, la force coustumiere.
Car de toutes les peurs, la peur la plus extreme
C'est la peur d'vn esprit coulpable enuers soy-mesme,
Qui s'espouuante tant, que mesme sans encombre
Se voit suiure sans fin de la peur de son ombre.
Faut-il que maugré moy les peurs en moy s'empreignent ?
Faut-il que maugré moy les durs remors m'estreignent ?
Faut-il que maugré moy, voire en mon innocence
Ie m'accuse à grand tort d'vne execrable offense ?

Achate.

Si tu ne fçais affez, que nous imprudens hommes,
De nous mefme toufiours les aduerfaires fommes,
Les Iuges, les bourreaux, tu te le peux apprendre
Du mal que ton efprit pour foymefmes engendre.
Ta feule opinion eft de ta crainte mere :
La crainte du remors : le remors eft le pere
D'vne autre opinion, que tu prens quand tu penfes
Offenfer griefuement, lors que point tu n'offenfes :
Mais moy qui foucieux à tout danger regarde,
Ie fens vne autre peur : i'ay peur que trop on tarde
Dans ce haure : tu fcais combien eft monftrueufe
D'vn courroux feminin l'ardeur tempeftueufe.
Nous verrons tout foudain les troupes Tyriennes
Darder le feu vangeur dans les naus Phrygiennes :
Nous verrons tout fremir, & ces riues mouillees
De fang & de corps morts hideufement fouillees.
Partons donc au plus toft.

Enee.

Auffi toft que les fommes
Auront vn peu ce foir rafrefchi tous nos hommes,
Ie feray que lon fingle : A a, quoy qu'il en forte,
Vn pefant fais de maux auecques moy i'emporte.
Las ! nous faut-il voguer fans fçauoir quelle iffuë
Sortira d'vn amour qui fon amante tuë ?
Pauure Didon, helas ! mettras tu l'affeurance
Sur les vaiffeaux marins, qui n'ont point de conftance ?

LE CHŒVR.

Ceux que Fortune exerce aux trauaux de ce monde,
N'ont pas beaucoup d'effroy, fi leur faut deffus l'onde
     Sans relache ramer :
Veu que mefme au millieu du repos & des villes,

Les humains vont souffrant, au lieu d'estre tranquilles,
  Vne eternelle mer.
Nostre Prince porté par la mer incertaine,
Sentira dans l'hyuer vne mer plus humaine
  Que la mer du souci.
Didon, qui dans sa ville auec les siens demeure,
Sent vne horrible mer plus cruelle à ceste heure,
  Que n'est ceste mer ci.
Malheureuse cent fois celle qui abandonne
A l'estranger son cœur, son lict, & sa couronne :
  Le murmure nouueau
De son peuple, l'adieu du mari qui s'absente,
Et son dur desespoir, luy seruent de tourmente,
  Enfondrant son vaisseau.

ACTE IIII.

ANNE, BARCE, DIDON.

Anne.

A t'il donques bien peu se renforcer de sorte,
Qu'à toutes passions il ferme ainsi la porte?
A t'elle donc bien peu s'affoiblir tellement,
Que de se laisser vaincre à l'effort du tourment?
Elle meurt, elle meurt : Ia, ia, dans son visage,
De la mort pallissante on voit peinte l'image :
Encor tant les amans se nourrissent de pleurs,
Et tant les furieux se plaisent aux fureurs.
Elle a voulu que seule en son mal on la laisse :
Las, veut elle forcer la mort par la destresse?
Deust elle pas trouuer, mesme en la trahison
Qui la fait forcener, sa propre guarison,
En s'egayant plus tost de perdre vn tel pariure,
Que faire pour vn traistre à son repos iniure?

N'eust-il pas deu plustost, que de la courroucer,
De quelque moindre offense aimer mieux trespasser?
Peut-il voir que par luy la vie soit rauie
A celle, dont il tient & son heur & sa vie?
Puis qu'ils n'estoyent plus qu'vn en ce laqs d'amitié,
Penseroit-il apres durer sans sa moitié,
En sentant mesmement l'implacable furie,
De l'auoir pour loyer luymesme ainsi meurdrie?
Las las! on voit mes sens, Barce espouuente toy :
Barce, chere nourrice, assemble auecques moy
L'estonnement, l'horreur, les plaintes, & les larmes,
Et s'il est oncq possible, en si cruels alarmes
D'vser d'aucun conseil, conseille le moyen
De bannir hors du cœur de ma Sœur ce Troyen.
L'âge tousiours apprend, & n'est pas qu'ancienne
Tu n'ayes pratiqué l'horreur magicienne :
Donc à l'escart tournant trois ou sept ou neuf tours,
De beaux vers remachez encharme les amours.
L'amour qui plus qu'au corps en nostre ame domine,
Ne se guarist iamais du ius d'vne racine :
Mais on dit que le vers qui est du ciel appris,
Domine sus l'amour & dessus nos esprits.
Si par son art Medee en la fin n'eust de foy
Chassé l'amour bourreau, de Corinthe le Roy,
Sa fille Glauque aussi, ne fussent mis en cendre :
De ses propres enfans la gorge encore tendre,
N'eust caché iusqu'au manche vn cousteau maternel,
Ains pour se depestrer du mal continuel,
Changeant sa serue vie auec la mort plus gaye,
Le sang, l'amour, & l'ame, eust vomi par sa playe.
Mais voyant que le vers qu'elle ainsi remachoit,
Du lourd fardeau d'amour son ame depeschoit,
Desploya son courroux sus ceux qui l'offenserent,
Et comme son dragon ses amours s'enuollerent.

Barce.

I'ay trop d'estonnement, ie n'ay que trop d'horreurs,

Trop de plaints en la bouche, & trop aux yeux de pleurs :
Mais quant à ce conseil, miserable Nourrice,
Ie ne sens rien en moy qui ce mal diuertisse.
Des vers magiciens ie n'ay l'vsage appris,
Et les vers n'auoyent pas sus vn tel mal le prix :
Fust qu'auec cent pauots vn repos i'excitasse,
Fust qu'auecque les cieux les enfers i'appellasse,
Pour charmer la poison maistresse de ses os,
Rechassant par vn charme vn charme au cœur enclos.
O Manes de Sichee, ô Dame bien-heureuse,
Dont le meurdre souilla la dextre conuoiteuse
De ton frere inhumain, sans que moy qui t'auois
Nourri de ma mammelle, & qui las ! ne pouuois
Receuoir plus de deuil, eusse sus ta lumiere
Rabbatu de mes doigts l'vne & l'autre paupiere :
Helas pauure ombre (dy-ie) encores t'est-il mieux
D'auoir ainsi volé sus le bord oublieux
Par vn meurdre soudain, que non pas à ta femme
Mourir à petit feu, d'vne amoureuse flamme,
Qui l'animant tousiours d'vne ardeur par dedans,
Et la vie, & la mort, lui laisse entre les dens.
Et moy chetiue, helas ! qui suis seule laissee,
Depuis que la nourrice à Didon est passee
Auecques toy là bas, ne la puis secourir :
Non plus, hè ! que tu peux te garder de mourir.
Puis-ie sans larme dire en quel poinct ie l'ay veuë ?
Pourra ma foible voix de sa fureur conceuë
Exprimer les accens ? pourray-ie assez bien plaindre
Les yeux qu'on voit flamber & puis soudain s'esteindre,
Comme s'ils estoient ia languissans dans la mort,
Et soudain reflamber encores de plus fort ?
Mais plaindre ce beau poil qu'au lieu de le retordre,
Elle laisse empestrer sans ornement, sans ordre,
Sans presque en abstenir les sacrileges mains :
Mais, las ! plaindre ce teint, l'honneur des plus beaux teins,
Qui tout ainsi qu'on voit la fumee azuree
Du soulphre, reblanchir la rose coloree,
De moment en moment par l'extreme douleur

Change auec vn effroy ſa roſine couleur :
Mais las las ! ſur tout plaindre vn beau port venerable,
Vn port, helas ! au port des Deeſſes ſemblable,
Qui ſe ſent arracher du front la deïté,
Pour auec cent fureurs changer ſa maieſté ?
Vous diriez à la voir qu'inſenſee elle ſemble
La Lyonne outragee, à qui le paſteur emble
(Lors que de ſa cauerne elle s'abſente vn peu)
Ses petits Lyonneaux, & la pourſuit au feu,
Effroyant d'vne torche vn fier regard colere,
Qui effroyablement de mainte torche éclaire.
O l'heure malheureuſe en qui ces Phrygiens
Vindrent premier floter aux ſables Lybiens !
Dés lors mon cœur iugea qu'auant la departie,
A grand' peine on verroit Carthage garantie
D'vn mal ineſperé : car on veut s'outrager
Quand d'vn recueil prodigue on reçoit l'eſtranger :
Touſiours vient vne perte, vn regret, vne honte,
Quand plus des eſtrangers que des ſiens on tient conte.
Mais qui euſt penſé, las ! qu'vne deſloyauté
Euſt contre tant d'efforts meſchamment reſiſté ?
Qui l'euſt penſé (bons Dieux !)

Anne.

Ie croy que la malice
Nous aueugle au conſeil, puis nous liure au ſupplice :
Croiroit-on qu'vn Enee oubliaſt de penſer
Ce qui peut ſon deſſein & ſa vie offenſer,
Auant qu'entrer en mer ? ſans qu'à rien il regarde
En vne mer de maus chetif il ſe haſarde.
Prent-il point garde, auant qu'auoir en ſoy fermé
L'arreſt de ce deſſein, à ce monſtre emplumé,
Qui ſoucieux de tout iamais ne ſe repoſe,
Et qui de bouche en bouche eſpand chacune choſe
Du Nil Egyptien iuſqu'aux eaux d'Occident,
Et du Scythe gelé iuſques au More ardent,
Prompt d'agrandir vn fait, ce monſtre haſardeux

(Dy-ie) qui éguiſa nagueres ſur eux deux
Ses langues, & ſes yeux, quand l'amour effrenee
Couuerte du manteau d'vn trompeur Hymenee,
Commença par augure à mille fois monſtrer,
Qu'vn bien leger fait l'homme en cent malheurs rentrer,
Quand le preſent plaiſir qui moins qu'vn ſonge dure,
Oſte le ſentiment de la peine future ?
Prent-il point (dy-ie) égard aux encombres que peut
Conſpirer ſur les grands ce monſtre quand il veult ?
C'eſt aumoins, c'eſt aumoins, que telle renommee
Rendra contre ſon nom toute terre animee :
Et tant que rencontrant ſon forfait en tous lieux,
Ne luy reſtra que d'eſtre à ſoymeſme odieux.
Prent-il point garde encor qu'à grand peine en leur age
Les ſiens pourront à chef mettre vne autre Carthage ?
Et que ces beaux deſtins, ces oracles rendus,
Ces miracles, ces feus, ces beaux Dieux deſcendus,
Ne ſont qu'illuſions, ou Demons qui nous peinent,
Et miniſtres du Ciel en nos malheurs nous meinent ?
Prent-il point garde encor, ie croy, qu'en vn plain iour
Vn péché nous ennuicte aux forces qu'a l'amour,
Dont il rompt les conſeils, qu'on cache & qu'on euente ?
Hé ! qui ſ'oſe vanter de tromper vne amante ?
Hé ! qui ſ'oſe promettre en la trompant ainſi
Qu'aueuglément luymeſme il ne ſe trompe auſſi,
Penſant qu'on permettra ſans en rien l'outrager,
Sortir hors d'vn païs l'outrageux eſtranger ?
Nos peuples Tyriens auroyent-ils plus qu'Enee
Et les bras engourdis, & l'ame effeminee ?
Mais toutesfois, deliure & de honte & de peur,
Rend de la preuoyance vn ſeul haſard vainqueur.
O aueugle entrepriſe, ô trahiſon ouuerte,
Qui ſemble auoir eſté pour l'vne & l'autre perte
Miſe en ce chef pariure, à fin qu'il fuſt certain
Par l'exemple des deux, que Cupidon en vain
Nous repaiſt quelque temps, pour faire apres repaiſtre
Noſtre cœur aux ſerpens que dans nous il fait naiſtre.
Que plaindray-ie premier ? plaindray-ie le forfait

Que mon conseil, helas! à son honneur a fait?
Voire aux Manes sacrez de son loyal Sichee,
Voire aux pourchas de ceux, dont i'ay tant veu cherchee
Auec Didon fuitiue, en ce port estranger,
Vne alliance (helas!) franche d'vn tel danger?
C'est moy, Barce, c'est moy : qui pourroit sans plorer
Le confesser? c'est moy qui la fais endurer,
C'est moy qui ay banni de son ame la honte,
Par qui seule d'amour la force se surmonte,
C'est moy qui pour sa mort ay le bois entassé,
C'est moy qui ay dans elle vn brasier amassé :
C'est moy qui ay tousiours telle flamme nourrie,
Qui ne peult sans Didon se voir iamais perie :
C'est moy à qui tousiours se venoit addresser
Ce desloyal trompeur, qui ne craint de blesser
Ny les Dieux, ny sa foy, ny l'amante embrasee,
Que sa foy, que les Dieux, ont en fin abusee.
Mais sera t'il donc vray? (bons Dieux!) permettrez vous
Que ce pipeur se iouë & de vous & de nous?
Que t'auons nous donc fait, saincte troupe celeste?
Mais que t'auons nous fait, ô estranger moleste?
Vangez s'il y a faute : Ha Dieux, elle n'a pas
Trop inhumaine hostesse, en vn salle repas
Souillé d'vn corps humain vostre diuine bouche.
Ell' n'a pas égorgé Iupiter dans sa couche,
Changeant son cœur de femme au cœur d'vn Lycaon :
De rien ne la sçauroient charger les Dieux, sinon
D'auoir tout au rebours, hostesse trop humaine,
Trop bien fait à celuy, las! grands Dieux, qui à peine
Trop ingrat s'en soucie, & qui l'abandonnant,
Fait iniure à soymesme, iniure au Dieu Tonant :
A ce Dieu qui d'enhaut les pariures regarde,
Et des hostes a pris la iuste sauuegarde.

Barce.

Plaise donc à ce Dieu iettant l'œil au besoin,
Ou de l'vn ou de l'autre auoir bien tost le soin,

Soit que d'elle le mal pitoyable il cheriſſe,
Ou ſoit que le peruers Iuſticier il puniſſe :
Souuent ce Dieu vengeur de tous humains forfaits,
Permet que mille torts par les meſchans ſoyent faits,
A fin que par celuy ſe puniſſent nos vices,
Qui plus deſſus ſa teſte amaſſe de ſupplices.
Mais ainſi que les Dieux, qui ſemblent eſtre oiſifs,
A venger les forfaits ſont bien ſouuent tardifs,
I'ay peur qu'ils ſoyent auſſi tardifs à ce remede,
Et que ce mal au mal de la ſeule mort cede :
Si c'eſt mal que mourir, lors que de cent treſpas
Vn treſpas nous deliure.

Anne.

Helas ! ie ne croy pas
Qu'il aduienne autrement, & ſans ceſſe m'effroyent
Les ſignes monſtrueux que les Dieux m'en enuoyent :
Ce qu'en dormant auſſi mes ſonges me font voir,
Trouble mes ſens, eſmeus d'vn pareil deſeſpoir.
Le Songe eſt fils du Ciel, & bien ſouuent nous ouure
Ce qu'encore le temps deſſous ſon aile couure.
Il m'a ſemblé la nuict que d'vn ardent tiſon
I'auois deçà delà ſemé par la maiſon
Vn feu, que d'autant plus ie m'efforçois d'eſteindre,
Et plus iuſqu'au ſommet il s'efforçoit d'atteindre :
Mes ſens ne ſe ſont point de ceci deſpeſtrez,
Qu'auſſi ſoudain n'y ſoyent d'autres ſonges entrez.
Ie voyois vn chaſſeur, duquel la contenance,
Et de face & de corps, empruntoit la ſemblance
D'Apollon, quand tout ſeul pour chaſſer quelque part
Ou de Dele, ou de Cynthe, ou d'Amathonte il part :
Sus l'eſpaule luy bat ſa perruque doree,
Sus le coſté ſa trouſſe en biais ceinturee,
Sa fleche eſt en la coche, & ſon arc en plein poing :
Tout ainſi mon chaſſeur qui s'écartoit bien loing,
Dedans l'eſpais d'vn bois s'offroit dedans ma veuë,
Tant qu'au bord d'vn taillis vne biche il ait veuë :

Il décoche, il l'atteint: elle demi-mourant
Fait du sang qui ruisselle vne trace en courant,
Le fer tient dedans l'os, & pour neant euite
Ce qui lui tient (helas!) compagnie en sa fuite,
Tant que sous vn Cyprés ayant porté long temps
Et sa fleche & sa playe, ait auachi ses sens.
Les pieds faillent au corps, le corps faut à la teste:
Et comme la pitié de l'innocente beste
Me sousleuoit le cœur, plustost que ses sanglots,
S'est perdu parmi l'air mon songe & mon repos.
Combien de fois ces iours encor toute tremblante,
Ay-ie en sursaut repris mon ame trauaillante?
Lors que mon palle frere en dormant reuenoit
Me prendre les cheueux, & cruel me trainoit,
Comme il m'estoit aduis, hors du lict pour m'apprendre
D'auoir fait à sa femme vn autre parti prendre.
Mesmement vne nuict, lors que Iarbe le Roy
De nos peuples voisins sortoit presque de soy,
Tant l'amour le brusloit: sçachant qu'à cet Enee
Fut de ma sœur la terre, & l'ame abandonnee,
Pource que nous tenions mille propos meslez
Du monstre qui si tost nous auoit decelez,
Vn songe vint saisir en dormant ma memoire
Sur celle qui fait tout, soit bien soit mal, notoire:
Ie brouillois en l'esprit deçà delà roulant,
Tout ce qu'on m'auoit dit de ce monstre volant:
L'vn me sembloit compter que dés qu'en leur pensee
Ceux de Tyr proiettoient leur ville commencee,
Ce monstre ne cessoit, & puis haut, & puis bas
De volleter sur nous, y prenant ses appas,
Nous apportant sans fin quelque trouble des autres,
Ou bien à nos voisins portant sans fin des nostres:
Vn autre me sembloit, parlant obscurement,
Descrire à son propos ce monstre hautement,
Ce monstre enfant du Temps, en tout aussi muable
Qu'en ses effets diuers son pere est variable,
Qui sans aucun repos fait, defait & refait
Son rapport, tout ainsi que son pere son fait,

Et circuit en rien le Ciel, la Terre & l'onde,
Comme le vol du temps circuit tout le monde.
Tous deux sont souhaittez, tous deux ne mourront point,
Et ne sont differens tous deux que d'vn seul poinct.
Iamais rien ce vieillard qui ne soit vray n'apporte,
Le faux, le vray, sa fille aux oreilles rapporte.
  Or ce pendant qu'en moy ce propos s'embrouilloit,
Et que mainte autre chose aux propos se mesloit,
Ie vey de mes deux yeux ceste femme vollage,
Se planter sur les tours de la neuue Carthage,
Salle, maigre, hideuse, & soudain embouchant
La trompe qu'elle auoit, sonner vn piteux chant :
Voire & me fut aduis que de la trompe mesme
Sortoit & sang, & feu, tant qu'esperdue & blesme
De ce cruel spectacle au resueil me troublay,
Et de long temps apres mes sens ne r'assemblay.
Las! Barce qu'en dis tu? Barce, helas!

Barce.
                                              On se ronge
En vain s'on veut auoir la raison de tout songe.

Anne.

De mes songes encor ie ne m'effroirois point,
Si rien plus grand n'estoit à mes songes conioint :
I'ay veu ces iours passez sur le haut du chasteau
Signe fatal de mort, croüasser maint corbeau,
Le hibou porte-mort, l'Orfraye menassante,
Et la voix du Corbeau dessus nous croüassante,
Ne me chanter que mal, & m'a fait frissonner :
Le vin que ce matin en sang i'ay veu tourner,
Aumoins ce m'a semblé, lors qu'en la coupe sienne,
Didon sacrifiant à Iunon gardienne,
Le tenois pour espandre aux cornes du Taureau,
Outre ce iour hideux m'est vn effroy nouueau :
Car tout ce iour Phebus a sa face monstree

ACTE IIII.

Telle, comme ie croy, que quand le fier Atree
Fiſt bouillir les enfans de ſon frere adultere,
Leur faiſant vn tombeau du ventre de leur pere.
Encore outre ce temps embrouillé lon oit bruire
La mer plaintiue aux bords, & ſembler nous predire
Que les Dieux qui iamais rien conſtant ne permettent
Enuoyent ſur nos chefs ce que leurs feux promettent :
Meſme ceſt arc en Ciel Iris Thaumantienne,
Meſſagere à Iunon, de ce lieu gardienne,
Apparoiſſoit tout hier de noir ſang toute teinte,
Non pas de cent couleurs, comme elle ſouloit, peinte.

Barce.

Lors que lon voit vn mal obſtinément eſpris,
Et que la froide peur ſe ſaiſit des eſprits,
Il nous ſemble que tout nous donne teſmoignage
De ce que nous craignons : mais d'vn ſerain viſage
Ie voy venir la Roine. O l'heureux changement,
Si auecques la face eſt changé le tourment.

Didon.

I'ay trouué le moyen, ma ſœur, qui me peut rendre
Ce fuitif outrageux, ou qui me peut deffendre,
Me depeſtrant du Dieu qui iuſqu'à mort me touche.
Vers la fin d'Ocean où le Soleil ſe couche,
Sont les Mores derniers, pres l'échine foulee
Du grand Atlas portant la machine eſtoilee :
De là lon m'a monſtré la ſage enchantereſſe
La vieille Beroé, Maſſyline preſtreſſe,
Qui le temple gardoit aux filles Heſperides,
Apaſtant le dragon de ſes douceurs humides,
Et d'oublieux pauots, & prenant elle meſmes
La garde du fruit d'or des ſoucis plus extremes :
Ainſi qu'elle promet, la vie elle deſlie,
Ou bien d'vn ſoin cruel elle empeſtre la vie :
Elle arreſte à ſa voix la plus roide riuiere,

Et fait tourner du ciel les fignes en arriere :
Les ombres de là bas en hurlant elle appelle.
Tu orras rehurler la terre deffous elle :
Tu verras des hauts monts les plantes deualees,
Et les herbes venir de toutes les vallees.
I'appelle (chere fœur) les Dieux en tefmoignage,
Toy & ton chef auffi, que l'ancien vfage
De l'art magicien maugré mon cœur i'efpreuue :
Mais puis que ma fureur ce feul remede treuue,
Va, & au plus fecret de cefte maifon noftre
Vn grand amas de bois dreffe moy l'vn fus l'autre :
Que l'efpee de l'homme en la chambre fichee
Où i'ay brifé la foy de mon efpoux Sichee :
Que toute la defpouille & le lict deteftable,
Le lict de nos amours, dont ie meurs miferable,
Soit par toy mis deffus. Car la preftreffe enfeigne
Que tous ces demourans, de mes fureurs l'enfeigne,
Soyent abolis au feu. Quand la pile entaffee
Quand fus elle fera toute chofe amaffee,
D'if, de buis, de cyprés faifant mainte couronne,
Ie veux que maint autel cefte pile enuironne.
Là tout ainfi qu'on veit Medee charmereffe,
Renouuellant d'Efon la faillante vieilleffe,
Tu me verras la voix effroyable & tremblante,
La cheueleure au vent de tous coftez flotante,
Vn pied nu, l'œil tout blanc, la face toute blefme,
Comme fi mes efprits f'écartoyent de moymefme :
Lors de fueilles ayans vos teftes entourees,
Et d'vn nœud coniuré par les reins ceinturees,
Vous m'orrez bien tonner trois cens Dieux d'vne fuite,
Et Enfer & Caos, & celle qui herite
Nos efprits à iamais, la trois fois double Hecate,
Diane à triple voye : il faut que ie combate
Pour moy contre moymefme, il faut que ie m'efforce
De forcer les efforts, à qui ie donnois force.
Haftez doncq, laiffez moy, à fin que ie remache
Toute feule à par moy, tout cela qui relache
Les amours furieux, & que tout i'appareille

Pour commencer mes vœus : dés que l'aube vermeille
Aura demain rougi l'humide matinee,
Le Ciel, le Ciel m'orra.

Anne.

Toy donc qui vois Enee
(O grand Ciel) oppoſer à tes loix ſa malice
Sois pour nous, & proſpere en tout ce ſacrifice.

Didon.

Puis-ie donc forcenee encor me laiſſer viure,
S'il n'y a que la mort qui d'vn tel mal deliure?
Laiſſé-ie triompher ceſte flamme bourrelle,
Lors que ma main, ma main, peut bien triompher d'elle?
Qu'entreprendrois-ie (ô Mort!) Mort que ſeule ie nomme
Contre les Dieux vangeurs la vangeance de l'homme?
Qu'entreprendrois-ie (dy-ie) alors qu'en moy ſ'aſſemble
Tout ce que les enfers ont de rages enſemble,
Tout ce que le Veſuue a d'ardeurs recelees,
Tout ce que la Scythie a de glaces gelees,
Tout ce qu'on feint là bas de peines eternelles
S'ordonner par Minos aux ames criminelles,
Sinon auecq' ma vie en moy ia dedaigneuſe
De faire creuer tout par vne playe heureuſe?
Pourrois-ie bien encor me voir vne eſperance
De me pouuoir guarir, pour chercher l'alliance
Des Nomades voiſins, par moy ia meſpriſee?
Serois-tu bien encor, Didon, tant abuſee
Que d'allonger le fil de ta vie ennemie,
En ſuiuant par la mer celuy qui t'a trahie?
Prens encores, à fin que ta dextre coüarde
N'ayant pitié de toy, ſur toy ne ſe haſarde,
Qui[39] te ſoït beaucoup mieux de ſuiure l'aduerſaire,
Que de fuir ta vie à tout repos contraire :
Suiurois-tu toute ſeule aueugle & dereiglee,
Ou bien le ſuiurois-tu encor plus aueuglee,

Si tu le penfois faire auec toute la fuite
Qu'à grand' peine tu as iufqu'en ces lieux conduite,
L'arrachant de Sidon? Et puis, hé condamnee,
Pauure femme, ie croy, en defpit du Ciel nee,
N'as tu point eu encor affez de cognoiffance
Quel fut Laomedon, & quelle eft fon engeance?
Non non, meurs, meurs ainfi, Didon, que tu merites.
Apprefte toy donc, Parque, & toy qui tant irrites
Mes fureurs contre moy, Fortune infatiable,
Apprefte toy pour voir le fpectacle execrable :
Tu ne t'es peu faouler, m'ayant toufiours foulee,
Mais bien toft de mon fang ie te rendray faoulee.
L'amour mange mon fang, l'amour mon fang demande,
Ie le veux tout d'vn coup repaiftre en mon offrande:
Soyez au facrifice, ô vous les Dieux fupremes,
Ie vous veux appaifer du meurdre de moymefmes :
Voftre enfer, Dieu d'enfer, pour mon bien ie defire,
Sçachant l'enfer d'Amour de tous enfers le pire :
I'irois, i'irois defor, mais il me faut attendre
L'occafion des vœus que ie feins d'entreprendre.

LE CHŒVR.

Troupe Phenicienne
 Qui preuois bien ton mal :
 Et toy troupe Troyenne
 Serue d'vn defloyal :
Vous le Ciel & la terre,
 Voyez, voyez, ce iour,
 Combien traiftrement erre
 L'iniuftice d'amour.
O grands Dieux, fi le vice
 N'a point en vous de lieu,
 Amour plein d'iniuftice
 Peut-il bien eftre Dieu?

Mais iniuſte ie penſe
  Chacune Deïté,
  Qui iamais ne diſpenſe
  Le bien à la bonté.
Vn ſeul haſard domine
  Deſſus tout l'vniuers,
  Où la faueur diuine
  Eſt deuë au plus peruers.
Les Dieux dés ſa naiſſance
  Luy ont oſté les peurs,
  Auec la conſcience,
  Meurdriere de nos cœurs.
S'il chet dans la marine,
  A la riue il pretend,
  Et ſ'attend à l'échine
  Du Dauphin qui l'attend.
La guerre impitoyable
  Maſſacrant les humains,
  Craint l'heur eſpouuentable
  Que l'on voit en ſes mains.
Rien les arts de Medee,
  Rien n'y peult la poiſon,
  Rien cela dont gardee
  Fut la iaune toiſon.
Rien la loy qu'on reuere,
  Non tant comme on la craint :
  Rien le bourreau ſeuere
  Que l'homme bleſme eſtreint.
Rien le foudre celeſte,
  Des plus grands ennemi :
  Toute choſe il deteſte,
  Et tout luy eſt ami.
Songeons aux trois qu'on priſe
  Pour plus auantureux,
  Et qu'en toute entrepriſe
  Les Dieux ont fait heureux,
Iaſon, Theſee, Hercule :
  Les Dieux leur ont preſté

Grand faueur, crainte nulle,
Toute defloyauté.
Tous trois ainfi qu'Enee,
En trompant leurs amours,
Ont fait mainte iournee
Marquer d'horribles tours.
Tous trois trompeurs des hoftes,
Tous trois, ô inhumains,
Ont veu foit par leurs fautes,
Soit mefme de leurs mains,
Leurs maifons effroyees
D'auoir receu les cris
De leurs femmes tuees,
De leurs enfans meurdris :
Mais la faueur fupreme
Les pouffoit toutesfois,
Et croy que la mort mefme
Les a fait Dieux tous trois.
Tu fçais bien (ô Enee)
Pefte des grands maifons,
Qui d'vne deftinee
Farde tes trahifons :
Tu fçais, ô implacable,
Homme lache, homme fier,
Que ce tour deteftable
N'eft des tiens le premier.
Le Ciel, la mer, la terre,
Nonobftant font pour toy,
Rien ne te fait la guerre,
Tu la fais à ta foy.
Didon qui f'humilie
Deuant les Dieux fans fin
Va trainant vne vie
Serue d'vn dur deftin.
Si ce n'eft iniuftice
De nous traiter ainfi,
Rien ne peut de ce vice
Les fauuer que ceci :

C'eft que pecheurs nous fommes,
Et le Ciel fe fafchant,
Fait pour punir les hommes
Son bourreau d'vn mechant.

ACTE V.

DIDON, BARCE, LE CHŒVR.

Didon.

Mais où me porte encor ma fureur? Qui me garde
De me depeftrer d'elle? & quel malheur retarde
Mes fecourables mains, qui allongeans d'vne heure
Mon miferable fil, font que cent fois ie meure?
Plus cruels font les coups dont l'amour éguillonne,
Que ceux là que la dextre homicide nous donne.
Mais quoy? mourrons nous donc tellement outragees?
Mourrons nous, mourrons nous fans en eftre vangees?
Le mechant a finglé dés que l'aube efueillee
Par ma veuë toufiours fans repos decillee
S'eft defcouuerte au Ciel : la pauure aube, ie cuide,
Qui prend pitié de moy. I'ay veu le port tout vuide,
I'ay, i'ay veu de ma tour fous le clair des eftoiles,
Les vens qui fe iouoyent de fes traiftreffes voiles,
Se iouer de la foy lachement pariuree,
Se iouer de l'honneur de moy defefperee,
Se iouer du repos d'vne pariure veufue,
Se iouer du bon heur de ma Carthage neufue,
Et qu'on verra bien toft fe iouer de ma vie,
Par qui fera foudain cefte flotte fuiuie.
Las las! fera-ce ainfi? Toy bruflante poitrine,
Faut-il que dedans toy tout le mal ie machine
Contre moy feulement? vous, vous, cheueux coulpables
Que ie rompts à bon droit, ferons nous miferables

Tous seuls, sans qu'aucun mal sente le mechant mesme,
Qui vous fait arracher, & enrager moy mesme?
Iupiter, Iupiter, ceste gent tromperesse
Doncques se moquera d'vne Roine & hostesse?
Sus, Tyriens, sus, peuple, au port, au port, aux armes,
Portez les feux, courez, changez le sang aux larmes,
Iettez-vous dans la mer, accrochez moy la troupe,
Que d'vn bouillant courage on me brusle, on me coupe
Ces villains par morceaux, que tant de sang s'écoule,
Que iusques à mes yeux le flot marin le roule.
Que dis-tu? où es tu Didon? quelle manie
Te change ton dessein, pauure Roine, ennemie
De ton heur? Il falloit telle chose entreprendre
Quand tu donnois les loix : tes forfaits t'ont peu rendre
Toymesme sans pouuoir, & ton peuple sans crainte.
   Celuy qu'on dit porter, ô malheureuse feinte,
Les Dieux de son païs dans son nauire, emporte
Tout ce qui te rendoit dessus ton peuple forte.
N'ay-ie peu dechirer son corps dans la marine
Par pieces le iettant, tuer sa gent mutine,
Son Ascaigne égorger, & seruir à la table,
Remplissant de son fils vn pere detestable?
Mais quoy? (me diroit-on) la victoire incertaine
M'eust esté : c'est tout vn : de mon trespas prochaine
Qu'est-ce que i'eusse craint? i'eusse porté les flames
Dedans tout leur cartier, i'eusse raui les ames
Au pere, au fils, au peuple, & ia trop depitee
Contre moy ie me fusse au feu sur eux iettee.
Mais puis que ie n'ay peu, toy Soleil, qui regardes
Tout ceci : toy, Iunon, qui las! si mal me gardes,
Coulpable de mes maux : toy, Hecate, hurlee
De nuict aux carrefours : vous, bande escheuelee,
Qui pour cheueux portez vos pendantes couleuures,
Et dans vos mains les feux vangeurs des laches œuures:
Vous (dy-ie) tous les Dieux, de la mourante Elise
Receuez ces mots ci, & que lon fauorise
A la derniere voix qu'à peine ie desserre :
Si lon permet iamais ce mechant prendre terre,

ACTE V.

Que tout peuple sans fin le guerroye & dédaigne,
Que banni, que priué des yeux de son Ascaigne,
En vain secours il cherche, & que sans fin il voye
Renaistre sur les siens les ruines de Troye :
Quand mesme maugré soy il faudra qu'il flechisse
Sous vne iniuste paix, qu'alors il ne iouisse
De regne ny de vie, ains mourant à grand' peine
Au millieu de ses iours, ne soit en quelque areine
Qu'enterré à demi. Quant à sa race fiere,
Qui sera, ie ne sçay [40] *(& la fureur derniere*
Prophetise souuent) ainsi que luy traistresse,
Qui par dol se fera de ce monde maistresse,
Qui de cent pietez, ainsi que fait Enee,
Abusera la terre en ses loix obstinee,
Et qui tousiours feindra pour croistre sa puissance
Auec les plus grands Dieux auoir fait alliance,
S'en forgeant bien souuent de nouueaux & d'estranges,
Pour croistre auec ses Dieux ses biens & ses loüanges.
Qu'on ne la voye aumoins en aucun temps paisible,
Et que quand peuple aucun ne luy sera nuisible
Elle en vueille à soymesme, & que Rome greuee
De sa grandeur, souuent soit de son sang lauee.
Que sans fin dans ses murs la sedition regne,
Qu'en mille & mille estats elle change son regne,
Qu'elle face en la fin de ses mains sa ruine,
Et qu'à l'enui chacun dessus elle domine,
Se voyant coup sus coup saccagee, rauie,
Et à mille estrangers tous ensemble asseruie.
 Quant à vous Tyriens, d'vne eternelle haine
Suiuez à sang & feu ceste race inhumaine :
Obligez à tousiours de ce seul bien ma cendre,
Qu'on ne vueille iamais à quelque paix entendre.
Les armes soyent tousiours aux armes aduersaires,
Les flots tousiours aux flots, les ports aux ports contraires :
Que de ma cendre mesme vn braue vangeur sorte,
Qui le foudre & l'horreur sus ceste race porte.
Voila ce que ie dy, voila ce que ie prie,
Voilà ce qu'à vous Dieux, ô iustes Dieux, ie crie.

Mais ne voici pas Barce ? il faut que ie l'empefche,
Et que feule de foy defor' ie me depefche
De l'efprit ennuyeux. Barce, chere nourrice,
Va & laue ton chef, il faut que ie finiffe
Ce que i'ay commencé, cherche moy ce qui refte
Pour parfaire mes vœus contre la mort molefte :
Puis appellant ma Sœur, qu'on la laue & couronne,
M'apportant tout cela que la preftreffe ordonne.
Va donc.

Barce.

A moy (ô Royne) à moy donques ne tienne
Qu'on ne voye foudain la deliurance tienne.
Mais quelle couleur, Dieux! toutes facrifiantes,
Rendent elles ainfi leurs faces effroyantes ?
Quoy que foit, ie crains tout, las, vieilleffe chetiue!
Comment fe fait que tant par tant de maux ie viue ?

Didon.

C'eft à ce coup qu'il faut, ô mort, mort, voici l'heure,
C'eft à ce coup qu'il faut que coulpable ie meure :
Sus mon fang, dont ie veux fur l'heure faire offrande,
Qu'on paye à mon honneur tant offenfé l'amende :
I'ay tantoft dans l'efpais du lieu fombre & fauuage,
Pres l'autel où ie tiens de mon efpoux l'image,
Entendu la voix grefle & receu ces paroles,
Didon, Didon, viens t'en. O amours, amours foles,
Qui n'auez pas permis qu'innocente & honnefte
Ie reuoife vers luy! mais ia ma mort eft prefte.
Pour t'appaifer Sichee, il faut lauer mon crime
Dans mon fang, me faifant & preftreffe & victime :
Ie te fuy, ie te fuy, me fiant que la rufe,
La grace, & la beauté de ce traiftre m'excufe :
La grand' pile qu'il fault qu'à ma mort on enflamme,
Defteindra de fon feu & ma honte & ma flamme.
Et toy chere defpouille, ô defpouille d'Enee,
Douce defpouille, helas! lors que la deftinee

ACTE V.

Et Dieu le permettoient, tu receuras cefte ame,
Me depeftrant du mal qui fans fin me rentame.
I'ay vefcu, i'ay couru la carriere de l'age
Que Fortune m'ordonne, & or' ma grand' image
Sous terre ira : i'ay mis vne ville fort belle
A chef, i'ay veu mes murs, vengeant la mort cruelle
De mon loyal efpoux, i'ay puni courageufe
Mon aduerfaire frere : heureufe, ô trop heureufe,
Helas! fi feulement les naus Dardaniennes,
N'euffent iamais touché les riues Libyennes.
Sus donc, allons, de peur que le moyen s'enfuye :
Trop tard meurt celuy-là qu'ainfi fon viure ennuye.
Allon & redifon fur le bois la harangue,
Arreftant tout d'vn coup & l'efprit & la langue.

Le Chœur.

Dy nous Barce, où vas tu?

Barce.

Au chafteau ie retourne.

Le Chœur.

La Roine y vient d'entrer, & comme le vent tourne
Les fueillars dans les bois, lors que libre il s'en iouë,
L'amour comme il luy plaift en cent fortes la rouë.
A qui n'euft point fendu le cœur d'impatience,
Voyant tantoft de loing changer fes contenances?
Ores nous la voyons les paupieres baiffees
Refuer à fon tourment : ores les mains dreffees,
De ie ne fcay quels cris, defquels elle importune
Et les Dieux peu foigneux, & l'aueugle Fortune,
Faire tout retentir : ores vn peu remife
Se racoifer, & or' de plus grand' rage éprife
Se battre la poitrine, & des ongles cruelles
Se rompre l'honneur fainct de fes treffes tant belles :

Le pleur m'en vient aux yeux. O quel hideux augure,
Pour de nos murs nouueaux tefmoigner l'auanture !

Barce.

Si eft ce que ie vois vers elle en efperance,
Que bien toft de fes maux elle aura deliurance.

LE CHŒVR.

L'amour qui tient l'ame faifie,
 N'eft qu'vne feule frenaifie,
  Non vne deïté :
Qui, comme celuy qui trauaille
D'vn chaud mal, poinçonne & tenaille
  Vn efprit tourmenté.
Celuy dont telle fieure ardente
 La memoire & le fens tourmente,
  Souffre fans fçauoir quoy :
Et fans qu'aucun tort on luy face
Il combat, il crie, il menace,
  Seulement contre foy.
Son œil de tout obiet fe fafche,
 Sa langue n'a point de relafche,
  Son defir de raifon :
Ore il cognoift fa faute, & ore
Sa peine le raueugle encore,
  Fuyant fa guarifon.
Tel eft l'amour, tel eft la pefte,
 Qu'il faut que toute ame detefte :
  Car lors qu'il eft plus dous
Il n'apporte que feruitude,
Et apporte, quand il eft rude,
  Toufiours la mort fur nous.

Barce.

O moy pauure, ô Ciel triste, ô terre, ô creus abysmes !
Quand est-ce qu'ici bas pareil horreur nous vismes ?
Que suis-ie ? où suis-ie ? où vois-ie ? est-ce la dont l'offrande
Que l'homicide Amour pour s'appaiser demande ?
O crime ! ô cruauté ! ô meurdre insupportable
Que l'amour a commis !

Le Chœur.

     Quel trouble espouuentable
T'a fait si tost sortir (ô Barce) ? quel iniure
Peut encor conspirer la fortune plus dure ?

Barce.

Quelle, quelle (grans Dieux !) estes vous donc absentes ?
Estans seures au port, riez vous des tourmentes ?
La Roine s'est tuee : aumoins auec sa flame,
Par vn coup outrageux, les restes de son ame,
Sanglotant durement, à grand' force elle pousse :
Voila la fin qu'apporte vne amorce si douce.

Le Chœur.

O iour hideux, ô mort horrible, ô destinee
Cent à cent fois mechante, ô plus mechant Enee !
Mais comment ? comment, Barce, helas !

Barce.

      Sous vne feinte
Qu'elle a fait de vouloir rendre sa peine esteinte,
Par l'heur d'vn sacrifice elle a couuert l'enuie
De chasser aux enfers ses trauaux & sa vie :
Sur vn amas de bois, feignant par vers tragiques
D'enchanter ses fureurs, elle a mis les reliques

Qu'elle auoit de ce traiſtre, vn pourtrait, vne eſpee,
Et leur coulpable lict. Or à fin que trompee
Auec Anne ie fuſſe, ailleurs on nous enuoye :
Lors ſeule dans ſon ſang ſes flammes elle noye,
S'enferrant du preſent que luy fiſt le pariure.
Anne court à ſon cri, qui preſque autant endure :
Voyant mourir ſa ſœur, ſon viure elle dédaigne,
Et de la mort veut faire vne autre mort compaigne.
  Eſt-ce ainſi donc (ô Sœur) que ta feinte nous trompe?
Verray-ie que ſans moy ta propre main te rompe
Le filet de ta vie? Eſt-ce ici le remede?
Eſt-ce le ſacrifice à qui ton tourment cede?
Sont-ce les vœus, les vers dont tu m'as abuſee?
Es tu tant contre nous & contre toy ruſee?
Ainſi ſa ſœur en vain laue & bouſche ſa playe.
Elle ſ'oyant nommer, tant qu'elle peut ſ'eſſaye
De ſouſleuer ſon chef, qui tout ſoudain retombe,
Ne cherchant qu'à changer ſon lict auec la tumbe.
O piteux lict mortel! ô que d'horrible rage
Le Soleil à ce iour attraine ſur Carthage!

LE CHŒVR.

Arrachez voz cheueux, Tyriens : qu'on maudiſſe
De mille cris enflez l'amoureuſe iniuſtice:
  Rompez vos veſtemens :
Eſcorchez voſtre face, & ſoyez tels qu'il ſemble
Que lon voye abyſmer vous & Carthage enſemble :
  Redoublez voz tourmens.
Redoublez les touſiours, & que la mort cruelle
De la Roine mourante, en voz cœurs renouuelle
  Mille morts deſormais.
Pleurez, criez, tonnez, puis que ſi mal commence
L'heur de Carthage. Il faut, ô peuple, qu'on la penſe
  Malheureuſe à iamais.

Barce.

Mais, que ſeiournons nous? ſus, ſus, ô pauure bande,
Bande, las! ſans eſpoir, allons, & ceſte offrande
Arrouſons de nos pleurs, & ſouffrons tant de peine,
Qu'auec elle le dueil preſque aux enfers nous meine.
Nul viuant ne ſe peut exempter de furie,
Et bien ſouuent l'amour à la mort nous marie.

FIN DE LA TRAGEDIE DE DIDON.

LE RECVEIL

DES

INSCRIPTIONS, FIGVRES,

DEVISES, ET MASQVARADES.

LE RECVEIL
DES
INSCRIPTIONS, FIGVRES,
DEVISES, ET MASQVARADES,

ORDONNEES EN L'HOSTEL DE VILLE A PARIS,
LE IEVDI 17. DE FEVRIER 1558,

Par ESTIENE IODELLE, Parisien[1].

ESTIENE IODELLE

A SES AMIS. S.

N'AYANT point encore bien connu (mes Amis) que c'eſtoit des amitiés de noſtre tens, i'euſſe penſé auant le deſaſtre que vous ſçaués m'eſtre ſuruenu, que donnant vn tel tiltre à vne epiſtre mienne i'euſſe bien eſcrit à vn plus grand nombre que ie ne fay, & que lui adreſſant la moindre choſe qu'il euſt peu ſouhaiter de moy, i'euſſe bien autrement ſenti combien les œuures de ceus qui ſont aimés, ſont agreables à ceus qui les aiment. Mais d'vn coſté, le grand nombre d'aduerſaires & le peu d'amis qui ſe ſont decouuers en mon malheur, d'vn autre cofté, la commune & naturelle ialouzie que ie voy en noftre nation, me font au vray connoiftre le contraire de l'vne & de l'autre efperance. Toutesfois fçachant que ie ne fuis pas tant haï du ciel, que ie n'aye encores quelques amis en la terre, i'ay bien voulu enuoyer à ce peu qui m'en refte ce petit liure, que ie n'eftimerois du tout rien au pris de ce qu'on attend de moy, n'eftoit que ce n'eft pas peu de fait, que par le moyen de fon bon droit & la iufte deffence de fes amis, remettre vn tort deuant les yeus de ceus qui fe font contraires fans occafion. Vous affeurant de ce que vous aués toufiours connu en moy, qui eft d'auoir l'enuie de bien faire fi grande & fi haute, que fi ie n'euffe veu que vos prieres (tant quelques vns d'entre vous m'ont efté bons) & les calomnies de nos ignorans me contraignoient à ce faire, i'euffe toufiours tenu mon threfor fermé à tout le monde felon ma couftume, ou ie vous euffe bien enuoyé des pieces de plus grand pris. Mais puifque vne neceffité a pris telle puiffance fus ma deliberation, ie ne veus point entierement defefperer du bien qui me pourroit venir de ceci, eftant affés certain que le malheur a bien fouuent acouftumé d'engendrer vn bon heur, & que des petits & chetifs commencemens, on voit fouuentesfois fortir les chofes plus louables & plus parfaites. I'en ay maintenant mile raifons & mile exemples au bout de ma plume, fi ie voulois, comme on dit en fe raillant, alambiquer dedans vne familiere epiftre, les fecrets & les belles quintes effences de la Nature, ou tirer auecque ie ne fçay quelle friandife affectée, la moüelle des profondes & abondantes hiftoires. Si eft ce que fi i'efcriuois à ce propos tout ce qu'on pourroit alleguer, ie ne ferois pas taire tous ces larrons de merites, qui diront auffi toft que ce petit liure viendra dedans leurs mains, qu'apres tant de magnifiques promeffes que ie puis auoir faites, apres la grande & longue expectation que l'on a eüe de mes ouurages, au lieu des montaignes d'or felon le prouerbe des Pedants, ie fay fortir vne fouris. I'auray bien la pa-

tience d'eſcouter vn peu ces mignons, pour auoir bien
toſt le plaiſir de les voir eufmeſmes ſe dementir. Il me
ſemble encores, mes amis, que i'en voy venir d'autres,
qui vn peu plus reſolus, & faiſans ſemblant d'eſtre curieus de mon honneur, me viendront preſcher, & moy,
& vous ſils vous connoiſſent pour tels que ie vous
eſtime, diſans que le blame, la honte, & l'accuſation
que i'ay encourue en l'execution d'vne choſe qui eſt
contenue en ce recueil, me deuoit garder de faire re-
freſchir ma playe, par la ſeconde publication de ma
faute. Ceus qui ſ'adreſſeront à nous auecques ce faus
viſage, me preſentans vne ſi douce poiſon, ne rappor-
teront auſſi de moy autre choſe qu'vne douce priere au
lieu d'vne rigoureuſe reſponſe : laquelle eſt telle que
ſ'ils m'aiment ſeullement la moitié d'autant qu'ils di-
ſent, ils me facent ce ſeul bien, de faire la lecture entiere de ce que ie vous preſente, & lors ie m'aſſeure
qu'ils auront beaucoup plus d'enuie que de pitié. Si
quelques vns, plus malins, font venir leurs propos iuſques à vos aureilles, diſans que toutes les choſes que
i'ay recueillies, n'eſtoient pas toutes telles que ie les
veus faire croire, aſſeurés les & leur iurés pour l'a-
mour de moy, apres le ſerment que ie vous en ſay par
noſtre amitié, que ie n'ay voulu mentir en rien, &
que ie n'ay aiouſté aucune choſe, fors le retranchement que premierement i'auois fait en la Maſquarade
premiere, & peut eſtre huit ou dix vers d'auantage.
Bien eſt il vray qu'aus vers latins, qui ſeruoient d'inſcriptions aus figures, i'ay peu changer neuf ou dix mots,
mais ce n'a pas eſté pour ce que les autres qui y eſtoient
ne fuſſent auſſi bons, mais ç'a eſté pour autant que
n'ayant point l'original, & ne les pouuant pas trouuer
tous tels qu'ils eſtoient dedans ma memoire, i'ay mieus
aimé ſur le cham vſer du changement que du trauail
de les recouurer. Et ſ'ils ſont tant obſtinés contre ma
cauſe, qu'ils ne vous veulent point prendre pour garants, qui¹² cherchent les teſmoings qui l'ayans veu à
l'œil, leur pourront faire vne plus ſeure foy, du nom-

bre defquels ont efté quelques vns d'entre vous. S'ils repliquent qu'encores qu'il fuft ainfi, fi eftce que lon ne fçauroit tant faire que l'on ne croye que i'y ay beaucoup aioufté & corrigé, veu que i'ay efté fi long temps auant que d'en metre le recueil en lumiere : Ie vous fuplie de ne les payer point d'autre monnoye, finon de cela que la plus grand part d'entre vous a connu. Qui eft que ie me trouuay quelque efpace de temps fi faché, fi depit, fi refueur, & fi pefant, que tant f'en fault que ie peuffe guerir la piquure du fcorpion par le fcorpion mefme, que tous les inftrumens de mes malheurs, qui font les liures, les papiers & les plumes, me puoient de telle forte, que peu f'en fallut que ie n'en fiffe vn beau petit facrifice dans mon feu. Mefmement que deflors que ie commençay à me recueillir vn peu moymefme, & vouloir faire vn recueil de tout cela, par qui iniuftement ie penfois m'eftre perdu, ie demeuray quelques iours malade d'vne fieure tierce : laquelle encore qu'elle peuft venir d'vne extreme colere, n'auoit point tant fa caufe de cela que de mon defaftre acouftumé, qui quafi ne me permet point d'eftre connu d'autre que de moy : & qui toutes les fois que ie veus m'efforcer à l'encontre, comme vous verrés plus à plain dedans ce petit ramas, ou bien ront mon entreprife, ou bien la couronnant d'vne honte non efperée, & non meritée, ne me permet pas feullement le moyen de faire mes excufes : que di-ie excufes? Ains la iufte pourfuite de la louange & de la recompanfe, qui me fuyans allors qu'elles fe font plus prefentées, ne me laiffent payer d'autre chofe que de la vanité d'vn agreable labeur. Vous pourrés bien encore dire deux autres caufes de ce retardement : l'vne eft que combien que ceci euft efté bien plus toft imprimé, ni l'imprimeur, ni voufmefmes, ni moy, n'auons point efté d'auis de faire fortir telle chofe en ces iours faints & deuots, ains plus toft attendre la reiouiffance commune d'apres Pafques. La feconde eft que voyant la court feiourner à Fontenebleau, i'ay bien voulu attendre fon retour à Paris, affin que ceux qui m'auoient condamné fans voir mes

pieces, fuſſent les premiers iuges de mon innocence.
Outre que ces cauſes ſont aſſez ſuffiſantes, i'en ay encores vne qui fait plus pour moy, qui eſt l'addition
d'vn ſecond liuret que i'ay mis auecque le premier,
pour les raiſons que vous lirés autre part. Ce petit labeur dont ie vous parle, ce ſont quelques inſcriptions
des princes de l'Europe, leſquelles comme chacun ſçait,
ne ſe ieɔtent pas ſi toſt en moulle que les medalles de
ces princes, ſi d'auanture l'ouurier ne me reſembloit,
qui ay touſiours eu ce meſchant heur de faire les choſes
auſſi facilement & auſſi bien, comme ie les fay malheureuſement. Ie ne vous vſeray point ici ni de recom-
mendation, ni d'excuſe des deux ouurages, ie vous prie-
ray encores moins de les faire plus grands enuers ceus
qui vous en parleront que ie ne les eſtime, mais plus toſt
de les laiſſer couler auecques ſi peu de faueur qu'ils
meritent, comme vne choſe legere & meſlée. Ce que
ſeullement vous monſtrera aſſez la proſe, dont i'ay vſé
en mes deſcriptions, confondant comme ie penſe tout
enſemble le ſtyle, & de l'epiſtre, & de l'oraiſon, & de
l'hiſtoire : combien que i'eſpere bien de vous faire vn iour
iuger qu'en tous ces genres d'eſcrire Dieu ne m'a point
degarni de iugement. Ie croy bien auſſi que l'orthogra-
phe confuſe vous decouurira vne pareille meſlange, &
que les alluſions & repetitions frequentes, qui feront
trouuées dedans mes vers, montreront de prime face
quelque affectation. L'vne de ces choſes a eſté ainſi
faite pour le peu de reſolution de noſtre langue en ce
point la, & les autres pour l'ornement & la vraye
beauté des inſcriptions, ce que vous ne verrés pas en
mes œuures continués de longue alaine : deſquels ie
vous promets ouurir la bonde le plus toſt que ie pourray, vous aſſeurant que ie ne m'en ſenti iamais tant pic-
qué qu'a ceſte heure. Si donques tant en ceus la qu'en
cetui ci vous penſés voir quelques fautes, ie vous prie
de m'eſtre ſi benins, que de penſer, & faire penſer aus
autres, que la faute vient d'autre part que de moy, ou
bien de derober quelque choſe à la ſeuerité de voſtre

bon iugement, pour le donner à noſtre amitié. Quand à moy ie vous promets que tant en vos labeurs, qu'aus labeurs d'autrui, ie me montreray dorenauant tel, que vous aurés iuſte occaſion d'vn contentement & d'vne perpetuelle recommandation de moy, qui ſuis voſtre à tout iamais.   A Dieu.

LE LIVRE A LA FRANCE,

SONET.

Si mon pere a taché de payer le deuoir
  Dont l'obligoit à toy la loy de ſa naiſſance,
  En s'efforceant d'aider à chaſſer l'Ignorance,
  Sur qui le Ciel lui donne & vouloir & pouuoir :
Si trauaillant pour toy ſans fin & ſans eſpoir,
  Il penſe ſon ſeruice eſtre ſa recompanſe :
  Ie te pri, fay ce bien, fay lui ce bien, ô France,
  De vouloir ſon enfant & receuoir & voir.
Si l'on dit que ie vien farder par mes harangues
  Son deſaſtre, les yeux condamneront les langues.
  Si lon dit qu'on en doit eſtre plus irrité,
Veu que ie ne ſuis rien au pris de ton attente,
  Ie le ſçay bien, mais las, que ceci te contente,
  Qu'on laiſſe le deuoir pour la neceſſité.

LE RECVEIL

DES

INSCRIPTIONS, FIGVRES, DEVISES

ET MASQVARADES,

*Ordonnées en l'Hoſtel de Ville à Paris,
le Ieudi 17 de Feburier 1558.*

Apres l'heureuſe & memorable conqueſte faite au mois de Ianuier ſur l'ennemi, le Roy eſtant de retour dans ſa conté d'Oye nouuellement remiſe en ſon obeiſſance, delibera de ſeiourner à Paris iuſqu'au commencement de Quareſme, tant pour les plaiſirs qu'on y pouuoit trouuer en telle ſaiſon, que pour faire gratifier à ſon peuple l'heur de ſes dernieres victoires, la proſperité de ſon voiage, & la deliurance de toutes nos premieres craintes. Durant ce tens doncques, ne voulant en rien imiter l'inſolence des temeraires Princes en leurs proſperes auantures, & ſe temperant beaucoup mieus en ſon heur que n'auoit fait parauant ſon ennemi, ſe contenta de mille louables paſſetens aſſés acouſtumés à ſa Maieſté : en meſurant ſi bien & ſon allegreſſe & celle de ſa Court, auecque la reconnoiſſance de ce qui eſt de plus hault, qu'il n'a point eu moins de louange de vaincre dedans ſoy la folle couſtume des vaincueurs, que d'auoir en celte victoire plus vaincu que de couſtume. Or, affin que les peuples ou ennemis ou eftrangers ne penfent point que ce que ie decriray ci-apres ait efté fait pour autre chofe que pour vn leger paffetens, fans aulcune forme ou de gloire ou de triomphe : ainfi que fa Maiefté paffoit le plus ioyeufement qu'il eftoit poffible ces iours les plus deleftables de l'année, il f'auifa de mander au Preuoft des marchants & Efcheuins de Paris qu'il iroit fouper en leur maifon de Ville le Ieudi gras enfuiuant, qui feroit le iour d'apres que monfeigneur le Duc de Guife arriueroit de Picardie, ou il acheuoit pour lors de donner tel ordre que les hautaines efperances de l'Efpaignol ont occafion de f'en rabaiffer à bon-droit. Ie croy certainement que Meffieurs de la Ville, qui de tout tens fe font montrés prompts & deuots enuers leurs Princes, & qui, à mon auis, (fi d'auanture on n'i eftoit bien trompé) auront toufiours en leurs entreprifes plus grand befoin de bonne conduite que de bon vouloir, euffent volontiers fait en l'honneur d'vn fi grand Roy l'appareil d'vn triomphe à l'antique : mais peut eftre qu'ils confidererent, au moins les plus auifés d'entre eus, toutes les chofes qui pouuoient empefcher l'effeft d'vn fi fuperbe deffein. Leur Roy premierement porter le nom de Trefchreftien, & que la gloire des Chreftiens ne peut eftre finon qu'en leur Dieu, qui tenant les victoires en fa main f'en referue les triomphes : Les feus Roys Trefchreftiens pour quelque grande victoire qu'ils fceuffent auoir, n'auoir iamais triomphé : La fin de la brauade eftre bien fouuent le rabaiffement, la queûe de la ioye la douleur, & les grandes pompes d'vn Prince l'occafion à fon ennemi de bien faire : Le Roy Philipes auoir efté lors auerti du fiege de Calais qu'il faifoit vn magnifique tournoy, penfant du tout tenir la Fortune au poin, & ne preuoyant point qu'elle fçait encore mieus tournoyer que lui. Mefmement que quand ils auroient dreffé tous les apprefts d'vn tel triomphe, il eftoit certain que fa Maiefté autant moderée aus fortunes heureufes, qu'affeurée aus fortunes aduerfes, n'accepteroit iamais vne gloire qui ne tournaft en l'honneur de celui feul, qui faifant vaincre les Roys leur commande de plus toft triompher de foymefme & des vices de leurs fubieƈts, que des depouilles & captiuités de leurs ennemis. Et auffi que quand le Roy ne refuferoit point tel honneur, ils auroient faute & de tens & de gens pour conduire telle entreprife à quelque agreable & admirable iffue, & l'iffue à vne perdurable memoire. Si toutes ces chofes furent penfées, ie ne doute point qu'elles ne perfuadaffent facilement aus Parifiens que pour receuoir vn fi grand Roy il fe falloit fimplement contenter d'vn feftin, adiouftans comme il eft à croire, à toutes ces caufes la defpence, non pas tant pour l'egard qu'ils auoient en l'efpargne, que pour ce que la nourriture de la plus part de ceus qui gouuernent la ville eft telle, qu'il faut neceffairement que les chofes belles & grandes les eftonnent, n'ayans point d'autre mouuement, ni d'autre regle que le iugement d'vn fens commun, la frugalité vulgaire, la fimple bonté, & le rude exemple de leurs predeceffeurs. Sur quoy ie diray ce mot en paffant, qu'on fe doit bien garder de metre les affaires qui peuuent tirer quelque memoire apres foy, entre les mains de ceus qui font du peuple, qui pour autant que la Police fuit toufiours l'Œconomie, penfent tout ainfi mefnager leur ville que leur maifon. Il n'i aura peut eftre pas vn, ni des noftres, ni des eftrangers, qui regardant la grandeur du Roy, la grandeur de la viƈtoire, la grandeur de Paris, ne f'emerueille, encore qu'on vouluft laiffer le triomphe, qu'on ne delibereroit pour le moins mille gentilleffes aucunement dignes de ces trois : & veu que monfeigneur de Guife deuoit arriuer le iour de deuant, qu'on deuoit bien fonger à honorer d'vne autre forte l'arriuée d'vn fi vaillant & viƈtorieus Prince : lequel contre les dernieres defaueurs de la guerre, contre l'importunité de l'hyuer, contre l'arrogance de l'ennemi, contre l'efperance d'vn chacun, f'eftoit porté fi fort, qu'il auoit emporté en moins de dix iours la ville, qui depuis CCX ans auoit ferui de regret & frayeur à nos peres, de vollerie à la France, de mere nourrice aus Anglois, & mefme (f'il faut ainfi parler) feruoit encore d'efpouantail à noftre vaillance. Lequel outre vne fi braue & glorieufe prife, auoit peu de iours apres forcé le fort de Guignes, iugé pour lors inexpugnable, par ceus mefmes qui nous auoient tant obftinément fouftenus. Et lequel, pour dire en brief, ayant en fi peu de tens contraint les Anglois de f'en retourner honteufement cacher en leur coin, raportoit vn tel merite, qu'en entrant dans la ville (i'apelle ainfi Paris fans lui donner queue) il ne pouuoit efperer moins que les couronnes publiques, les applaudiffemens du peuple, & la feconde partie du triomphe Royal. Or quant à ceus qui pourroient auoir tel efbahiffement, ie ne leur fay ni autre excufe, ni autre refponce, m'affeurant que f'ils font Chreftiens, ce que i'ay dit par ci deuant, les peut affés contenter. Et auffi que ie ne puis maintenir que ma ville ait efté fi mal curieufe & de l'honneur de fon Prince, & de fon honneur, qu'apres auoir vn peu fongé, elle n'aperceuft bien qu'il falloit pour le moins feftoyer vn Roy de quelques autres chofes que de viandes. Ce qui fit que quatre iours feullement deuant le iour du feftin, le procureur du Roy d'icelle, vn de plus honneftes & metables hommes que i'aye fceu voir en leur compaignie, fçachant que i'eftois né de Paris, & que Dieu m'auoit donné quelque peu de promptitude d'efprit pour fecourir à vne chofe fi haftée, me vint prier au nom de tous eus, que fi i'auois quelque Tragedie, ou Comedie, qui peuft eftre apprife entre ci & la, ie la baillaffe pour eftre recitée deuant le Roy, & qu'ainfi ie ferois feruice à mon Prince, & honneur à mon païs. Ie fi refponce que i'auois, & des Tragedies & des Comedies, les vnes acheuées, les autres pendues au croc, dont la plus part m'auoit efté commandée par la Royne & par Madame feur du Roy, fans que les troubles du tens euffent encore permis d'en voir rien, & que i'attendois touiours vne meilleure occafion que n'eft ce tens tumultueus & miferable pour les faire metre fur le theatre,

adiouftant ce petit mot affés poetiquement dit, que cefte
année la Fortune auoit trop tragiquement ioué dedans
ce grand echaufaut de la Gaule fans faire encore par
les fauls fpectacles refeigner les veritables playes. Mais
bien fi on me vouloit promettre de me croire & de me
foulager, que ie ferois bien des chofes, lefquelles eftans
bien conduites, ne raporteroient point moins de grace
que l'vn de ces deus poëmes. Ie ne penfois en faifant
telles promeffes que ie me deuffe foucier d'autres char-
ges que d'inuenter quelques belles mafquarades, ou
parlantes, ou muetes, qui eftans accommodées aus tens,
aus lieus, & aus chofes, peuffent donner quelque agreable plaifir à la compaignie : Mais l'amour de mon païs,
la priere qu'on m'auoit faite, l'enuie que i'auois de
plaire tant au Roy comme à la maifon de Guife à laquelle ie me fuis toufiours humblement voué, & la
faute d'appareil & de confeil que ie voiois en telle neceffité, me firent tellement prandre charge fur charge,
que i'appelle en tefmoins tous ceus qui m'ont veu en
vn tel embrouillement, f'il eft poffible de croire qu'en
fi peu d'efpace vn feul efprit ait peu fouftenir & tel
fais & telle facherie. Car allant des l'heure à la maifon
de ville & n'i trouuant aucun ornement qui peuft eftre
remerquable, i'ofe dire que ie me fei quafi de tous
meftiers, & affés heureufement, comme on pourra voir
par ce recueil, fi l'execution eut efté telle que l'ordonnance. Combien que fi tout euft efté bien veu le iour du
feftin, on euft cogneu qu'auecques vn labeur defefperé,
i'auois mis tel ordre à tout, qu'il ne reftoit quafi rien
qu'il n'allaft comme ie l'entendois, & comme on le pouuoit efperer de moy, fors les deus mafquarades d'apres
fouper, lefquelles à caufe qu'on n'auoit point fait les
chofes comme ie les auois dites, & à caufe auffi de la
multitude, du defordre, & de la confufion, furent fi mal
menées, que moymefme, qui à mon grand regret faifois l'vne des perfonnes, epris quafi d'vne rage de voir
fi mal porter deuant mon Roy la chofe où il m'alloit de
l'honneur, demeuray quafi tout tel (f'il faut qu'ainfi ie

parle) que fi la Minerue qui marchoit deuant moy m'euft transformé en pierre par le regard de fa Medufe. Mais combien que i'en aye porté & porte encore vn tel regret, que ie ne le puis autrement nommer que defefpoir, non pas tant pour la faute que pour voir que Dieu m'a fait naiftre fi malheureufement, que de toutes chofes que i'ay bien faictes, ou que i'euffe peu bien faire en ma vie, ie n'en fceu iamais auoir l'vfage, viuant prefque en ce monde tout tel qu'vn Tantale aus enfers f'il faut ici parler encore de fable : qui eft ce toutesfois qui en ceci n'eftimera ceus impitoyables qui auecques leurs brocards publiques, leurs fecretes reproches, & leurs iniuftes iniures ne m'ont point pardonné d'auantage que fi i'euffe efté coupable du plus grand crime de lefe maiefté ? Mais ie parleray de tout ceci en fon lieu, & me femble deia que i'ay trop longuement difcouru auant que de venir au recueil que ie delibere de faire, qui peut eftre, eftant bien leu, fi la France n'eft la plus facheufe maratre du monde, encore que ie me tienne moymefme grandement coupable, me pourra bien apporter au lieu des haynes, mefpris & calomnies, le pardon & la grace des grands, la louange des doctes, l'admiration des eftrangers, l'excufe de noftre peuple, la repentance des maldifans, & le creuecueur de l'ennuie. Ayant donques (pour venir au point) dreffé & fait dreffer tout ce que i'auois proiecté, le Roy fur les quatre heures du iour que i'ay dit, fans aucune pompe arriua auecques toute fa compagnie en la maifon de la ville, deuant laquelle on lui fit feullement vne falue de l'artillerie auecques quelque efcopterie qui f'acordant fort bien à l'affluance du peuple, au bruit des tabourins, & au fon des trompetes, donnoit vn tefmoingnage publiq de l'allegreffe que receuoient tous les citoyens. Alors ceus qui eftoient curieus de telles nouueautés peurent voir ce que i'auois premierement ordonné pour l'entrée, fuiuant d'affés pres l'antiquité admirée d'vn chacun, & aucunement recherchée par moy, tant en tous mes autres ouurages qu'en ces miennes

FIGVRES, DEVISES ET MASQVARADES 243

petites inuentions, qui premierement estoient telles que dedans vne grande Arcade, sus le portail de l'hostel, i'auois fait peindre force trophées à l'antique, des armes, & enseignes ennemies, & au meileu d'eus tirer vne fort longue & spacieuse ouaile entourée de laurier à l'vn des costés de laquelle estoit le portrait de Calais, & à l'autre le portrait de Guignes, & au dedans d'icelle ceste longue inscription :

DD.

VIRTVTI ET VICTORIÆ.

S.

D. HENRICO REGI PRÆCLARISSIMAR. RERVM IN VNIVERSA TVM GALL. TVM ITAL. TERRA MARIQ. BENE AC FELICITER GESTARVM ERGO TRIVMPHVM PVBL. DIGNAMQ. SVIS FACTIS ET LAVREAM ET MEMORIAM MERENTI RENVENTI SED IN POSTERVM EXPECTANTI. OB FORTISS. ET VETVTISS. NOS‑ TRORVM CALETVM CIVITATEM NVPER A FRANCISCO LOTHA‑ RINGO GVISIORVM PRINCIPE GLORIOSS. OMNI INGENIO OB‑ SESSAM MOX OMNI MARTE EXPVGNATAM AC PERENNI VOTO CVM A CC ET X AN. BRITANNORVM SERVITVTEM PATERETVR SVÆ GALL. RESTITVTAM. OB GVINAS OMNIB. ET VI ET VI‑ RIB. CAPTAS, SOLOQ. ADÆQVATAS. OB HAMMENSEM PAGVM QVI HOSTIVM METV DERELICTVS FVERAT RECEPTVM. OB LI‑ BERATAM DENIQVE AB OMNIB. BRITAN. GALL. HOC INTERIM AD PRIMAM ILLAM INSPERATÆ REI COMMENDATIONEM ET IN VOSTRVM O DD. VIRTVS ET VICTORIA FAVOREM EX VOTO ET DEBITO.

VRBS.

PD CONS.

ST. IODELIVS PAR. PPP.

Au dessous de l'Arcade, dessus la grande frize du portail que i'auois fait si proprement couurir, qu'il sembloit que ce feuſt vn marbre noir nouuellement aiouſté, eſtoient eſcripts ces trois vers en letres d'or :

NON POMPA, NON ROMVLEIS TE CVRRIBVS ALTVM
ACCIPIMVS, FACTIS CVM SIT SPES REGIA MAIOR,
SPE QVOQVE MAIORES, QVORVM EST TVA LAVREA, DIVI.

L'inſcription de ces trois vers eſtoit REGI PIISS. PII CIVES. Aus deus coſtés de l'Arcade ſont deus grandes colonnes Doriques, dont les deus pieds coſtoyent les deus bouts de la corniche du portail : en chacune d'icelles colonnes eſtoient ces deux lettres d'or H H & au meilleu des deus eſcrit en lettres d'argent HOC HERCVLE DIGNÆ. I'auois ordonné qu'on feiſt mouler deus grands croiſſants argentés pour planter ſur le haut de ces colonnes au lieu que l'Empereur y plante ſes aigles : mais la brieueté du tens, & la diuerſité des occupations, fit qu'ils demeurerent. Ie ne parle point ici de l'enrichiſſement du lierre qui embelliſſoit ceſte entrée, ni de tout autre ornement d'entre les deus portes, vn peu mieus deuiſé que mis en œuure, voulant courir toutes telles choſes le plus legierement que ie pourray. Si ne veus-ie pas pourtant aller ſi fort que ie ne m'arreſte ici pour dire que ſi les Princes eſtoient autant amoureus des choſes qui les perpetuent, comme ils ſont deſireus de ſe perpetuer, ils tiendroient bien autant de conte de telles nouuelles antiquités, voire de tous autres labeurs dont les hommes doctes ſupportent leur gloire, que des chars, des images, & pompes inacouſtumées. Car de ceus ci les vns ſe rompent, les autres ſ'enfument, les autres ſ'oublient, lors que l'honeſte curioſité des doctes & des bien nourris, enuoyant de main en main ces vifs inſtruments de la memoire, les fait demeurer entre les mains de l'eternité. Ie ne veus pas dire que ce peu que i'ay deia decrit, & tout ce que ie decriray ci apres, aproche en rien de cela, car on ſçait bien que la haſte, & la foibleſſe de mon eſprit ne me le pouuoient permetre. Mais ie diray que decouurant dedans l'inscription les merites, dedans les trois vers l'excuse du triomphe, dedans les colonnes l'esperance future, i'ay tâché de donner quelque merque à la souuenance des hommes : comme doiuent faire tous ceux qui ont quelque pouuoir sur la memoire, qui sans auoir aucun egard à la louange, ou à la faueur, ou à la recompanse, me semblent estre naturellement obligés enuers leurs Princes, de garder alors plus soingneusement l'honneur des beaus actes, qu'ils voyent les Princes s'en soucier le moins. Or passons outre sans plus nous arrester de telle sorte. Sur la seconde porte enrichie de tapisserie, & de festons de lierre, dedans vn grand compartiment entouré de son chapeau de triomphe estoit peinte vne Deesse tenant vne couronne de laurier en l'vne des mains, & vne chaisne de fer en l'autre, ayant le Soleil & la Lune aus deus costés d'elle, & poussant vne sphere du pié. Sur la teste d'icelle, dedans vne espace que faisoit le compartiment, estoit escrit, VICISSITVDO, & au bas dedans vne autre plus grand espace ces trois vers :

NE PROPERA, NVMENQVE VIDE, VISVMQVE VERERE
AC GENIVM METIRE TVVM, NAMQVE OMNIA LEGI
SVPPOSVIT NOSTRÆ, NOSTRA QVI LEGE SOLVTVS.

Ce qui estoit dans la montée suiuoit assés bien ceste figure de Vicissitude, qui apres toutes ces premieres louanges & trophées, auertissoit de ne se fier que de bonne sorte à la felicité. Car là dedans outre l'ornement de la tapisserie, des festons, & des armes tant du Roy, que de la ville, on lisoit trois ou quatre fois ceste deuise, GRADATIM, escrite tousiours dedans vne ouale couchée, & entourée d'vn compartiment semé de couronnes, montrant qu'on ne va point autrement aus victoires que par degrez, & qu'en les voulant trop haster on se precipite soymesme. Au hault de la montée, sur la porte de la falle, eftoit vne autre figure enrichie de mefme forte que la premiere & ainfi qu'eftoient mefme toutes les autres que ie diray, en laquelle eftoit peinte vne France armée & triomphante, ayant fous fes piés des trophées, des couronnes brifées, & des enfeignes & guidons ou lon voyoit les Aigles & les Leopars: elle tenoit en l'vne de fes mains vn globe & de ce cofté voloit deuers elle le Tens, vieillard aus pieds de bouq, chauue par derriere, comme le depeint l'antiquité, lequel apportoit vne couronne de laurier fur la tefte de la Deeffe, & vne couronne d'oliue fur fon globe, qui n'eftoit qu'vn fouhait feullement pour l'auenir, comme ce mot VOTVM efcrit au hault de la figure le montroit, & au bas ces trois vers:

SIC RAPIDAS AQVILAS, SIC FVLMINEOS LEOPARDOS
GALLIA CALCET OVANS, ILLAM QVOQVE MOBILE LAVRV
TEMPVS, ET ARMIFVGA MVNDVM DIGNETVR OLIVA.

Il faut maintenant venir à l'appareil de la falle, que i'auois tellement fait dreffer, que la defcription en deplaira auffi peu que l'ordonnance. Premierement le fons d'en hault eftoit tout fait depuis vn bout iufques à l'autre de grands compartiments de lierre proprement entrelaffés, & femés infiniment des armes du Roy, de la Royne, de la ville, des grands feigneurs, & des grandes dames, auecque tel enrichiffement qu'il eftoit requis. Depuis ce fons, tant de l'vn que de l'autre cofté de la falle fuiuoit fur le hault de la tapifferie vne frize fort large, & dedans les oualles que faifoient les entrelaffements d'icelle, fe voyoient peintes toutes les deuifes qui fe portent auiourdhui à la court, comme le Croiffant du Roy, l'Iris de la Royne, l'Eclypfe de Monfieur, le Chardon de la Royne d'Ecoffe, la Gorgone de Madame feur du Roy & autres. Au deffous de la frize dedans de petits quarrés attachés fur le hault des croiffants, dont ie parleray à cefte heure, eftoient efcrits les mots de chacune deuife comme DONEC TOTVM IMPLEAT ORBEM. ΦΟΩΣ ΦΕΡΟΙ ΗΔΕ ΓΑΛΗΝΙΙΝ. INTER ECLYPSES EXO-RIOR. RERVM SAPIENTIA CVSTOS, & les autres principalles. Les grands croiffants dont ie veus parler, eftoient de lierre, fort bien faits, & fort bien affis, qui pendoient depuis cefte frize que i'ay dite iufques bien bas, entrelaffés toufiours l'vn dans l'autre deus à deus, eftants liés à l'endroit ou ils f'accouploient par le haut & par le bas, de liens de taffetas noir, fur lequel en letres d'argent eftoit efcrit ce mot : IVNGVNTVR, foit pour autant que la rencontre des deus fait vn rond, ou foit pour l'alliance du Roy & du Grand feigneur, qui portent tous deus le croiffant. Du cofté des fenefttres, à l'endroit ou fe deuoit foir le Roy, eftoit vne autre figure d'vne deeffe couronnée de rofes, ayant fous les piés des rofes epanchées par la place, tenant vn lut en la main, au cofté de laquelle danfoient les petits Amours, & de l'autre cofté venoit Bacchus, & fes Satyres ; l'infcription du hault eftoit : D. LETICIÆ, & au-deffous de la figure ces trois vers :

TV DEA, BACCHVS, AMOR, LVDISQVE, EPVLISQVE, IOCISQVE,
HEROVM MEMORES GRATA VICE MERGITE CVRAS,
PRAELIA MNEMOSYNE NON POCVLA REGIA CVRET.

Aus deus coftés de cefte figure dedans deus beaus compartiments enclos de chapeaus de triomphe, comme aus autres figures, eftoient peintes deus nauires femblables à celle que la ville porte en fes armes, & dedans l'efpace qui faifoit le compartiment par le hault, eftoit efcrit : ARGO, & en l'efpace du deffous cefte deuife : CÆLOQVE SOLOQVE SALOQVE, ce qui accommodoit fort bien cefte nauire Parifienne à la nauire des Argonautes, laquelle a eu pouuoir au ciel, y eftant encores maintenant entre les fignes celeftes, en la terre, par laquelle elle marcha, & fe fit porter dedans la Lybie, en la mer, laquelle elle a quafi toute voiagée. On pourroit dire mille autres fatalités de cest antique vaisseau, qui se pourroient approprier à nos armes, mais on en lira dauantage dedans vne des Masquarades qui suiuront apres. Il me suffira d'ozer prononcer ce mot, que ie trouue ceste deuise inuentée par moy assés digne d'estre gardée pour deuise de la ville eternellement. On eust trouué merueilleusement beau, qu'ainsi que ce front de salle estoit orné de ces trois figures, tout du long aussi des deus costés de la salle tous les interualles que faisoient ces grands croissants de lierre, qui pouuoient estre huit ou dix de chasque costé, eussent esté remplis de figures diuerses auecques leurs deuises & vers : mais chacun sçait que la main des ouuriers ne peut suiure l'abondance de mes inuentions. Toutesfois ce qui fut possible d'acheuer y fut mis. Premierement du costé droit, au premier interualle respondant encores sur la table du Roy, estoit la figure d'vn dieu Ianus, vieillard comme on le peint, ayant la clef en la main dextre, & son baston en la gauche : mais n'ayant point deus visages comme on lui soulloit donner. Ceste statue estoit sur vn autel, dans lequel estoit escrit: Iano Gallico; la deuise d'en hault estoit : Iam non respexit vtrinqve, & les trois vers d'en bas, ceus ci :

Qvi bifrons fveram, gallis svm gallicvs vna
Fronte devs, cælvmqve mea dvm clave resolvi,
Vidi incvmbentem gallis totvm acribvs annvm.

I'auois voulu montrer par ceste peinture, combien le mois de Ianuier nous a esté fauorable, auquel tant par la vertu de nos Princes, que par la faueur du tens, se sont faites choses si belles & si merueilleuses, que ie ferois presque d'auis qu'on fist peindre vn Ianus en nos enseignes pour vne heureuse merque de nostre bon heur. La figure que l'on voyoit au prochain espace d'apres suiuoit d'assés bonne grace la premiere pour exprimer ceste faueur du tens. Car i'auois fait peindre au haut vne petite partie du zodiaque, qui montroit ſeullement le ſigne du Ganimede que lon nomme Aquarius, & au deſſous vn ieune dieu, beau, ſans barbe, couronné de fleurs, qui ſelon les antiques repreſentoit le printens. A l'vn des coins de la peinture, ſouffloit vn Zephire ietant des fleurs par la bouche, & dedans le cham de l'oualle voloient par ci par la quelques arondelles. Le petit eſpace d'en hault que faiſoit le compartiment d'àlentour, contenoit ceſte deuiſe : CESSIT NATVRA FAVORI, & au grand eſpace qu'on auoit laiſſé au deſſous de la figure, faiſant vne alluſion à celui qu'on dit auoir eſté tant heureus, qu'en vne bataille les vents meſmes vindrent combatre pour lui, i'auois fait eſcrire trois vers comme en tous les autres :

NON CONIVRATI VENIVNT AD CLASSICA TANTVM
ÆOLIDÆ, VERVM GELIDO SOL SYDERE VERNANS
FVNDIT INASSVETOS ARVISQVE ARMISQVE CALORES.

Il y a bien peu de gens comme ie croy, qui n'ayent pris garde ceſte année à la verité de ceſte figure, & ſ'ils ont bien conſideré le tens qu'il a fait tant durant l'entrepriſe que l'execution de Calais, ils n'ayent veu contre l'ordre accouſtumé des années vn beau Printens au meilleu de l'hyuer : Quand à moy, i'oſe affermer eſtant pour lors aus chams auoir veu ſortir les herbes nouuelles, & tous autres indices du renouueau. Ce qui montre aſſés que nos victoires ne viennent point ni par noſtre ſeulle puiſſance, ni par vn ſort, ni par vn certain ordre de la nature, mais de la ſeulle faueur & diſpoſition de Dieu, qu'il les enuoye[43] en tel tens, en tel lieu, & à telles perſonnes qu'il lui plaiſt, ſans la puiſſance duquel, tant ſ'en faut que nous puiſſions eſtre vaincueurs, que nous ne pouuons pas ſeullement eſtre puiſſans. Vis à vis de ces deus dernieres figures, dedans les deus premiers eſpaces que faiſoient les Croiſſants de l'autre coſté, i'en auois fait aſſoir deus autres, qui ſuiuoient le meſme argument de cefte nouuelle & heureufe conquefte. Dedans la premiere fe montroit vn Iafon hardi & courageus à arracher vne toifon d'or, pendue à vn arbre, nonobftant l'effroy que luy pouuoit donner vn horrible dragon qui eftoit au pié, & qui au rebours de celui de Colchos charmé & endormi par Medée, ouuroit les yeus effroyablement, & f'enfloit fi fort de venin, qu'il fembloit quafi creuer dans le tableau. On lifoit au deffus pour deuife : ARRIPIAM VIGILET LICET, et au deffous :

VELLVS AB INSOMNI LOTHARENE DRACONE TVLISTI,
CARMINIBVS NEC SVNT FERA LVMINA VICTA, NEC HERBIS,
INGENIVM, MARTEMQVE VOCES NISI CARMEN, ET HERBAS.

Dedans la feconde eftoit feullement figurée vne vieille baniere Romaine reprefentant vne de celles de Iules Cefar, qui eftant de couleur iaune eftoit trauerfée de bihais d'vne large bande noire, qui portoit ces trois letres d'or V.V.V. lefquelles comme chacun fçait affés, & comme il a efté chanté & rechanté par nos nouueaus poëtes, qui depuis naguieres ont fi bien tenu chacun leur partie en la louange de cefte victoire, fignifioient le VENI, VIDI, VICI, de Cefar. Et pour autant que Monfeigneur de Guife n'a point efté en ceci accompaigné d'vn moindre bon heur, que celui la dont fe vantoit ce Romain, eftant fi opportunement venu, ayant fi ingenieufement veu, ayant fi vaillamment vaincu, ie l'ay bien voulu auecques les autres le faire heritier de ces trois letres, lefquelles il a fait perdre en d'autres victoires (ie pourrois bien alleguer Mets) à ceus qui font mefmement heritiers de Cefar. Cette peinture auoit fa deuife telle, TER HOC FELICITER ACTVM, & fes trois vers tels :

CAESARIS HOC, CAESAR DEMAS TIBI, GVISIVS ADDAT,
NAM VENIT, VIDIT, VICIT SIMVL ISTE, TVOSQVE
DVM QVOQVE VINCEBANT, VICTO IAM CAESARE VICIT.

En efcriuant ces vers ci, il me vient de naiftre vne

affés gentille fantafie dedans l'efprit pour donner plus
de grace à cefte figure, dont l'argument a efté trouué fi
propre & à la chofe & à la perfonne, c'eft de metre en
fa deuife au lieu de TER ce mot QVATER, aiouftant encore
vn v dedans la bande, & peignant au deffous de la baniere vne fortune garrotée de chaifnes de fer, auecques
ces vers changés ainfi :

HOC CAESAR MIHI CEDE, TRIBVS SIT ET ADDITA QVARTA
LITTERA, SORS ADVERSA MEOS ET INIQVA PREMEBAT,
MOX VENI, VIDI, VICI : VINXI QVOQVE VICTAM.

I'ay aioufté ceci de gayeté de cueur, comme i'aiou-
fteray quatre autres figures qui eftoient deia toutes
ordonnées, & dont les compartimens eftoient faits, ainfi
que me font tefmoins ceus qui eftoient auecque moy &
mefmement Baptifte excellent peintre qui les faifoit, &
qui en auoit reuu l'ordonnance des le foir de deuant :
mais l'arriuée du Roy nous preffa de fi pres, qu'encores
que le peintre fift vne admirable diligence, il fut impof
fible d'en faire tant : & fufmes contraints de nous contenter de ces quatre premieres, pour les interualles des
croiffants, dont les deus premiers qui en eftoient remplis contenoient autant d'efpace de la falle, que faifoit
le lieu ou lon deuoit couurir pour le Roy. Dedans la
premiere donques de ces quatre figures eftoit peinte
vne Andromede eftant deia deliée de fon rocher, au pié
duquel eftoit fon grand monftre marin, nauré deia de
quelques coups, & demi eftourdi, fur qui retournoit
encore vn Perfee, ayant fes ailes au dos, volant dedans
l'air, tenant le glaiue dans l'vn des poings, & le chef de
Medufe dans l'autre, lequel il prefentoit au monftre
pour foudain le tourner en pierre. Et d'vn autre cofté
fe voyoit vne grande compaignie de gens armés. Lefcri-
ture du deffus eftoit : NOVO SVA SALVA PICARDIA PERSEO,
& les vers du deffous :

CAVTIBVS ANDROMEDEN PERSEVS, CETOQVE MARINO
ERIPVIT, MONSTRIS TV ME HENRICE MARINIS,
ESQVE TIBI, SI NOS PHINEVS PETAT, ALTERA GORGON.

Apres cefte figure qui montroit combien la Picardie eftoit heureufe d'auoir vn tel Roy pour fon prince, lequel ayant premierement repris Boulongne, & maintenant reconquis Calais, Guignes, & Hammes fur les Anglois ne l'a pas feullement deliurée de fon monftre marin, mais a deia refifté, & combatra en la fin le Phinée qui la veut rauir : l'auois fait faire vne autre figure dedans laquelle on euft veu vne Niobe deia demi tournée en pierre, autour de laquelle euffent efté fes enfans, moitié fils & moitié filles, deia prefque tous morts, eftant chacun d'eus nauré d'vne fleche dargent. Vis à vis de ce maffacre i'auois fait peindre vn Phebus, & vne Diane, tenant chacun vn arc d'argent au poin, duquel ils venoient de faire telle vengeance pour l'orgueil infupportable de Niobe, qui f'ofoit preferer & elle & fa race à Latone & à fes enfans. Cefte deuife eftoit pour le haut : DAT INIQVAS SVPERBIA POENAS, & ces trois vers pour le bas :

LATONAE NIOBE TIBI SESE O GALLIA PRAEFERT
ANGLIA, PROLE TVMENS, PHOEBVM, PHOEBENQVE LACESSENS,
SIC SAXVM GENITRIX, FIVNTQVE CADAVERA NATI.

L'orgueil d'Angleterre fi bien rabaiffé par cefte peinture, eftoit fuiui de la deftinée du mefme païs, que i'auois voulu exprimer par la figure fuiuante, y faifant peindre vn Alexandre tout tel que nous le pouuons retirer des medailles antiques, baifant & accollant vne Royne figurée en Amazone, de mefme forte auffi que les antiques nous l'ont montré : Laquelle reprefentoit la derniere Royne des Amazones, qui pour le defir

quelle eut de coucher auecques Alexandre, perdit le braue
regne de ces courageufes & victorieufes femmes. L'efpace du haut contenoit cefte deuife : RES IMPAR SED FATA
EADEM, & celui du bas ces trois vers :

VLTIMA TE MACEDO REGINA CVPIVIT AMAZON,
ANGLICA CAESAREVM CVPIIT REGINA PHILIPPVM,
VTRAQVE SIC REGINA SVI MANET VLTIMA REGNI.

Pour autant qu'on pourroit trouuer quelques chofes
en cefte figure qui du tout ne s'accommoderoient point,
ie lui ay fait porter la deuife d'en haut qui eft telle, que
les chofes eftans differentes, le deftin eft de mefme. Car
ie ne voudrois point ici dire que la Royne d'Angleterre
fuft vaillante comme vne Amazone, à laquelle on n'a
point veu encore porter les armes finon contre fon
peuple, ni faire autre vaillantife finon contre les teftes
des gentilz hommes de fon païs. Ie voudrois encores
moins comparer vn Roy Philippes à vn Alexandre, lequel pourtant fembloit auoir vn tel heur en fon commencement, que s'il euft bien vfé de fa fortune, & qu'en
fe temperant en tout, il n'euft point reculé le bras de
Dieu d'auecques le fien, ie croy certainement qu'il
nous euft montré que les vices de noftre France, qui
depuis ie ne fçay combien s'eft du tout deprauée, crioient
vengeance contre nous. Mais maintenant ie voy bien
(ce n'eft pas la premiere fois que i'ay veu & predit) que
la ballance s'abbaiffe de noftre cofté, & que fi nous nous
maintenons au chemin qu'il faut toufiours fuiure,
noftre bon heur fe maintiendra au cours qu'il a deia
commencé. Outre ce premier egard ie ne feray point ce
tort à ce grand Prince, & à cefte grande Princeffe, qui
font conioints par legitime mariage, d'approprier leur
alliance au concubinage de ces deus : Car i'ay efté d'auis
de tout tens que c'eftoit le plus fotement fait qu'on
fçauroit faire, d'iniurier par efcrit les Princes qui nous
font ennemis, principallement aus chofes qui font con-

trouuées, ou qui touchent tellement leur honneur, que nos Princes mefmes f'en doiuent facher. Quand aus legeres attaintes, aus veritables reproches, aus propheties & aus promeffes qu'on fe fait à foymefme, cela eft permis de l'ennemi à l'ennemi. C'eft pourquoy ie n'ay point feint de fignifier par cefte peinture ce que les Anglois mefme fçauent auoir efté prophetizé de cefte Royne cy. Ce qui me femble affés bien accommodé au deftin de l'Amazone. Encore donnerois-ie volontiers cefte loy, combien que ie ne l'aye pas obferuée, que toutes telles chofes fe fiffent par fouhaits & imprecations feullement, comme ie l'auois fait dans la figure fuiuante qui deuoit eftre la derniere de toutes. En laquelle i'auois fait portraire vne mer, & fur icelle deus galeres, dont la premiere eftoit fort richement & fumptueufement equipée, portant vne Royne fuperbement veftue, accompaignée de fes femmes, qui paroiffoit & fort trifte & fort effroyée. L'autre des galeres eftoit autant bien armée qu'il eftoit poffible, dedans laquelle eftoit vn grand feigneur richement armé & accompaigné de mefme, autant trifte & effroyé que la Royne que i'ay dite. Et fembloient les deus vaiffeaux à force de rames fuir tant qu'ils pouuoient deuers vne ville, à la porte de laquelle la Deeffe Nemefe accompaignée d'vne furie les attendoit. Le haut de la figure portoit ce mot : ET LECTI ET LETHI CONSORS, & le bas ces vers ci :

IN FVRIAS FVRIATA PARES CLEOPATRA MARITVM
ISTA TRAHIT, LICET ABSIT AMOR, TIMOR ADSIT, ET HORROR,
AVGVSTIQVE MEO REDEANT SVB PRINCIPE REGNA.

Chacun fçait affés qu'en la bataille naualle d'Octauien & d'Antoine, Cleopatre fe fit mener dedans vne gallere dont le mas eftoit d'or, les voiles & les cordes d'argent, & le refte plain de pompes & delices, mais qu'auffi toft qu'elle vit que la fortune commençoit à tourner de la part ennemie, elle f'efpouanta, & fe print à fuir à toute force. Ce que voyant Antoine, moitié par amour, moitié par crainte, la fuiuit, abandonnant fes forces, & fe retirant miferablement auecques elle dedans Alexandrie, ou depuis affiegés par Octauien furent tellement menés de furies, que par defefpoir & crainte d'eftre portés en triomphe, ils fe tuerent tous deus l'vn apres l'autre. Apres leur mort Octauien Cefar, qui depuis fut furnommé Augufte, demeurant feul dominateur des Romains, fe vit en la fin Monarque du monde. L'imprecation donques de cefte derniere figure que i'auois fort bien ordonnée pour la fin, eftoit telle que cefte Royne ci f'eftant montrée fort fuperbe, & defireufe de la guerre, ayant follicité plufieurs fois fon Antoine (di-ie fon Philippes) à faire la plus cruelle guerre qu'il pourroit, ayant mefme en tout tâché d'offenfer noftre Cefar, iufques à lui denoncer la guerre fans aucune occafion, fente en la fin la iufte vengeance de fon orgueil, tellement que voulant encore accompaigner fon mari foit de fa perfonne & de fes forces, ou bien de fes forces feullement, pour venir contre noftre Roy, que de rechef plus epouantée qu'elle n'a efté dernierement, elle foit contrainte de fuir auecque fa honte & future ruine pour trouuer les furies en fon païs. Et qu'elle tire apres foy, non pas tant par amour que par crainte, fon mari, pour eftre autant participant de la furie que de la folie. Ainfi ce feroit que noftre Roy apres la ruine de ces deus, qui auecques lui auoient parti la domination de l'Europe, demeureroit feul dominateur, & fe faifant apres Augufte, metroit tout vn monde fous fa monarchie, ramenant encores ici l'heureus & paifible fiecle d'Augufte. Voila tout ce qu'il y auoit de figures pour cefte falle : en laquelle ne fe pouuoit plus voir autre chofe que lon peuft remerquer, outre tout ce que i'ay defcrit, fors qu'au bas de la falle, qui eftoit le cofté par ou lon deuoit feruir, outre la tapifferie & le lierre qui le decoroient, dedans vn grand & fpatieus quarré de la longueur d'vne toife, eftoient efcrits douze vers comprenans toutes les choses que le Roy a faites depuis son auenement à la couronne, le tout allant d'ordre & le tout si bien escrit, & en si grands caracteres, qu'il se pouuoit facilement lire de la table du Roy. Ceci estoit au dessus des vers : EX D. CAROLI LOTHARINGI PYRAMIDE, A STEPH. IODELIO DESCRIPTA, & les vers qui suiuoient estoient tels :

SCOTIA TVTA SVIS, ACCEPTA BOLONIA, METAE,
ET RHENI PAVOR ATTONITI, FVSVSQVE PER VMBRAS
CAESAR, ET HINC VICTAE TVRMIS REDEVNTIBVS VRBES,
MOX QVOQVE DEFENSAE LOTHARENI GLORIA METAE,
INSTAVRATAE ACIES, VRBESQVE AEDESQVE SORORIS
CAESAREAE, RENTINA TIBI PALMA ADDITA GVISI,
AC SI QVA IN BELGIS QVAESITA TROPHOEA SVPERSVNT :
HAS INTER PALMAS PARMA, ET MIRANDVLA, SENAE,
CORSICAQVE, ET TOTIES DECEPTVS IN ALPIBVS HOSTIS :
NVNC QVOQVE QVOD RELIQVIS POTIVS FATALE CALETVM,
QVAEQVE FEROX POTIOR FATALI GVINA CALETO,
HAEC SVNT QVAE REGEM LAVRV RES LAVDE CORONANT.

Ces vers, comme l'inscription le montre, sont tirés de la Pyramide de monseigneur le reuerendissime Cardinal de Lorraine, qui est vn petit œuure que ie fi dernierement d'enuiron six cents vers heroiques Latins, autant beau comme ie croy qu'aucun qui soit encores sorti de moy, sans excepter mesmes ceus que i'ay faits d'vne beaucoup plus longue alaine. I'auois esperance voyant vn chacun à l'enui lui presenter ce qu'il pouuoit, de faire vne arriere garde apres tous les autres. Laquelle encores qu'elle me semblast trop foible pour garder son nom, & les graces dont il est pourueu contre les iniures du tens, de la mort, & de l'oubliance, si promettoit elle pour l'auenir quelque chose aprochante de cela. Mais mon desastre acoustumé l'a pendue au croc, comme tous mes autres labeurs, lesquels si ie ne pensois auoir bien faits, & si ie ne pensois qu'ils fuſſent aucunement dignes de la lecture des grands ſeigneurs, ie les brulerois & eus & mes liures. Si i'auois le loiſir de diſcourir ici tout ce qui m'en eſt auenu, ie ferois emerueiller ceus qui ſans me connoiſtre bien, iugent de moy à l'auanture. Mais ce n'eſt pas ici ou il me faut vſer de ces plaintes autant contre la fortune & les deſaſtres, que contre l'ingratitude des noſtres. Vne occaſion ſe preſentera vn iour, ou telle miſere deduite apprandra bon gré mal gré à beaucoup de ſeueres cenſeurs, qui tancent, reprennent, & conſeillent, pour paroiſtre & non pour ayder, que la conduite de nos fortunes n'eſt point en noſtre conduite. Ce qui ne fuſt point entré en mon cerueau non plus qu'au leur, ſi ie n'euſſe experimenté que contre toutes les preuoyances & pouruoyances que i'aye ſceu iamais faire, i'ay touſiours ſenti les malheurs d'vne deſtinée, tellement enchaiſnés queue à queue, & ſe rencontrans tellement au point, qu'il a fallu qu'en toutes entrepriſes en depit de moy, la charte me ſoit demeurée au poin. Car quand aus letres (ſ'il faut encore vn peu reprandre ma digreſſion) qu'eſt ce que i'ay iamais voulu faire voir de moy, qu'vn affaire, vne maladie, vne debauche d'amis, vn default ou vne perte d'occaſion, vne entrepriſe nouuelle, ou ce qui eſt le pire de tous, vne enuie n'ait empeſché d'eſtre veu ? Ie ne parle point des labeurs de ma petite ieuneſſe, mais de ceus ou i'ay trauaillé depuis quatre ou cinq ans : leſquels ay-ie iamais ſceu faire ſortir en lumiere, encores que i'y tachaſſe & que ie penſaſſe bien leur auoir donné des yeus d'aigle pour la ſouſtenir? Quand aus armes ou i'ay touſiours ſenti ma nature aſſés encline; en quel camp, en quel voiage n'ay-je voulu aller, & quels apreſts & quelles pourſuites n'ay-ie tâché de faire ? Mais touſiours ou quelque autre maladie ou le deffaut preſent du moyen qui ne peut accorder auecque la grandeur d'vn bon cueur, ou le delay de iour en iour, ou quelques autres incommodités m'ont tellement retenu, qu'il ſemble que ces malheurs me ſeruans de fers, ma ville, qui m'eſt malheureuſe

le poſſible, me doiue feruir d'eternelle priſon. Quand
aus affaires, encores que ie n'i ſois ni fait ni nourri, auſ-
quels pour le moins n'eſtois-ie point né? Mais tant s'en
faut, comme me reprochent pluſieurs, que ie les fuye,
qu'ils m'ont de tout tens fui, ſans qu'il y ait eu rien
qui m'en ait rendu incapable que le trop de malheur,
ou le trop de capacité, deſquels l'vn m'a peu apporter
les haines & les enuies, & l'autre la preſumption &
fiance de moymeſme, qui deplaiſent merueilleuſement
aus grands. I'entens bien deia ce qu'on me dit ſur ceci,
que ie ſuis encore fort ieune, & que ie ne ſcaurois faire
telles complaintes ſans que i'aye dedans moy vne deme-
ſurée outrecuidance. Ie ne reſpons autre choſe, ſinon
que par le paſſé & par le preſent ie iuge bien du futur.
Touteſfois i'eſpere encores, & peut eſtre qu'au meilleu
de mon aage, la fortune ſe fera meilleure pour moy. Ie
reuien à ma Pyramide laquelle i'auois fait fort bien eſcrire, dorer & acouſtrer pour preſenter, mais s'offrant
ceſte occaſion de feſtin, & penſant que toutes les choſes
que i'auois bien faites, eſtans bien executées & bien
receües, lui donneroient vne meilleure entrée, ie luy fi
garder le coffre qu'elle garde encores. Certainement
i'auois aſſés de fois appris que le vice & la deſobaïſſance
reculoit la vertu & le ſeruice premier, mais ie n'a-
uois encore iamais oui dire que la vertu reculaſt la vertu,
& le ſeruice, le ſeruice. Or ne demeurons point ſi long-
tens en ſi beau chemin, & venons à ce qui a eſté cauſe
de tout le mal, qui eſt la premiere des maſquarades, ne
nous haſtant point de deduire les fautes qui y furent
commiſes, le retranchement que ie fus contraint d'y
faire, les excuſes qui à la verité me doiuent abſoudre,
ains remetant tout cela iuſques à tantoſt que le lecteur
l'aura toute leüe. Mon inuention eſtoit, qu'ayant veu
porter à la ville vne nauire en ſes armes, & me reſou-
uenant de la nauire Argon dont i'ay deia parlé, ie deli-
beray pour les belles accommodations que lon verra cachées la deſſous, faire ma maſquarade d'Argonautes. Or
pour autant qu'entre tous autres trauaus que les Argo-

nautes ont foufferts, & auquels la pauure Argon mefme a efté fuiete, cetui ci eft vn des plus memorables, que dedans la Lybie ils furent contraints de la porter fur leurs efpaules, ie voulois auffi qu'en la mafquarade la rapportans au Roy pour lui eftre heureufe & fatalle comme elle leur auoit efté, & pour le confeiller & lui prophetifer fes heurs & fes malheurs, comme elle leur auoit toufiours confeillé & prophetizé, ils la portaffent fur leurs efpaulles, auffi bien qu'ils auoient fait dans la Lybie, pour montrer au Roy qu'en tous perils & dangers il la falloit porter, ce qui à mon iugement eftoit affés propre à cefte communauté de Paris. Pour ce auffi que Minerue l'auoit fait bâtir du bois de la foreft parlante, qui eft la caufe qu'elle parloit, & qu'elle eftoit prophete, ie voulois que Minerue les accompaignaft, comme elle leur auoit efté prefente & fauorable en leur voiage de la toifon d'or. Dauantage fçachant que la beauté d'vne mafquarade eft la mufique, ie voulois qu'Orphée qui eftoit iadis l'vn des Argonautes, marchaft deuant eus, fonnant & chantant vne petite chanfon en la louange du Roy, & que comme il fouloit anciennement tirer les rochers apres foy, deus rochers plains de mufique le fuiuiffent, laquelle chantaft comme fi ce fuft efté la vois de quelques Satyres ou quelques Nimphes cachées au dedans. Mais à caufe que le refte fe verra mieus par la lecture des vers ie viendray à la chanfon d'Orphée, à laquelle ie faifois refpondre ceus qui eftoient dans les rochers.

CHANSON D'ORPHEE.

Si iamais rochers & bois
Ma force dans foy fentirent,
Si fous ma vois, fous mes dois
S'arrachans ils me fuiuirent,

Suiués rochers, & auecq' vostre Orphee
Admirés moy d'vn grand Roy le Trophee.

Si quelque Nimphe dans vous
Quelque Pan, quelque Satyre,
Pour ouir mes accords dous,
D'auanture se retire,
Chantés rochers, & auecq' vostre Orphee
Adorés moy d'vn grand Roy le Trophee.

LA MVSIQVE DES ROCHERS.

On nous auoit veu cacher
Pour t'ouir, aus roches creuses,
Mais auecque le rocher
Nous tirent tes mains heureuses,
Rauiz, abstraits, mourants d'ouir Orphee,
Et plus encor d'ouir vn tel Trophee.

O heureus Roy, qui as eu
Pour ton sonneur vn Orphee,
Heureus sonneur qui as peu
Si bien sonner tel Trophee,
O trois trois fois trois fois heureus Orphee,
O trois trois fois trois fois heureus Trophee.

Apres cete chanson, qu'expressement i'auois fait douce & en bas style, vsant de vers intercalaires qui ont bonne grace en la musique, i'auois fait parler Minerue en telle sorte :

MINERVE.

Voyant ainsi, ô Roy, dans ma main docte & forte
Branler asseurément les armes qu'elle porte,
Et voyant ma Meduse effroyer de rechef
Tous vos yeus des serpens de son horrible chef,
Me voyant mesme auoir la bourguignote en teste,

Qui son panache fait flotter dessus sa creste,
Ne sçay tu pas desia que Minerue ie suis,
Qui seule sur les arts & sur les armes puis
Autant qu'Apollon mesme, autant que Mars mes freres?
Minerue, qui laissant mes deux villes premieres
Athenes, & puis Rome (auiourdhuy seul tombeau
De ce qu'elles ont eu de bon, de grand, de beau)
Me suis de ton Paris faite la gardienne
Par ton Pere, qui seul me rend Parisienne,
Et me rendras tousiours, si tousiours ie ne voy
Fouller l'heur que ie donne à ta ville & à toy,
Et sur le sçauoir saint mettre le pié barbare,
Sçauoir, qui seul les Roys des lourds bouuiers separe,
Sans lequel, soit qu'vn Roy le suiue par autruy,
Ou qu'en soymesme il ayt sa conduitte par luy,
Il ne sçauroit guider l'espoir de plus grand gloire,
Ny, estant mort, auoir de sa mort la victoire.
Mais pourquoy tout ceci puis que tes bras tu tends
Pour de ta gardienne estre garde en tout tens?
Ie m'egare, & m'estant proposée autre chose
Ie m'esbahi qu'ainsi sans propos ie propose.
Or sçache donc que c'est, & sçachent tous pourquoy
Ma trouppe tant estrange arriue deuant toy.

 Tu as bien leu qu'auant que la Greque ieunesse
Eust voüé de laisser le repos de la Grece,
Se donnant au hazard pour premiere ramer,
Et contreindre au faiz l'eau pucelle de la mer,
En suiuant le conseil du cauteleus Pelie,
Qui pensoit perdre ainsi de son Neueu la vie,
S'il pouuoit enuoyer ce courageus Iason
Au dangereus conquest de la riche Toison :
Sur le mont Peliaque en la forest parlante
Ie fei faire pour eus la Nau prophetisante,
Qui fut nommée Argo, & Argonautes ceus
Qui dedans elle iroient par les flots depiteus.
Ils demarent, ils vont, mille monstres ils voyent,
Souffrants cent mille maus cent fois ils se deuoyent :
Ils viennent en Colchos, où Medée les fait

Iouïr de la Toiſon, & ſon frere deffait.
Ils partent en danger, mille perils les ſuiuent,
Et recouurants leurs maux d'autres maux leurs arriuent:
Mais ſur tout par les bords de la ſeche Libye
Furent contraints porter leur Nauire affoiblie,
Leur mere ſoulageants, qui les auoit portés,
Et du deſir de l'or les auoit contentés
Sous ma guide touſiours, qui de leur nauigage
M'eſtois faite compaigne en tout ce grand voyage,
Fauoriſant ma Nef, qui apres par les Dieus
Tirée en hault fut faite vn aſtre de nos cieus.
 Or maintenant voyant que i'ay voulu me faire
De ton Paris peuplé Deeſſe tutelaire,
Des que ce grand FRANÇOIS vint gouſter nos douceurs,
Pere ſecond de moy, pere de mes neuf Seurs:
I'ay touſiours veu porter pour enſeigne honorable
De la felicité de Paris admirable.
La figure d'Argon, qui monſtroit vn deſtin
Que ceſte meſme Argon tu aurois en la fin.
I'ay ces iours obtenu de Iupiter mon pere
Qu'elle redeſcendroit, pour en ce tems proſpere
Te l'offrir, t'aſſeurant que par ſon grand moyen
Plus que n'eſt la Toiſon tu conquerras de bien,
Empliſſant tous les lieus de maint & maint trophée,
Ainſi comme le ſçait ce tout diuin Orphée,
Qui maintenant ton Nom deſſus ſon Lut ſonnoit,
Et qui iadis auſſi les Grecs accompagnoit:
Ainſi que ſçait Iaſon & ſes compagnons meſme,
Ayant bien veu là bas filer ton heur ſupreſme
Par les fatalles mains de ces trois ſeurs, qui font
Ou redefont ſans fin l'heur que les hommes ont.

IASON.

Ie ſçay meſme, qu'vn iour & la Toiſon dorée,
Et le ſceptre, & les biens, & la race honorée,
De ceus qui vont portant en leur col la Toiſon

Sentiront que HENRY *est leur fatal Iason,*
Apprenants que sans fin la celeste ordonnance
Donne à ceste grand Nau sur la Toison puissance :
Ceste Nau, qui non pas seulement en Colchos,
Mais aus deus bouts du monde emportera ton los.
Elle est encor parlante, elle est encor prophete,
Ce te sera des Dieus vne seure interprete,
Elle te donnera mouuement & conseil,
Et voguera tousiours d'vn superbe appareil.
Aumoins si tu fais tant que l'enuie contraire,
Ainsi que mille ventz ne luy puissent mal faire :
Si tu gardes aussi qu'Ignorance, qui suit
Bien souuent les Vertus aus quelles elle nuit,
Face sans y penser, tort aux hommes louables,
Aus hommes vertueus, aus hommes proffitables,
Comme, sans y penser, ie tuay quelquefois
Cyzique nostre amy, le meilleur Roy des Roys :
Si tu sçais bien sauuer en vn tel nauigage
Tout le peuple qui fait auec toy son voiage,
De Geans monstrueux, horribles, affamés,
Sans cesse sur le sang des petis enflammés,
Ou bien dessus leurs biens, comme nous-nous sauuasmes
Ce iour la qu'Amycus Cyclope nous tuasmes :
Si tu veus deliurer les pauures affligés,
Ayder aus souffretteus, venger les outragés,
Ainsi que Calaïs & Zethes, qui tuerent
Ces grands Oyseaus infaits, qui long tens tourmenterent
Phinee le prophete : ou comme Hercule fit
Alors que Promethee en franchise il remit :
Si par autre moien que par poisons horribles,
Et par meurdres villains, & trahisons terribles,
La riche Toison d'or tu t'attens d'aquester,
Plus vertueus que moy, qu'il ne faut imiter
En tout, & qui fu fin & faus de telle sorte,
Qu'est encores ici cil qui ma Toison porte[44] *:*
Si iamais tu ne veus, ó toy fidele Roy,
Rompre ni faire rompre aucunement la foy,
Ainsi qu'on la rompit à Medée insensée,

Quand elle fut par moy pour vne autre laiſſée :
Si tu te peus garder, toy qui es Roy prudent,
De maint flateur ſubtil, maint flateur impudent,
Qui courtiʒan de riʒ, de façon, de harangue,
Couure mille venins du dous miel de ſa langue,
Et qui, ſi tu n'eſtois vn bon Prince auiſé,
Rendroit ſur la Vertu le Vice autoriſé,
Plus trompeur que n'eſtoient les Serenes flatantes,
Dont i'échappay les vois doucement attrayantes,
Qui pour le beau loyer du ſon qu'ils ⁴⁵ *accordoient,*
Et ma vie & la vie à tous nous demandoient :
Brief ſi en toutes peurs, tous perils, tous orages,
Argon ta pauure Nef tu portes & ſoulages,
Comme dans la Lybie elle ſe fit porter,
Et comme tu la vois deuers toy r'apporter
Deſſus le dos courbé des Argonautes meſmes,
Qui paroiſtroient tous tels que ſont les ombres bleſmes
Des champs Elyſiens, où nous des long tens morts
Habitons maintenant, & n'auroient point de corps
Si Minerue n'auoit à voſtre humaine veüe
Accommodé la choſe. Eſtant donc ainſi veüe,
Si viuement, croiés que tous vous nous voyés,
Sans phantauſme, tous tels que voir vous nous croyés.
Tout ainſi par la mer quelquefois nous vogaſmes :
Tout ainſi quelquefois ce vaiſſeau nous portaſmes :
Et ſi on ne le croit qu'on oye le vaiſſeau
Parler au vieil Iaſon, & au Iaſon nouueau.

ARGON.

Iaſon mon plus cher fils, & la gloire indontée,
Quand i'eſtois ſur les eaus, de toute ma portée,
Si iuſques aus enfers deſcend l'affection,
Et ſi les Ombres ont aucune paſſion,
Pren vn peu de pytié de moy qui ſuis venue
Du ciel, où ie me ſuis par ſi long tens tenue
En aiſe & en repos : & il faut maintenant

Qu'on me voye cent maus & cent maus souftenant :
Toutesfois puisque c'est pour porter de tels Princes
Iusqu'aus dernieres mers, aus dernieres prouinces,
Ie veus bien supporter encore ce labeur.
Mais Mopsus, qui soulois predire le malheur
Et l'heur de mes enfans, ie te pri prophetise
A mon second Iason l'heur de son entreprise.

MOPSVS.

De ceste peine en bref ie te dechargeray,
Mere, & au lieu de toy ie prophetizeray
Ce qu'ont desia predit quelques Prophetes sages,
Que les François bien tost loin du monde à l'escart
Mettront au ioug le col de l'Anglois Leopard,
Et de l'autre costé rabatront l'arrogance
De ceux qui se font grands par ruze & alliance,
Faisant en fin la fin de l'Empire Romain,
Duquel le nom mourra sous leur fatale main.
Et qui ne le croira, que la raison il croye,
Apprenant que le ciel de terre en terre enuoye
L'Empire des humains, & que quand il permet
Vos humaines grandeurs croistre iusqu'au sommet,
Ce n'est sinon à fin qu'aussi tost il les baisse[10],
Comme monter en haut lentement il les laisse :
Cetui la des long tens est deia renuersé,
Semblable au pauure oiseau, qui sur terre blessé,
Allors que dedans l'aer s'ebranler il s'essaye,
Ne fait plus que trainer & son sang & sa playe.
Et si tu crains, ô Roy, que le François prochain
De la grandeur qu'auoit iadis le nom Romain,
Ne soit point heritier de la grand Monarchie,
Et que ton Croissant cede au Croissant de Turquie,
Tellement que lon vist vn grand Lion couché
Apres auoir long tems sur le ventre marché,
Pour épier sa proye, en s'élançant deffaire
L'Aigle & le braue Coq l'vn à l'autre contraire :

Affeure toy par moy que les Turcs mefme tiennent,
Que les frains de l'Empire entre les mains reuiennent
Des grans Roys indontés heritiers de Francus,
Par qui doibuent vn iour eus mefme eftre vaincus.
Mefmes qui te peut plus affeurer de ces chofes
Que fi deuant tes yeus Calais tu te propofes,
Et les derniers Lauriers dont apres vn malheur
Ce grand Prince Lorrain couronne ta grandeur?
Car cela feul deia te promet l'Angleterre,
Ou les deftins font faus : l'Angleterre & ta terre
Auecq l'Efcoce auffi, feront que chacun Roy
De l'Europe fera contraint flechir fous toy.
Et mefme en ce difcord qu'on verra bien toft naiftre
Pour l'Empire, il faudra que toy le plus grand maiftre,
Si tous les tiens au moins fcauent bien leur meftier,
Taches de ce grand rond auoir le tiers entier :
Si l'Europe tu as, les deus autres parties,
Veu qu'au pris de l'Europe elles font abruties
Et barbares, en fin par force & par moyens
Peu à peu couleront deffous la main des tiens :
Tant que fi feul tu n'as toute la terre baffe,
Tu te peus affeurer qu'vn iour l'aura ta race.
Voila ce que Calais, & le cueur aioufté
Aus tiens, peut aioufter à telle Maiefté.

IASON.

Argon f'en reiouit, Argon parmi la voye
En murmuroit tantoft vn long Io de ioye,
Oyant le bruit meflé de toute la cité,
Qui la porte en fignal de fa felicité.
Croy doncq' qu'elle eft ia prefte aux premieres conqueftes
Qui des vieus ennemis doiuent brifer les teftes.
Ne crain doncq' point, tu as des Deeffes & Dieus
Comme nous, pour ta guide & faueur en tous lieus :
Ta femme eft ta Iunon, ta feur eft ta Minerue,
Qui le droit de la noftre à bon droit fe referue:

Et bien que nous n'eussions autre support sinon
Que celui de Pallas, & celui de Iunon,
Tu as outre ces deus vne tierce Deesse,
Vne Diane archere, & chaste, & chasseresse.
Ce bon Roy Nauarrois, son ieune frere encor,
Te pourront bien seruir de Pollux & Castor.
Ce grand vaincueur de Guise est ore ton Hercule,
Qui sous toy, l'Espaignol outrepassant recule,
Calaïs & Zethes sont deus freres qu'il a,
De deus freres encor vn chacun choisira
Le nom qu'il lui est propre[17]*, & l'autre diuin frere*
Qui d'vn double conseil les affaires modere
Auecq la pieté, fera ton grand Typhis
Gouuerneur de la nef. Mesme ie voy ton fils,
Et d'autres ieunes Dieus, & tant d'autres Deesses,
Qui leurs faueurs rendront de tous malheurs maîtresses.
Voici nos rames, li dedans elles nos noms,
Et vien accommoder les noms des bons aus bons :
Nous les allons porter ensemble & leur nauire
La dedans, pour tousiours t'attendre, & te conduire
Par tout ou il plaira à ta grand Maiesté
Singler d'vn voile plain de la prosperité.

Voila qui estoit si mal fait, que ie dirois volontiers que tous ceus qui ont pris l'occasion au poil pour me peindre de toutes les couleurs qu'ils ont peu, deuroient plus tost apprandre en telles choses qu'y reprandre, n'estoit que ie me commande la modestie plus que iamais. Et aussi à la verité que ie ne l'estime point pareil à mes autres œuures que i'ay faits à loisir, mais ayant eu si peu de tens, & en ce peu de tens tant d'occupations, ie m'ebahi moymesme comme ie l'ay fait de telle sorte, & ou i'ay peu derober les heures pour le faire. Car i'ay cent tesmoins qui sçauent, que de ce que i'ay decrit, il m'a fallu soucier entierement de tout iusques à faire assoir la moindre feuille de lierre, tellement que tout ce que i'auois à reciter en ceste masquarade sous la personne de Iason, ie le composay mesme ce ieudi au matin, &

encore auois-je affés de tens pour en venir à bout, n'eftoit qu'on ne ceffa tout ce iour la de me rompre la tefte depuis le matin iufques au foir. Tant pour la nonchalance, mefpris, ou ignorance que fembloient auoir ces Parifiens de ce qui leur pouuoit apporter honneur, que pour le continuel empefchement que de moment en moment les maneuures me venoient donner. Qui pourroit croire en quel depit me mettoient quelques vns de ces meffieurs, qui penfans comme ie croy tout ce que ie faifois eftre des fariboles, fembloient ne fe foucier que des chofes dont leur cerueau fe rend capable ? Ie fçay bien que lon dira que ie ne deuois point entreprandre tant de chofes, & que ie me deuois contenter de bien faire & mener à meilleure iffue ce qu'on pouuoit principallement attendre de moy. Ceus qui parlent ainfi montrent bien le deffaut de noftre fiecle, qui fe contente feullement de la fimple apparence, comme fi lon deuoit recueillir la feuille ou l'efcorce pour le fruit ou pour le fuc. Car qui eft celui qui ait fi peu de iugement qui ne rie toutes les fois qu'il orra dire qu'on f'eft fi criminellement attaché à moy, en vne chofe qui n'eftoit faite que pour plaifir & rifée, & au rebours qu'on a laiffé paffer fi legerement toutes les chofes qui emportoient vne durable memoire ? Combien de fois ay-ie veu bailler de main en main auecque ceremonie, reciter auecques admiration, recueillir auecques vn foin nompareil, & louer auecques vne affection extreme, des infcriptions qui peut eftre eftoient moindres que celles que i'ay dites, n'euft efté l'authorité qu'elles empruntoient de quelque vieille ruine ? Toutesfois, tant la France eft curieufe de ce qui eft bon, chacun comme ie croy les a paffées fans les lire, & moitié par ignorance, moitié par malice, ceus qui n'ont efté que trop plains de parolles en ma faute, fe font trouués tous muets en mon merite. Mais prenons que cefte mafquarade que i'auois faite toute telle que vous l'aués leüe, ayt efté la plus mal recitée qu'on fçauroit imaginer, en quoy peut on auoir occafion de m'accufer? Si lon me refpond maintenant, pour ce qu'elle eftoit mal faite, certainement ie feray contraint de quiter ma caufe, moyennant qu'on produife de quoy, mais encore que le monde foit auiourdhui autant impudent qu'il eft poffible, ie croy que ie ne trouueray point de telles impudences. Si lon me dit, pour ce quelle eftoit mal acouftrée, ie tien deia mon proces pour tout gaigné, veu que chacun fçait bien que la iufte colere de voir ce que i'auois ordonné fi mal mis en œuure, me mit à bon droit hors de moy. Car me fentant autheur, fentant l'expectation qu'on auoit de moy, & voir qu'on m'auoit fait au lieu de rochers des clochers, qu'on m'auoit mequaniquement mefnagé les habits, qu'à l'heure mefme qu'il fallut partir plufieurs chofes deffailloient, que peut on penfer que ie deuinfe, fi l'on connoift le grand cueur que i'ay, finon furieus & demi mort, voyant apertement que i'eftois contraint d'aller en vn lieu, dont ie ne pouuois rapporter pour toute recompanfe, que ma courte honte & ma repentance eternelle? Si lon dit, pour autant que les acteurs eftoient mal choifis, quelle faute eut on aperçu en leur prolation naturelle, fi l'affeurance & la memoire euffent efté de mefme? Et comment, bon Dieu, euffe-ie cherché de bons acteurs, veu que les trois iours que i'auois d'efpace fe fuffent coulés à les chercher? Mefmement comment euft il efté poffible que ie les euffe peu façonner, veu que ie ne les fceu feullement faire repeter ce qu'ils auoient à dire fors le iour mefme, & encore à demi, voire vne feulle heure deuant le fouper? Et lors de quel remede n'vfay-ie? Ne retranchay-ie pas tous leurs rooles de tout cela ou ie les voyois hefiter? Que reftoit il donc de mon deuoir, fors que d'eftre Dieu & de commander à leur nature? Si lon dit que ie me deuois garder pour les conduire, fans faire moymefme l'vne des perfonnes & fans m'abaiffer iufques la, combien que i'y confeffe auoir vne grande faute, quelles raifonnables excufes n'ay-ie point? Premierement qui eft celui qui euft appris la perfonne de Iafon le iour mefme, comme le iour mefme ie fu contraint de la faire ? Secondement fçait on pas bien que pour cefte feulle caufe que ie m'y mettois, cinq ou fix gentils hommes miens amis furent des Argonautes muets, qui autrement n'en euffent point efté, defquels ie penfois decorer mon affaire, fi vn defaftre incroyable ne l'euft empefché de fe bien porter ? Tiercement qui doute que recitant moymefme auecques les autres, ie ne peuffe de beaucoup les foulager, fi le defordre & l'extreme colere ne m'euffent fait du tout perdre ? Et qui eft celui qui ignore combien de plus grands que moy fe font mis en France fur le theatre deuant fa mefme maiefté ? Si lon dit, que combien que la multitude & le defordre fuft fi grand, qu'on ne pouuoit quafi fe remuer dedans la falle, fi eft ce que ie n'auois pas preueu que ie ferois croiftre le defordre, faifant porter deus rochers & vne grande nauire auecques fon mas bien fort long, par vne entrée affés eftroite, & dedans vne falle qui n'eft pas des plus fpatieufes, qui feront ceus qui m'efcoutans vn peu, ne feront auffi toft contraints de m'abfoudre à bon droit, comme en ceci ils m'auront voulu condamner à tort ? Car quand à l'entrée i'y auois fi bien preueu & pourueu, que les rochers n'eftoient point plus longs qu'il falloit, & que le mas de la nauire f'oftoit & fe replantoit auffi foudain qu'on vouloit. Quand à la falle on m'auoit affeuré que les napes eftants leuées, les tables des deus coftés f'abattroient & que le Roy auecques fa compaignie tenant tout ce hault qu'on auoit fait plancheyer pour eus, tout le refte fe rangeroit des deus coftés deuers le hault, tellement que la moitié prefque de la falle me demeureroit tout vuide. Ainfi chacun euft veu à fon aife toute la mafquarade, fans qu'elle euft efté comme elle fut demi cachée dedans la troupe, mefme ceus qui auoient à prononcer, eftans la comme dedans vn theatre, ne fe fuffent pas fi toft troublés, comme ils firent, eftans quafi comme perdus dedans cefte multitude, & parlans iufques contre la face du Roy. Si lon me dit, qu'encore que tous les autres fe deuffent troubler, & mal faire leur deuoir, que ie de-

uois pour le moins, moy qui eſtois l'autheur, demeurer conſtant, & en bien faiſant reparer aucunement la
faute des autres : ie reſpondray deus choſes, premierement qu'il eſtoit impoſſible que ie le fiſſe, ſecondement
ſi ie l'euſſe fait, que i'euſſe mal fait. Car quand au premier, comment ſe pourroit il faire qu'vn homme ſ'eſtant
tourmenté par quatre iours, ayant quaſi perdu le repos
de toutes les nuits, ſ'eſtant mille fois extremement faché de ne voir ſon entrepriſe aller ſelon ſon deſir,
ayant la memoire embrouillée d'vne meſlange & confu-
ſion de choſes qui toutes ſe tiroient d'vn meſme ton-
neau, appellé à l'execution de ſon affaire auant quaſi que
d'eſtre à demi preſt, haſté par l'importune cririe & par
la neceſſité ſans aucun ordre & conſideration, renuerſé
& voyant renuerſer ſes gens l'vn ſus l'autre à l'entrée
du lieu ou il falloit aller, ayant eſté fort malade enuiron vne heure deuant & ſe trouuant encore fort mal
dedans le lieu meſme, eſtant contraint d'attendre ſes
gents vn à vn, & voyant tous ſes appareils rompus
auant que d'en rien faire, voyant demeurer des choſes
neceſſaires par le deſordre, ne trouuant preſque point
de place pour le reſte, voyant des le commencement
par la faute d'vne muſique ſe naiſtre vne rizée, voyant
meſme, qui eſt le pire du ieu, les premiers interlocu-
teurs qu'il auoit ſoulagés & aſſeurés faillir outre ſon
eſperance, euſt peu tellement ſe commander à ſoymeſme,
que de donter le courrous, l'apprehenſion, & la honte,
& au lieu de creuer & deſirer d'eſtre cent piés ſous
terre, montrer vn viſage impudent & vne vois de meurdrier entre tant de fautes, qui n'euſſent pas laiſſé pour
tout cela de lui eſtre imputées ? Il me ſemble, pour venir au ſecond point, que ſ'il fuſt auenu ainſi que ie
vien de dire, que i'euſſe eſté mille fois plus coupable que
ie ne ſuis, veu que chacun euſt penſé que demeurant
paiſible & aſſeuré, ie n'euſſe point connu les fautes : &
quand à moy i'ay eſté touſiours de ce naturel, de receuoir plus toſt ſur moy tous les blames du monde, que
l'ignorance ou la crainte : meſme ie fay iuges tous ceus

qui me virent en telle peine, s'il n'eſtoit pas facile de connoiſtre à ma morte contenance, qu'il n'i auoit rien qui me reſerraſt tous les ſens, que le iuſte depit, qui eut pour lors telle force ſur moy, que ie ne ſçauois ſi i'eſtois moy. Mais qui feroit, bon Dieu, celui la qui m'ayant connu le moins du monde, & m'ayant veu en tout autant aſſeuré qu'on ſçauroit eſtre, pourroit penſer que c'euſt eſté par vn eſtonnement que les grands me pouuoient donner, veu que ie ſuis tous les iours entre eus, & que deuant eus i'ay autresfois tant aſſeurement recité ? Se pourroit il encore trouuer quelcun, qui en accuſaſt la memoire & ma trop grande fiance en icelle, veu que ie ne fay iamais vers, que ie ne ſçache auſſi toſt par cueur que ie les ay faits ? Ie deduirois encore pluſieurs autres points, qui feroient autant tourner le tout en ma louange, comme quelques vns ont tâché de le faire tourner en mon vitupere, n'eſtoit qu'il me ſemble, que i'ay deia paſſé toutes les bornes de raiſon en ceſte mienne forme d'apologie, que ie ne me ſuis ſceu tenir d'entrelaſſer ici : & qu'en eſtant ſi long ie ferois penſer à vn chacun que la faute auroit eſté beaucoup plus grande, & de plus grand deſhonneur à moy qu'elle n'a eſté. Or ſçachent donq'tant les noſtres que les eſtrangers, ſi ceci vient iuſques en leurs mains, que combien que ceſte maſquarade ne fuſt point ni conduite ni recitée, comme ie le deſirois, ſi eſt ce toutesfois affin qu'on ne penſe point que du tout nous demeuraſmes, qu'elle fut entierement prononcée, excepté ce que i'en auois retranché parauant, tellement que le deffault feroit le plus petit qu'on ſçauroit dire, n'eſtoit que par l'extreme apprehenſion que i'en ay eüe, ie me le ſuis moymeſmes agrandi, tant la preſence d'vn Roy m'eſt ſainte, & tant la moindre faute que ie puiſſe faire, m'a ſemblé grande & preiudiciable de tous tens. Qu'on ſçache auſſi, que quand on ſe fuſt du tout arreſté, ſans en prononcer vn ſeul vers, que la choſe n'euſt pas eſté moins louable à cauſe de l'inuention, veu que couſtumierement toutes telles maſquarades ſont muetes, qui pourtant n'ont point moins de grace : & qui plus eſt quand elle n'euſt rien valu, ni quand à l'inuention, ni quand à l'action, que ie ne m'en deuſſe aucunement ſoucier, ni penſer que la gloire de mes autres inuentions en fuſt amoindrie, veu que ceſt vne choſe qui ne fait ſeullement que paſſer pour vn leger plaiſir, & de laquelle on ne ſe doit ſoucier qu'à l'heure preſente. Mais qu'on ſçache auſſi, que pour autant que Dieu m'a donné le cueur tel, que i'endurerois auſſi toſt vn elephant en mon œil qu'vne tache en mon honneur, il m'a eſté impoſſible de me garder d'vſer de beaucoup de parolles en ceci, veu que ni ma raiſon, ni les raiſons de tous mes amis ne m'ont perſuadé qu'à grand peine que ce deſaſtre fuſt peu de choſe. Auſſi que i'ay bien voulu en alongeant mon propos, montrer la pure verité du fait, affin qu'vſant de longue confutation en vne faute petite, ie face auſſi reconnoiſtre à toute la France ſa faute accouſtumée, qui en ce ſiecle ſe montrant & ingrate & enuieuſe tout enſemble, au lieu de ſupporter les bons eſprits qui l'honorent, ouure les yeus le plus ſeuerement qu'elle peut ſur les moindres vices, & s'aueugle inceſſamment en toutes leurs vertus. Apres que nous euſmes tellement quellement acheué ceſte maſquarade, qui eſtoit enuiron de quatorze perſonnes, à ſçauoir celles qui ont parlé auecq' dix autres Argonautes tous habillés à la matelote antique de blanc & de noir, qui ſont les couleurs du Roy, nous en fiſmes entrer vne autre qui ne parloit point, que i'auois deuiſée en telle ſorte, que la premiere ayant eſté des couleurs du Roy, ceſte ci ſeroit des couleurs de la Royne qui ſont blanc & verd, ce qui fut aſſés bien executé ſelon mon vouloir. Les perſonnes eſtoient la Vertu, la ſeconde la Victoire, la troiſieſme la deeſſe Mnemoſyne, qui ſignifie la Memoire : deſquelles la Vertu fort richement acouſtrée à lantique de meſme ſorte que les deus autres, auoit ſon acouſtrement ſemé d'eſtoilles, la Victoire de trophées, & la Memoire de ſerpens mordans leur queue. Auecques elles deuoient eſtre trois enfans nuds, comme fi ce fuffent efté de petits Amours ou de petits Ieus, dont les deus portoient deus paniers à l'antique façon, plains de toutes fleurs & parfuns meflés enfemble, auecques des eufs vuidés & remplis de toutes bonnes eaus de fenteurs, pour ieter deça dela pefle mefle & parfumer toute la compaignie. Le tiers deuoit auoir fon panier plain de couronnes arrangées l'vne fur l'autre, felon l'ordre de ceus & celles à qui lon les deuoit prefenter, & aufquels chacune couronne eftoit propre : comme au Roy la couronne de laurier, tant pour ce que nous le faifons auiourdhui le Phebus de la terre, que pource qu'apres tant de victoires nous le voyons de rechef fi brauement vaincre : à la Royne vne couronne de palme, laquelle elle porte mefme en l'vne de fes deuifes : à Madame feur du Roy vne couronne d'oliue, pour ce que nous la pouuons iuftement nommer noftre Pallas, à qui l'oliue a efté anciennement facrée, & pour ce qu'elle mefme en a pris la deuife, portant dedans vne targue Palladienne le chef de Gorgonne : à monfeigneur de Guife la couronne de peuplier, qui eft celle dont Hercule fe couronnoit apres fes combats, & que prenoient mefme les anciens vaincueurs apres auoir gaigné le pris deffus Olympe : à monfeigneur le reuerendiffime Cardinal de Lorraine vne couronne de lierre, pour ce que luimefme en fa deuife fe fait le lierre embraffant tout à lentour cefte grande Pyramide des François, qui commence deia de porter & fon chef & fa renommée iufques dedans le ciel : à madame la ducheffe de Valentinois la couronne ou de laurier ou de fleurs, l'vne pour ce que Diane fe peut bien couronner de la couronne de fon frere, & que le laurier eft toufiours appellé chafte à caufe de Daphné, l'autre que fes nimphes lui peuuent faire dedans les bois lorfqu'elle va chaffer : à Monfieur, à monfieur de Lorraine, à la Royne d'Efcoce, à Mefdames, des couronnes de mirte, qui font les couronnes de l'Amour. Toutes ces couronnes deuoient eftre prifes par la Vertu dedans le panier de l'enfant, & prefentées par elle mefme de la

forte que i'ay dite, en la prefence de la Victoire & de la
Memoire, dont la premiere, pour nous auoir efté tant
fauorable, eftoit la caufe d'vn tel prefent, & la feconde
eftoit pour en rendre perpetuel tefmoingnage à la pofterité. Ce prefent fait, la Vertu auecques vne harangue
conuenable à cela, deuoit prier le Roy de la mener dan-
cer, & les deus autres Deeffes deus autres Princes,
tellement que la dance commenceant deuoit faire paffer
le refte de l'apres-foupée en telle reiouiffance, qui eft
la fin couftumiere de tous les feftins. Cefte derniere
mafquarade euft mereuilleufement pleu, fi lon euft fait
tout ainfi que ie vien de dire, & ainfi qu'on fçait que
ie l'auois arrefté, mais au lieu d'enfans nuds, les
Parifiens mirent de leurs enfans veftus & bien peu
deguifés, tellement que les ailes & les trouffes que
deuoient auoir ces Amours, demeurerent au peintre.
Quand aus couronnes, encore que i'euffe dit que fi lon
n'en trouuoit de naturelles, qu'on en fift contrefaire de
toutes les fortes, on n'en recouura pas vne, fors celle
de laurier pour le Roy encore qui fut apportée bien
tard. On ne fçauroit dire combien ie fu marri de cefte
negligence, tant pour ce que ce prefent euft efté merueilleufement agreable, que pour autant que i'auois
deliberé de faire efcrire le plus proprement que lon euft
peu, dedans vn lien de tafetas qui euft lié les couronnes,
vn vers ou deus vers au plus, accommodés à tel prefent. Et me fouuient que i'auois deia fait ces deus pour
la couronne du Roy :

Magna tIbI Capto ConCessIt CVra CaLeto,
cinge comas, similes ianvs et annvs ervnt.

Le premier de ces deus vers eft numeraire, & pour
autant que le fecond contient que toute cefte année fera
autant heureufe qu'en a efté le premier mois, tant que
le Roy fe doit à bon droit couronner, i'ay compris
dedans les letres numeraires du premier ce nombre mil

cinq cens cinquante huit, qui eft le nombre de noftre année. Tous les autres vers qui deuoient eftre dedans les autres couronnes demeurerent à faire comme les couronnes à recouurer. Le refte de la mafquarade fe porta tellement que ie croy que la compaignie ne f'en mefcontanta point. Voila comme ie penfe tout ce qui fe peut recueillir de tout le labeur que i'auois pris pour penfer me montrer, en vne fi belle occafion, curieus de l'honneur de mon païs, & affectionné au feruice de mon Prince. Il ne me refte plus rien maintenant, fors de m'adreffer auecques toute l'affection que ie puis, aus maieftés, hauteffes, & excellences, des Princes, Princeffes, grands feigneurs, & grands dames de ce Royaume, pour les fuplier trefhumblement, puifque ayans efté tous fpectateurs de mon œuure ils en pourront bien auffi f'en faire lecteurs, de me faire droit en cefte caufe : & apres auoir, à l'imitation des dieus, receu la volonté pour le fait, & l'ordonnance pour l'execution, ne fouffrir plus dore en auant que les calomnies des enuieus tachent à me faire demeurer fus la tefte ce que ie ne meritay iamais. Les affeurant, que toutes les fois qu'ils voudront vfer de mon labeur en plus grandes chofes, & que le iufte efpace du tens me permettra de faire auffi bien que i'y auray de pouuoir & de vouloir, ie feray paroiftre à tous ceus qui dernierement ont fi bien demafqué leurs fauffes volontés encontre moy, que l'enuie qu'on a fur la Vertu ne raporte point d'autre fin ni d'autre loyer à fon homme, fors que le contraire de fon attente & la perpetuelle rage de fa vie. Ie chaftirois bien autrement ces meffieurs, en la fin de ce recueil, n'eftoit que ie ne veus point irriter les grands par cela, ni donner la moindre occafion à ces efcumeurs des oeuures vertueufes, de faire par ce moyen trouuer mauuais ce qui ne peut deplaire qu'à trois fortes de gens : à ceus qui font fi ftupides qu'ils ne peuuent rien fentir : à ceus qui font fi degouftés qu'ils ne peuuent rien fauourer : à ceus qui font fi malins qu'ils tachent de faire perdre le fentiment & le gouft des autres. Si ne les laifferay-ie point fi toft echaper, fans leur protefter par le vray Dieu, que fi iamais ils f'attaquent iniuftement à moy, ie hafarderay plus toft & l'efprit, & le cors, & les fortunes, que ie ne leur face connoiftre que l'homme de bien doit auffi toft mourir de mille morts que d'eftre vne feulle fois trahiftre à fa vertu. Ce qui me garde auffi de me piquer dauantage contre eus, ceft que ie croy certainement que toutes telles gens ne m'ont aucunement connu. Car qui eft celui fi mal né, qui me voyant franc & fincere en toute chofe, & fans aucune enuie, ambition, diffimulation, ou tromperie me vendre & me dependre moymefme pour l'ami, ait peu tellement forcer fa confcience que tâcher de me nuire? Qui eft celui auffi, qui fçachant que i'ay toufiours fait, & que je feray tant que ie viuray, vn bouclier de ma vie pour fauuer mon honneur, mefme qu'ayant receu de Dieu plus d'vn moyen pour faire repantir ceus qui me feront tort, i'aymeray toufiours mieus creuer que de ne prandre vengeance de telles iniuftices, ayt efté tant ennemi de foymefme que de me vouloir eftre ennemi fans raifon? Quand à quelques beftes & quelques impofteurs que ie fçay, qui ont à ce coup decouuert leur venin, pour autant que ie decouurois par tout leur maladie, qu'ils attendent pour tout certain de moy, ce qu'ils ont ordinairement connu en ma nature : ceft que i'ay toufiours tant aymé ma nation, que ie ne la fouffriray iamais defhonorer par ie ne fçay quels fatras dont on brouille le papier, & encores moins piper par impoftures : Et pour autant qu'en pourfuiuant trop haftiuement vn vice, on en encourt le plus fouuent vn autre, i'attendray que leur honte & confufion fe meurifle. Ie referueray auffi à dire de bouche, au tens & au lieu qu'il faudra, les indignités premierement, & fecondement l'ingratitude, defquelles ceus mefmes pour qui ie faifois, ont vfé enuers moy, ne voulant point faire part aus eftrangers de la barbarie des noftres. Ie fupliray feullement de tout mon cueur ma ville dont ie vien de parler, ou plus toft au lieu de ma ville toute la France, de n'eftre plus tant ennemie de foymefme, qu'on lui puiffe à bon droit reprocher qu'elle abufe ordinairement de tous fes meilleurs efprits. Ie iure Dieu que la refouuenance des pitiés que i'en ay veües, me fait prefque venir la larme à l'oeil : & me femble que i'oy les plaintes, & les execrations de nos bons vieus peres, que Dieu a retirés de ce monde, qui n'ayans point eu en leur fiecle la felicité que nous auons, deteftent la meconnoiffance & la peruerfité du noftre. Que l'on reconnoiffe donques fi nous ne fommes du tout aueuglés, ce bon heur que Dieu nous donne, que lon acquiere ce threfor, que lon iouiffe de cefte volupté, qu'on reçoiue & qu'on goufte ce qu'on cherche & qu'on defire, qui eft le moyen de fe perpetuer : & fi tu voulus iamais rien faire pour toy ô France, ie te prie & reprie de rechef que tu faces aus letres & à la vertu le traitement dont toymefme tu les confeffes eftre dignes. Et allors, encore que ie fuffe le plus miferable de tous, vn fi heureus changement me feruant d'affés fuffifante recompanfe, m'encouragera de telle forte & moy & mes femblables, que la bonté de tes Princes ne doit efperer de nous vne moindre recompanfe que l'accroiffement de leur gloire, la commodité de leur vie, & l'immortalité de leur renommée.

A SA MVSE.

CHAPITRE.

Tu sçais, o vaine Muse, o Muse solitaire
  Maintenant auecq moy, que ton chant qui n'a rien
  Du vulgaire, ne plaist non plus qu'vn chant vulgaire.
Tu sçais que plus ie suis prodigue de ton bien,
  Pour enrichir des grands l'ingrate renommee,
  Et plus ie pers le tens, ton espoir & le mien.
Tu sçais que seullement toute chose est aimee,
  Qui fait d'vn homme vn singe, & que la verité
  Sous les piés de l'Erreur gist ores assommee.
Tu sçais que l'on ne sçait ou gist la Volupté,
  Bien qu'on la cherche en tout : car la Raison suiete
  Au Desir, trouue l'heur en l'infelicité.
Tu sçais que la Vertu, qui seulle nous rachete
  De la nuit, se retient elle mesme en sa nuit,
  Pour ne viure qu'en soy, sourde, aueugle & muete.
Tu sçais que tous les iours celuila plus la fuit
  Qui montre mieus la suiure, & que nostre visage
  Se masque de ce bien à qui nostre cueur nuit.
Tu sçais que le plus fol prend bien le nom de sage
  Aueuglé des flateurs, mais il semble au poisson,
  Qui engloutit l'amorse & la mort au riuage.

Tu fçais que quelques vns fe repaiffent d'vn fon,
Qui les flate par tout, mais helas! ils dementent
La courte opinion, la gloire, & la chanfon.
Tu fçais que moy viuant les viuans ne te fentent,
Car l'Equité fe rend efclaue de faueur :
Et plus font creus ceus la qui plus effrontés mentent.
Tu fçais que le fçauoir n'a plus fon vieil honneur,
Et qu'on ne penfe plus que l'heureufe nature
Puiffe rendre vn ieune homme à tout œuure meilleur.
Tu fçais que dautant plus, me faifant mefme iniure,
Ie m'aide des Vertus, affin de leur aider,
Et plus ie fuis tiré dans leur prifon obfcure.
Tu fçais que ie ne puis fi toft me commender,
Tu connois ce bon cueur, quand pour la recompanfe
Il me faut à tous coups le pardon demander.
Tu fçais comment il fault gefner ma contenance,
Quand vn peuple me iuge, & qu'en depit de moy
I'abaiffe mes fourcis fous ceus de l'Ignorance.
Tu fçais que quand vn Prince auroit bien dit de toy,
Vn plaifant f'en riroit, ou qu'vn piqueur Stoïque
Te voudroit par fotie attacher de fa loy.
Tu fçais que tous les iours vn labeur poëtique
Apporte à fon autheur ces beaus noms feullement,
De farceur, de rimeur, de fol, de fantaftique.
Tu fçais que fi ie veus embraffer mefmement
Les affaires, l'honneur, les guerres, les voyages,
Mon merite tout feul me fert d'empefchement.
Bref, tu fçais quelles font les enuieufes rages,
Qui mefme au cueur des grands peuuent auoir vertu,
Et qu'auecq' le mepris fe naiffent les outrages.
Mais tu fçais bien auffi, pour neant aurois tu
Debatu fi long tens, & dedans ma penfee
De toute Ambition le pouuoir combatu,
Tu fçais que la Vertu n'eft point recompanfee,
Sinon que de foymefme, & que le vray loyer
De l'homme vertueus, c'eft fa Vertu paffee.
Pour elle feulle donq ie me veus employer,
Me deuffé-ie noyer moymefme dans mon fleuue,

Et de mon propre feu le chef me foudroyer.
Si donq' vn changement au reſte ie n'epreuue,
  Il fault que le ſeul vray me ſoit mon but dernier,
  Et que mon bien total dedans moy ſeul ſe treuue:
Iamais l'Opinion ne ſera mon colier.

L'HYMENEE

DV

ROY CHARLES IX[48]

AV ROY,

AV NOM DE LA VILLE DE PARIS,

SVR LA PAIX DE L'AN 1570.

I.

Minerue se peut dire auſſi bien gardienne
   De mes murs, de mon nom, de mes arts, de mon heur,
   Qu'elle, fille du Dieu qui des Dieux eſt Seigneur,
   Fut garde de la ville, & gloire Athenienne.
Bien qu'elle ſoit armee en ſa ville ancienne,
   Par la tranquille oliue ell' emporta l'honneur
   Sur le Cheual guerrier, dont vn Dieu fut donneur,
   Par ſon offre effaçant l'offre Neptunienne.
Si Minerue me fait comme à ſa ville auoir
   Force & conſeil en guerre & en paix, mon deuoir
   C'eſt de rendre à mon Roy tout l'heur qu'elle m'y donne.
Si donc moy, ta ſuiette, ay veu que tu te plais
   En la paix, ie te doy l'oliue de la paix,
   Attendant qu'vn laurier plus parfait te couronne.

II.

De quatre dons Amour, Pallas, Phebus, Mercure,
  Auoyent voulu ta paix marquer & asseurer :
  L'amour sainct d'vn flambeau te vouloit honorer,
  Pour les tiens vers les tiens enflammer d'amour pure :
Pallas vouloit t'orner (monstrant la paix qui dure)
  De l'arbre Athenien : Phebus te decorer
  De son arc, dont il vient sur les Monstres tirer,
  Pour de nos vices faire ample déconfiture :
L'autre donner sa verge, à fin qu'à tout iamais
  Nos maux on en charmât : mais en vain seroient faits
  Tous ces dons, car il faut que ta iuste pensee
Pour ardre, vnir, purger, ou assoupir ainsi
  Par sainct zele, accord, force, & charme, serue ici
  De flambeau, d'oliuier, d'arc, & de caducee.

III.

Pour monstrer que la paix (qu'ainsi comme tu veus
  Deuote ie reçoy) te vient du Dieu supreme,
  Et que toy, SIRE, autant pour nous que pour toymesme
  L'as requise auec zele, & prieres, & vœus :
Ie diroy volontiers qu'onques entre ces deux,
  Le vueil d'vn Roy Chrestien, & le veuil de Dieu mesme,
  Difference il n'y a : car Dieu prend soing extreme
  Des Rois, & dans sa main tient tousiours le cœur d'eux.
Mais si durant ta paix tu guerroyes le vice,
  Redressant tout autant Pieté que Iustice,
  Chassant auec tes cerfs tout crime detesté,
Tachant les foruoyans r'appeller en la voye,
  Tu prouueras au vray qu'en la paix qu'il t'enuoye,
  Dieu d'vn cœur tout semblable à ton cœur a esté.

IIII.

Par mes feus iuſtement ie teſmoigne la ioye
  Que i'ay ſentant mon Roy s'étreindre d'vn beau nœu,
  Et luy meſme eſtre plein de maint & de maint feu,
  Qui en terre & au ciel diuerſement flamboye.
Sa pieté, ſon droit, ſon eſpoir qui verdoyë,
  Tout preſt à meurir, pouſſe au ciel maint ardent vœu :
  Par addreſſe & valeur ſon renom peu à peu
  Iette des feus qu'aux bouts de la terre il enuoye.
Le ſainct feu qu'Hymen donne à ſon cœur vient des cieux,
  En terre ſon cœur prend vn autre feu des yeux
  De ma Roine, & tel feu tous les autres excite.
Or comme tous mes feus de ioye vont en haut,
  Que leur vertu flambante aille au ciel, car il faut
  Que par le ciel la terre en ſente le merite.

V.

Pour vrayment m'éiouir ie ne quiers que dans moy
  Le ciel en ce ſainct iour tranſmette la lieſſe,
  Et que ce dieu qu'on feint ſans fin eſtre en ieuneſſe,
  De ſes Tygres tiré, me l'amene auec ſoy :
Dans mes murs ie n'appelle Hymen, Iunon, la Foy,
  Venus, l'Amour, le Ieu, le Ris, & la Careſſe,
  Qu'auiourd'huy tout tel Dieu, toute telle Deeſſe,
  Soyent aux lieux où Hymen doit étreindre mon Roy :
Mais ie quiers que la paix n'agueres reuolee
  Dans moy, pour conſoler la France deſolee,
  Etreigne autant ſon nœu qu'Hymen étreint le ſien :
Ou ſi la paix ne peut reſter ferme en la France,
  Ie quiers qu'Hymen eſtrangle en ſon nœu d'alliance,
  Des faux ſuiets l'effort qui nous vole vn tel bien.

VI.

Qu'Hymen, Amour, le ciel, de foy, d'ardeur & d'heur
   Leur ioigne, enflamme, illuſtre, & corps, & cœur, & vie,
   Tant qu'à nul change, ou haine, ou deſaſtre aſſeruie
   Soit oncq leur alliance, & chaleur, & ſplendeur :
L'accord qui vient des dieux, la flame, ou la grandeur,
   Ne craint diſcord, froideur, ny du bas ſort l'enuie,
   Dont ſouuent eſt rompue, eſteinte ou toſt rauie,
   D'Hymen, d'amour, du ciel, l'influence ou l'ardeur.
Si aux grands le haut ſang lie, allume, & bien-heure
   Tel laqs, telle ferueur, telle faueur, pour l'heure
   Vertu l'étreint, l'embraſe, & proſpere encor mieux :
Ce lien royal donc, cet amour & hauteſſe,
   Ferme, extreme, & ſupreme, en tout vainque ſans ceſſe
   Tout nœu, tout feu, tout don, d'Hymen, d'amour, des cieux.

VII.

Extreme eſt la grandeur de l'vn & l'autre ſang :
   L'vn aiouſte à ſon tige illuſtre d'Allemagne,
   Entre autres les maiſons de Bourgongne & d'Eſpagne,
   Et du Romain Empire & le nom & le rang :
L'autre ſans fin des loix, fors que des ſiennes, franc,
   Tout ſang Chreſtien deuance, & par ſon Charlemagne
   A ſon beau lis doré l'Aigle noir accompagne,
   Lis qui meſme ſans tache eſt pareil au lis blanc :
La race donc des deux, la beauté, la ieuneſſe,
   L'heur & la ioye iſſant de malheur & triſteſſe,
   Et le long temps qu'Hymen par vn premier amour
N'étreigneit vn mien Roy, meritent qu'on ordonne
   Tout vn an pour tel iour celebrer, & qu'on donne
   A tous les ans d'apres la feſte d'vn tel iour.

VIII.

Combien que Mars, ce semble, & Prince & peuple rende
   Appauuri, la grandeur du Roy, du pays sien,
   L'heur fertil, qui du mal semble croistre son bien,
De ces nopces encor rendront la pompe grande.
Mais ie sçay que d'vn Roy la haste qui demande
   Le but d'vn tel desir, & le temps qui à rien
   Ne me semble commode, & le lieu que ie tien
   Mal propre à receuoir & l'vne & l'autre bande,
Ont fait que de beaucoup telle pompe ait esté
   Moindre que n'en estoit du Roy la volonté :
   Mais il faut transferer de Spire & de Mezieres
L'entier decorement de ces nopces en moy,
   Qui à ma Roine puis monstrer, que de mon Roy,
   Mars, ce semble, ialoux, sur son heur ne peut gueres.

A LA ROINE MERE DV ROY.

Soit donc par ta main digne à mon Roy consacree
   L'offrande de ces vers, que d'vn beau vœu i'ay faicts
   Au nom de si grand' ville, en exaltant la Paix,
Le Royal mariage, & l'vne & l'autre Entree.
Mon Roy croit la faueur des hauts Dieux rencontree
   En ces trois heurs diuers, sortir de tes effects :
   Il faut donc qu'vn present que sur ces trois tu fais,
   Ainsi que le present des trois heurs luy agree.
Or si apres auoir par armes deffendu
   Son estat, par la paix calme tu l'as rendu,
   Si pour croistre son heur son espouse est fatale :

Fay qu'à luy, qu'à la Royne, on iuge encor tant d'heur,
Qu'eux d'eux entrant dedans leur ville capitale,
Hors des flots foyent entrez au port de leur grandeur.

VERS CHANTEZ ET RECITEZ

A

L'HYMENEE DV ROY CHARLES IX.

VERS INTERCALAIRES CHANTEZ ET SONNEZ
PAR TOVTE LA TROVPE DES MVSICIENS.

Puis que de ces sept Dieux la conduite decore
L'heureux Hymen, qui va sainctement attachant
Deux cœurs royaux ensemble : il faut que nostre chant
Les Dieux, le Roy, la Roine, & leur Hymen honore.

VERS RECITEZ ET CHANTEZ PAR LA PREMIERE MVSE
DV PREMIER RANG.

Ces Dieux veulent que nous, les neuf filles du Dieu
Qui presque à tous ces Dieux, ainsi qu'à nous, est pere,
Sous nos sons, sous nos chants conduisions en ce lieu
Ceste arriuee autant nouuelle que prospere.
Ces sept Dieux sont seigneurs des ronds de l'vniuers :
Neuf vers doncques ie chante à neuf suiets diuers :
Les sept à ces sept Dieux gouuerneurs, le huictiesme
Au grand Hymen qui suit : le neufiesme à nous mesme,
Qui toutes neuf ornons tels Hymen par nos vers.
  Puis que de ces sept...

LA PREMIERE MVSE DV SECOND RANG.

Charles qu'Hymen étreint d'vn lien sainct & dous,
  Estant de nom neufiesme entre les Rois de France,
Maintenant de ces Dieux, & d'Hymen, & de nous
  Reçoit neuf grands faueurs en sa grande alliance.
La Lune offre grand fruict : Mercure offre les arts :
  Venus l'amour : Phebus toute splendeur, & Mars
Grand victoire promet : Iupiter grand richesse,
  Et Saturne exalté promet grande hautesse :
Hymen grand ioye, & nous grands los en toutes parts.
  Puis que de ces sept...

LA PREMIERE MVSE DV TIERS RANG.

Par moy de ces neuf sœurs, auecques ces neuf vers
  Charles, sa chere espouse, & l'Hymen qui les serre
Ayent encor neuf dons : trois fleurs, six rameaus vers,
  Laurier, Myrte, oliuier, cedre, palme, & lierre,
Oeillets, roses, & lis : pour victoire, amour, paix,
  Pour santé, pour iustice, & science en leurs faits :
L'œillet soit pour grandeur, la rose pour plaisance,
  Leur lis pour grand espoir, puis qu'à eux l'influence
Des neuf cieux ces neuf dons par neuf Muses a faits.
  Puis que de ces sept...

CLEION.

Outre ces sons, ces chants sortans d'instrumens d'or,
Et de celestes voix, oyez ces vers encor
De moy Cleion, qui suis des Muses la premiere :
Ces Dieux qui du Soleil empruntent leur lumiere,
Ainsi que tout cela qui peut auoir en soy
Grand' splendeur entre vous, l'emprunte de son Roy,

Ordonnent que la cauſe aux dames ie declare
De leur deſcente ainſi pompeuſe, heureuſe, & rare :
Car ils ont dans leurs chars tel ſuperbe appareil
Que quand leurs grans flambeaux enflammez du Soleil
Au ciel inceſſamment dans leurs cercles ils guident,
Et par eux ſur vos maux & ſur vos biens preſident :
Non que ce ſoyent les chars celeſtes de ces Dieux,
Ny les meſme animaux, qui dans leurs diuers cieux
D'vn corps ſimple & ſubtil tirent ces chars, qui paſſent
Sans frayer leurs ſentiers que par reigle ils compaſſent.
Car tous ces Dieux eſmeus des cauſes & des fins
Que pour vous ils voyoyent en leurs heureux deſtins,
Font ceſte pompe expres dreſſee en telle mode,
Qu'à vos yeux, qu'à vos ſens l'appareil s'accommode :
Chaſque dieu toutesfois imitant tout cela,
Que propre à ſoy là haut dedans ſon cerne il a,
L'œil mortel reçoit bien la plus pure figure
De ce qui eſt diuin, non la pure nature.
Car au ciel qui n'a rien en tout ſon Globe entier,
Qui tant ſoit peu puiſſe eſtre & maſſif & groſſier,
Des animaux, des chars, des palais la matiere
Eſt faite d'eſprit pur, de flame & de lumiere,
D'argent & d'or ſubtil, argent & or pareil
A celuy de la Lune & celuy du Soleil,
Et ſi quelque couleur s'y meſle, elle eſt pareille
A ces couleurs ſans corps qu'a l'Aurore vermeille,
Ou qu'Iris l'arc du ciel par le Soleil reçoit,
Ou qu'au Soleil couchant ſouuent on apperçoit,
Qui tout autour de ſoy bigarre vn beau nuage,
Et par ces ombres fait embellir ſon image.
C'eſt pourquoy tous ces chars, tous ces animaux ci,
En or & en argent, & en couleurs auſſi,
Et preſque en mouuemens, en ſplendeurs, & au reſte
Imitent quaſi l'ordre & matiere celeſte.
L'appareil ample & digne, & propre à chacun Dieu
S'eſt fait tel que voyez pour en temps & en lieu
Qui ſeroit propre, orner vn ſi haut mariage,
Qui auroit ia lié de foy, corps & courage,

Telle espouse heroïque à l'heroicq espous,
Qui sur vous estant Roy la fait Roine sur vous.
   Ils accompagnent donc de faueurs & presence,
Hymen, qui à tel nœu donna telle excellence :
Ce qu'ils font par Destin qui leur fait faire honneur
Au grand Hymen, duquel ils ont sçeu le bon heur.
   Or le temps & le lieu de telle pompe extreme
Fut alors aresté, qu'vne ville supreme
Non dessus les citez de France seulement,
Mais sur celles qu'enclost Neptune entierement,
Verroit en soy sa Roine heureuse, sage & bonne,
Qui au chef ce iour mesme auroit pris sa couronne,
Ce qu'ores vous voyez : mais pource que les lieux
Où ce hautain proïet fut resolu des Dieux,
Les causes qui ont fait telle pompe conclure,
La suite de la pompe, & la gloire future,
Qui doit auec tout heur sortir de chasque don,
Dont chacun de ces Dieux bienheura le brandon
De ces nopces sur tous les Royaux mariages,
Et mesme d'vn chacun des Dieux les tesmoignages
Qu'ils veulent rendre ici de leurs vouloirs tant bons,
Me seroyent maintenant à declarer trop longs,
I'ay voulu de ces Dieux outrepasser encores
Le vueil, en escriuant dedans ce liure qu'ores
Ie te presente, ô Royne, au long l'entier discours.
Or ly donc & retien, mesme auec luy tousiours
Des Muses les labeurs vueille auoir aggreables,
Autant qu'auec ces dieux tu nous as fauorables.

A LA ROYNE.

Par les Muses mesmes.

Ainsi que c'est à nous à chanter de nos vois,
Entonner dans l'airain, toucher de doctes dois,
Vn heur qu'il plaist aux Dieux pour vn beau siecle eslire :
Ne plus ne moins s'il faut pour le futur l'escrire

Aux grands Rois fils des Dieux, aux grands Roines auffi,
Qui en tel heur des dieux font le premier fouci,
Ce n'eft auffi qu'à nous de l'efcrire en tel ftile,
Que prefque à Rome eftoyent les vers de leur Sibylle.
Car cela dependant du deftin incogneu,
Et parauant fecret entre les Dieux tenu,
Ne peut eftre argument des hommes, quand la Mufe
Sur tous auroit en eux des vers la grace infufe,
Pour aux fiecles fuiuans les heurs futurs pouuoir
Faire cognoiftre, il faut cognoiffance en auoir :
Ce qui n'eft qu'aux Dieux propre : A nos forces hautaines
Soit le diuin fuiet, & l'humain aux humaines.
Tous les vers Sibyllins qui reftoient, & ceux là
Que la Sibylle encor deuant Tarquin brula,
Venoient vrayment de nous, qui les Sibylles fommes,
Interpretes du vueil des Dieux aux dignes hommes.
   En vers iadis eftoient les Oracles diuers,
Et feules nous auons puiffance fur les vers :
S'il fort de l'ame humaine aucun vers prophetique,
Nous l'infpirons tout fait dans l'ame poëtique,
Qui en ce fait fi prompt fent bien pluftoft l'effet,
Qu'aucun égard, difcours, ou bien trauail du fait.
Car nous, & nos beaux arts, qui l'ame au ciel emportent,
Faifons que d'elle apres des voix celeftes fortent :
De nous elle eft l'organe, & fi ce bon heur n'eft
Dedans vn vers, il meurt tout auffi toft qu'il naift.
Tout ouurage, où par nous fe fouffle vigueur telle,
Ha fa vie auffi bien que la noftre immortelle :
Mais en ce fait (ô Roine) où la pofterité
Doit admirer fans fin l'eftrange rarité
Du haut deffein des Dieux, qu'vn grand deftin fit naiftre,
Ie croy qu'onc à cela rien pareil ne peut eftre.
Donc de fi rare emprife, & fi merquable à tous,
L'execution digne & haute (qui à vous
Auec fi grand merueille auiourdhuy fe prefente,
Qu'elle furpaffe en tout de tous Rois toute attente,
Qu'ils pourroient prendre en foy des faueurs, dont les dieux
Voudroient vn grand Hymen fauorifer le mieux)

Merite bien, qu'ainſi qu'on voit eſtre celeſte
De ces celeſtes Dieux la muſique, qu'au reſte
De ce qui peut aider à remarquer ſans fin
Si nouuelles faueurs, rien n'y ſoit que diuin.
Les grand's cauſes auſſi qui tous ces Dieux eſmeurent,
Lors que par tel deſtin tel deſſein ils conclurent,
Pour apres tant de maux dans la France honorer
Vn bien, dont on pouuoit tant de biens eſperer :
Meſme la conuenable & durable memoire,
Que requiert de ce fait la memorable gloire,
Qui par ces Dieux ſe rend ainſi grande, d'autant
Qu'Hymen va tous ſes nœus en ce nœu ſurmontant,
Par tant d'heurs que reçoit non ſeulement la France,
Mais bien la terre entiere en ſi digne alliance :
Et pour fin noſtre iuſte & couſtumier deuoir,
Qui ſacre au vueil des Dieux des Muſes le pouuoir,
Font que tant pour le ſiecle auenir, que le voſtre,
Ces vers n'ayent requis autre main que la noſtre.
 Enten les donc, MADAME, *& meſme à ce grand Roy*
Ton eſpoux, à la Roine auſſi, qui pres de toy
Apparoiſt tout ainſi qu'entre les Dieux Cybele,
Quand mere elle ſe voit d'vne race tant belle,
Dont preſque approche en traits, en hauteſſes, en heurs
De celle ci la race : à ſes filles tes ſœurs,
Dont au grand Duc Lorrain ſe voit coniointe l'vne,
L'autre, peut eſtre, encor attend plus grand' fortune :
A toute Dame auſſi qui eſt, ou ſera pres
De ta grand maieſté, fay les entendre apres.
Si des Muſes la bande en eſt la chantereſſe,
Si enuers ſi grand Roine vn ſi grand chant ſ'addreſſe,
Si le ſuiet ſurpaſſe en ce qu'il contiendra,
Tous ſuiets, rien iamais au monde il ne craindra.
Nous dépitons l'orgueil, l'enuie, l'ignorance,
Le ſort, le tort, la mort : & quant à l'oubliance,
Nous ſommes de Memoire & la race & le ſoin,
Qui pres de nous bannit ſa contraire bien loin.
 Ces Dieux ont veu l'heureuſe & haute deſtinee,
Qui ſort de leurs aſpects pour tel grand Hymenee,

Qui, sa couple estant faite, ici deuoit venir,
Pour auoir plus grand pompe à tout iamais benir
Ce sainct nœu, qui surmonte encor toute alliance,
De la race d'Austriche à la race de France :
Car CHARLES qui a pris ELIZABET, ainsi
L'vn Roy fils de grands Rois, l'autre qui sort aussi
De Rois, & d'Empereurs, doit auec elle luire
Dessus tous les flambeaus de ces Dieux, qui conduire,
Orner, & prosperer ont voulu ce Dieu sainct,
Par qui CHARLES auec ELIZABET s'étreint.
Vous diriez, tant leurs feus de conionctions prennent,
Que pour telle alliance allier ils se viennent,
Si generalement, que d'opposition
Aucune ne se rompt telle conionction.
  Les Royautez qui sont des deitez prochaines,
Emeuuent plus des Dieux les faueurs ou les haines,
Soit pour voir la grandeur des Rois, ou pour sentir
Ce qui en peut de bon ou de mauuais sortir :
Ce qu'encore sur tout au mariage ils gardent.
Car aux branches autant qu'aux tiges ils regardent,
Vers les rameaus petits, ou vers les tiges hauts,
Continuant la suite ou de biens ou de maux,
Ou changeans l'vn en l'autre, ou ramenans le change
Du bien au plus grand bien, du mal au mal estrange,
Dont les Dieux prennent bien, ou plaisir, ou pitié :
Mais leur destin n'a point de haine, ou d'amitié,
Inflechissable il suit, & les Dieux pitoyables
Ne se font point pourtant par pitié flechissables :
Long temps ils te l'ont fait (pauure France) esprouuer.
Car combien que pitié se peust en eux trouuer,
Pour tes guerres, tes maux, crimes, meurdres, outrages,
Horreurs, saccagemens, ruines, où tes rages
Aueugles te poussoyent, ferme estoit le destin,
Qui de tes propres mains mesme à ta propre fin
Sembloit te trainer presque, alors que l'oubliance
De Roy, de loy, de sang, d'amitié, d'alliance
Tenoit vos cœurs saisis, & qu'on recommençoit
Tant de fois ce qu'au vray sa ruine on pensoit.

Car apres que du fort l'orageuse tourmente
D'horribles coups de mer, presque auoit toute attente
De ton salut chassee, on voyoit bien souuent
L'air serain, l'onde calme, & paisible le vent :
Mais c'estoit pour soudain te ramener au double
Le vent, le flot, & l'air, plus aspre, fier, & trouble.
On a veu mesme apres si diuers changement,
Du grand effort dernier l'aigre redoublement,
Par effroyable heurt & bourrasque importune,
De plusieurs de tes grands la nef, & la fortune,
Et la vie engouffrer, tant qu'ainsi s'annonçoit
Ton salut, ou ta fin du tout se prononçoit :
D'autant, ou que les Dieux mollissoyent leur courage
Receuans telle amende, ou qu'apres tel orage
Tu ne pouuois iamais ton vaisseau rehausser,
Qui plein d'eau se voyoit desia presque enfoncer.
On voyoit mesmement que les peuples estranges,
De ton nom, de tes faits, de tes heurs, & louanges,
Et du sceptre si beau de tant & tant de Rois,
Qui à ces peuples mesme auoient donné tes lois,
Ne pensoyent plus rien voir quasi que les reliques
Pendans encore au flot de tes troubles Galliques,
Qui pleines dedans soy de leurs propres éclats,
Sans voile, ancre, timon, hune, cordage, & mas,
Sembloyent a tes voisins pour vn temps rachetees
Des foudres, tourbillons, & vagues depitees,
De ciel, d'air, & de mer, à la merci des eaux
Abandonnees presque : & bien que tes vaisseaux
Fussent grands, & encor fort armez, maint corsaire
Proiettoit son proffit de ton dommage faire :
Et maint estant, ou bien paroissant estre humain,
Par zele, ou autre égard tendoit aux tiens la main :
Maint aussi se voyant presque en telle tempeste,
Tachoit qu'elle restast entiere sur ta teste,
En son abri si fort se serrant, & s'ancrant,
Que le volant orage en luy n'allast entrant.
Aux autres, d'vne sorte ou d'vne autre accusee,
Tu seruois de pitié, d'exemple, ou de risee,

Sans voir que tout autant leur en pendoit à l'œil,
Sans voir mesme la part qu'ils auroyent en ton dueil.
Dans nous aux maux d'autruy vient pluſtoſt malvueillance
Que pour autruy ſecours, & pour ſoy pouruoyance.
Mais ſoudain (tel auoit des Dieux eſté le ſoin)
Les contraires deſtins ſe trouuans au beſoin,
En temps calme & ſerain vindrent tourner la rage
Du fortunal eſtrange, & le prochain naufrage,
En ſeurté de vray port, voire auſſi le mépris,
Que precipitément l'eſtranger auoit pris,
En admiration, en amour, ou en crainte
De ta claire grandeur, qui ſoumiſe ou eſteinte
Ne peut eſtre iamais, ains qui peut faire choir
(Peut eſtre) deſſous ſoy tous ceux qui voudroient voir,
Aider, ou haſter meſme en elle vne ruine :
Grand eſt l'appuy qui ſort d'ordonnance diuine.
Tout eſtat qui ſe doit hauſſer plus qu'il n'eſt pas,
Se hauſſe meſme alors que lon le croit plus bas.
Car pour l'heure le ciel, qui fit la Paix deſcendre,
Par tel deſtin proſpere vn moyen luy fit prendre
Plus grand qu'elle n'euſt oncq' d'amollir peu à peu,
Deſaigrir, amortir, le cœur, le fiel, le feu
Des François acharnez : penible & long affaire,
Qu'elle ia deſcendant par deux fois ne peut faire :
Et ce qu'au premier coup faire encor ne pourroit,
Lors qu'à la tierce fois deſcendre on la verroit.
Mais ce deſtin ſi doux dont elle print puiſſance,
D'heure en heure en cela luy fait prendre accroiſſance,
Tant que la rendant ſtable auec ſa fermeté,
Il eſtablit les heurs qui en elle ont eſté
Deſtinez par le ciel : deſquels ce mariage
Tant haut, & tant heureux, ne ſert pas de preſage
Seulement, mais d'entree & ſeur auancement :
L'heur ſans fin l'heur attire. Or quand fatalement
Telle Paix deſcendit, les Dieux qui l'enuoyerent
D'vn tel bien reſiouis, tout ce iour ſe trouuerent
Chez le Pere Ocean.   *

L'ABONDANCE.

Au Char de la Lune.

La nature ſans fin ie rens belle & feconde
 Moy qui ſuis l'Abondance, & pour elle portant
 Ma riche corne en main, dont tout fruict va ſortant,
 l'aide, i'orne, i'empli, ſon ſoin, ſon art, ſon monde :
Mais celle là qui fait que plus ma corne abonde,
 C'eſt de Phebus la ſœur, qui du frere empruntant
 Ce grand luſtre, qui va tout ſon teint argentant,
 Fait de tout abonder l'air, & la terre, & l'onde :
Car la froide moiteur par le chaud s'enflammant,
 Se formant, ſ'accroiſſant, & ſouuent ſ'animant,
 De fruits, & de lignee apporte l'abondance.
Charles, Elizabet, puiſſent donc par nous deux
 Se voir croiſtre en lignee, & ce qui naiſtra d'eux
 Puiſſe voir en tous fruits de France l'accroiſſance.

LE SOMME.

Au derriere du Char.

Pour le Silence, & moy, ie parle en peu de mots :
Car l'vn touſiours ſe taiſt, & l'autre dort ſans ceſſe.
Du Roy l'heureux Silence accroiſſe la Sageſſe,
Du Roy le Somme heureux accroiſſe le repos.

LE GENIE.

Au Char de Mercure.

Mercure, qui des arts fut au monde inuenteur,
 Fait que ſon gentil aſtre en tout temps a puiſſance
 Sur toute inuention, ſur toute cognoiſſance,
 Sur l'eloquence auſſi, dont luymeſme eſt auteur.

Mais sans moy les humains n'auroyent iamais cet heur,
    Qui premier aux bien nés, & mesme en leur naissance
    Soufle vn pouuoir d'auoir toute telle influence :
    Pourtant ce Dieu me fait de son Char conducteur.
La nature pestrit la masse, moy Genie
    Diuers instinct luy soufle auec vigueur & vie :
    Fortune aueugle apres l'expose à ses hasarts.
Nature fut prodigue, & Fortune opportune
    Tant au Roy qu'à la Roine : en eux pourtant les arts
    Puissent vaincre les dons de Nature & Fortune.

LES TROIS GRACES

Deuant le Char de Venus.

Amour, Venus, & nous compagnes seruiables
    A Venus, les ardeurs, les beautez, les attraits,
    Mettons aux cœurs, aux corps, aux graces plus louables.
Amour brusle les cœurs, sous sa puissance attraits :
    D'air, de traits, & de teint, Venus les corps decore :
    Nous de grace animons l'air, le teint, & les traits.
Mesme en ces trois effets l'vn par l'autre s'honore,
    Tous les trois sont communs entre nous, & pouuons
    Tous cinq ardre, embellir, & donner grace encoré.
L'Amour aide aux beautez & aux graces qu'auons
    Mises en vous, Venus vous addresse & enflame,
    Et Nous vos beautez croistre & vos flames sçauons.
Aussi d'Amour la mere, & de nous trois la dame,
    Venus que vous voyez, est le beau feu tousiours,
    La beauté, l'ornement de tout corps & toute ame :
Cause, entretien, plaisir de l'essence, du cours
    Et mouuement de tout, de trois Graces suiuie,
    Que merite son grand & continu secours.
Car pour tous biens Venus le seul bien de la vie,
    Doit de tous receuoir sans fin remerciment,
    Auquel sans fin pour nous tout esprit se conuie.
C'est pourquoy nostre nom lon peut prendre autrement,

Qui *eſt de graces rendre : or nous conuions donques*
De rendre ore à Venus graces infiniment.
CHARLES, ELIZABET, *& leur Hymen, ſi onques*
Rien a receu grand heur, ont receu tout le bien
Qu'auecq' Amour, & nous, Venus peut dire ſien.

CVPIDON CONDVISANT LEDICT CHAR.

Vers Sapphiques rymez.

Sans voler dans l'air ie guide en ce beau lieu,
　　Dans ce Char Cypris reuerant ce beau Dieu,
　　Qui retint d'vn nœu memorable ſous ſoy
　　　　CHARLES, *auec moy.*
D'vn leger trompeur le renom ie perdray,
　　Ferme pour touſiours tel amour ie tiendray :
　　Car chacun des Dieux promet en ce grand bien
　　　　Rompre le vol mien.
Seul ie ſuis autheur de ce bien, d'amour vient
　　L'heur d'Hymen : Cypris de mon heur, ſon heur tient :
　　Rien ne peut des deux ranimer le brandon,
　　　　Fors que Cupidon.

AV CHAR DV SOLEIL, OV ESTOYENT
LES QVATRE SAISONS.

Vers intercalaires chantez & ſonnez par les Muſiciens
eſtans dans le creux du Char, & auſſi par les Muſes.

Le grand Soleil fait luire aux cieux
　　Tous aſtres, & ſur tous la Lune :
　　D'vn Roy le luſtre radieux,
　　Ses deeſſes, ſes demi-dieux
　　　Fait luire tous, & ſur tous vne,
Que meſme il fait paroiſtre vn Soleil à chacun :
Car puis que l'amour fait que les deux ne ſoyent qu'vn,
D'vn des deux la lumiere eſt à tous deux commune.

LE PRINTEMPS.

Phebus marchant par ſes maiſons,
  De trois en trois ſignes rappelle
L'vne apres l'autre ſes ſaiſons :
Nature par ſon change eſt belle.
Moy le Printemps refloriſſant,
  La Ieuneſſe ie repreſente
De ce monde raieuniſſant :
La Ieuneſſe en tout eſt plaiſante.
Des fleurs dont ie ſuis couronné,
  Qui font au ciel la terre plaire,
Ce bel Hymen i'ay meſme orné :
L'heur floriſſant n'a rien contraire.
Ce Roy, ceſte Roine, en tout temps
  Puiſſent florir, de telle ſorte
Qu'eternel ſemble leur Printemps :
L'heur eſt grand, qui tout heur apporte.

L'ESTÉ.

Quand Phebus ſ'echauffe, & qu'il laiſſe
  Ses Iumeaus, ie ſors moy Deeſſe,
Du chaud, du ſec, du meuriſſant Eſté :
Toute fleur cede encor à la meurté.
  Ainſi que les fleurs il colore
  Du Printemps, mes épis il dore,
Et mes épis dorent les champs encor :
Cerés doree eſt plus riche que l'or.
  Ie ſemble apres ieuneſſe tendre,
  Age meur faire au monde prendre,
Qui tout ſoulage, & contente, & nourrit :
Tout trauail plaiſt quand ſa moiſſon nous rit.
  Que du Roy, de la Roine l'age
  Tout meur, tout doré, vous ſoulage,

En ramenant vn age d'or pour vous :
Du fruit des Rois depend le fruit de tous.

L'AVTONNE.

Ce Dieu flambant par moy, qui suis Autonne,
  Mille autres fruits & les vins mesmes donne,
Tous ses beaux fruits il dore, & peint de cent couleurs,
Le diuin Bacchus passe & bleds, & fruits, & fleurs,
  En tout beau val, en tout mont & campagne,
  De ma Pomone Abondance est compagne,
Auec elle & Bacchus la Liesse est aussi :
Bacchus par la Liesse est vainqueur du Souci,
  La fin du mois, qui prend son nom d'Auguste,
  Me donne entree, & l'age encor robuste,
Soit pour l'an, soit pour vous, ie puis signifier :
L'heureux labeur peut l'age & l'hyuer deffier.
  En tout labeur propre à l'ame Royale,
  En tout beau fruit de leur couche loyale,
Mesme en vertu, soyent veus ces deux ci foisonner :
La vertu peut trop plus que les sceptres orner.

L'HYVER.

Le Soleil s'esloignant en regne me remet,
  Tout est deia fletri dessous mon Capricorne,
  Ie retien toutesfois d'Abondance la corne :
L'ardent trauail passé le bien futur promet.
Mon chef est tout chenu, horrible est ma saison,
  Mon vent & ma froideur tout l'air pourtant nettoye.
  L'Amour m'est compagnon, le Ieu, le Ris, la Ioye :
Souuent l'heur des champs cede à l'heur de la maison.
I'enferme les thresors de la Nature, à fin
  De les garder : sous moy l'an finit, & commence :
  L'homme vieil semble ainsi renaistre en sa semence :

La race & la vertu doit venger voſtre fin.
CHARLES, ELIZABET, *pleins de proſperité*
Puiſſent en leur hyuer renouueller leur age,
Au ciel par Deité, ſur terre par lignage :
Tout bon Roy fils des dieux merite eternité.

L'AVRORE

Conduiſant ledict Char.

Bien que i'aye vn char propre à moy qui ſuis l'Aurore,
 Dont (Dames) vous ſemblez emprunter en vos teints
 Les roſes, dont les cieux par moymeſme ſont peints,
 Ie me ſuis miſe au char qui ſeul tout le ciel dore.
Ce Dieu duquel i'annonce, & deuance, & colore
 L'or premier, veult qu'ici de mes roſines mains
 A ſes cheuaux tous d'or ie reigle ainſi les freins,
 Pour ſes faueurs vers vous, vous annoncer encore.
Vn Roy ſemble vn Soleil : que Phebus, que ces Dieux
 Eclairez de ſon feu, qu'au huictieſme des Cieux
 Les feux clouez, & ceux de ſes douze demeures,
Pour vous puiſſent touſiours tellement bien-heurer
 Ses ans, & ſes ſaiſons, ſes mois; ſes iours, ſes heures,
 Qu'à l'enui CHARLES *ſemble vn bas monde dorer.*

ENYON.

AV CHAR DE MARS.

Vers Aſclepiades rymez.

On feint Mars violent, plein de fureur, de fiel,
D'horreur, meurdre, hideur, en reputant le ciel
Au bas monde pareil, tant que la paſſion
Des Dieux ſemble regir leur volage action.

Mars vient d'vn sage Dieu, qui de ce monde sien
  Seul compasse le cours, l'ordre, le mal, le bien,
  Puis cherché de Venus Mars ne seroit iamais,
  Si tant il reiettoit l'ordre, l'Amour, la Paix.
Aux mortels le desir, l'ire, le changement,
  Et l'aspre ambition, font tel aueuglement,
  Tant qu'ils vont s'animans en ce peril de Mars,
  Masquans l'ambition peinte de mille fards :
Et pleins d'aigre dépit, pleins de fureur, de tort,
  Qu'on voit bondir en eux, contre le iuste sort,
  Presqu'aux grand's Deitez arracheroyent le droit,
  Qui esclaue de Dieu rendre la terre doit.
Lors maint peuple felon, qui de la loy se rit,
  Qui contemne le Roy, qui le mutin cherit,
  Brouille, & souille le temps : Mars retenant le soin
  Des guerres, sa faueur fait venir au besoin.
Mars si fort ne requiert en ce pays le sang,
  L'horreur, meurdre, hideur, qu'il ne le rende franc,
  Et si vous reuerez en ce pays la Paix,
  Qu'en fin n'aille quittant tel pays à iamais.

Les vers chantez aux trois autres Chars de Saturne, Iupiter,
& d'Hymen, n'ont peu estre recouurez.

FIN DU TOME PREMIER.

NOTES

NOTES

I. De la poesie françoise, et des oevvres d'Estienne Jodelle,... p. 1.

Cette préface de Charles de la Mothe a paru dans les deux éditions des *Œuures* de Jodelle publiées en 1574 et en 1583. Nous avons jugé utile de la reproduire à cause des curieux détails qu'elle renferme sur les poëtes de la Pléiade. Nous avons même conservé, vu son peu d'étendue, la première partie de ce morceau, bien qu'elle soit étrangère à notre sujet. Nous nous sommes contenté de ne point y joindre les rectifications et les preuves dont elle aurait grand besoin, mais qui seraient déplacées ici.

Voici le titre exact de la première édition publiée par Charles de la Mothe :

LES OEVVRES

& Meſlanges Poetiques

D'ESTIENNE IODELLE

SIEVR DV LYMODIN.

Premier Volume.

A PARIS,

Chez Nicolas Cheſneau, rue ſainct Iacques
à l'enſeigne du Cheſne verd :

ET

Mamert Patiſſon, rue ſainct Iean de Beauuais,
deuant les Eſcholes de Decret.

M. D. LXXIIII.

AVEC PRIVILEGE DV ROY.

Le privilége, accordé à Nicolas Chefneau, est du 24 septembre 1574. On lit au bas : « *Ce volume a efté acheué d'imprimer le 6. iour de Nouembre* 1574. » Il est de format in-4°, se compose de huit feuillets liminaires, de 3o8 feuillets chiffrés et de deux feuillets d'errata et de table. L'errata a pour titre : « Ce qui eft à corriger en ce premier volume. »

L'édition de 1583 porte l'adresse de Nicolas Chesneau ou celle de Robert le Fizelier ; elle est de format in-12. On lit sur le frontispice au lieu de *Premier volume* : « *Reueuës & augmentees en cefte derniere edition.* » Il y a néanmoins à la fin comme dans la première édition : *Fin du premier volume des Œuures & Meflanges d'Eftienne Iodelle*, mais c'est là un oubli de l'imprimeur, à qui l'on a donné pour *copie* l'édition précédente, qu'il a suivie aveuglément ; il est certain qu'alors il n'était déjà plus sérieusement question de donner au public d'autre volume des *Œuures* de Jodelle que celui-ci. Quant aux augmentations mentionnées sur le titre de l'édition de 1583, elles ne consistent qu'en un petit nombre de pièces composant un cahier additionnel qu'on ne trouve que dans quelques exemplaires où il forme les feuillets 289-298. Comme le remarque Charles de la Mothe, Jodelle n'avait rien publié de son vivant, à l'exception du *Recueil des infcriptions, figures, deuifes, & mafquarades* que nous décrivons ci-après (note 41); les éditions de 1574 et de 1583 sont donc les véritables éditions originales ; la première a servi de base à notre texte, et nous avons soigneusement indiqué les différences que présente la seconde lorsqu'elles nous ont paru de quelque intérêt pour l'étude de la langue ; quant au classement des *Œuures*, nous l'avons complétement modifié, en ayant soin de faire connaître dans nos notes les motifs qui nous ont fait préférer celui que nous avons adopté.

2. *En fes mœurs particulieres*, p. 8.

Ainsi dans l'édition de 1574. *En fes mœurs particuliers* dans celle de 1583.

3. *Quarante & vn an*, p. 8.

Le mot *an* est ainsi au singulier dans les deux éditions. Il faudrait se garder de voir là une faute. Vaugelas a intitulé une de ses *Remarques* : « *Si apres vint & vn, il faut mettre vn pluriel, ou vn fingulier.* » Il est d'avis « que l'on dit, & que l'on efcrit affeurement, *vint & vn an*, & non pas *vint & vn ans*, ny *vint & vne années.* » Mais il reconnaît « que l'on dit, & que l'on efcrit, *il y a vint & vn cheuaux*, & non pas *il y a vint & vn cheual.* » Dans les *Obfervations de l'Académie françoife fur les Remarques de M. de Vaugelas*, publiées en 1704, in-4°, on lit : « Il eft certain qu'on dit *vingt & vn an*, & l'Ufage l'authorife ; mais ce mefme Ufage veut que s'il fuit un adjectif aprés un on mette cet adjectif au pluriel. *Il a vingt & un an accomplis*, & *vingt & un an paſſez* & non pas *vingt & un an accompli* ou *paſſé.* »

4. L'EVGENE, COMEDIE... p. 11.

Jodelle étant surtout connu par ses œuvres dramatiques, nous avons cru devoir les placer les premières, quoique Charles de la Mothe les ait mises à la fin de son volume. L'ordre chronologique ne s'opposait point d'ailleurs à ce classement, car de la Mothe nous apprend que Jodelle « en 1552. mit en auant, & le premier de tous les François donna en fa langue la Tragedie, & la Comedie, en la forme ancienne. » (Voyez ci-dessus, p. 5) et un peu plus loin, il compte parmi les « pieces faites par l'autheur aux plus tendres ans de fa ieuneſſe... la Tragedie de la *Cleopatre*, & la Comedie d'*Eugene.* » Guidés par ces indications, les frères Parfait, dans leur *Hiſtoire du théâtre françois*, ont placé l'analyse de ce dernier ouvrage à l'année 1552, époque à laquelle Jodelle avait 20 ans. Cette date paraît exacte, car il s'agit dans la pièce de l'expédition d'Allemagne qui valut à Henri II Metz, Toul et Verdun, et il y est question, comme d'une éventualité peu probable, du siége de Metz par Charles-Quint, qui n'eut lieu que l'année suivante. Charles de la Mothe nous apprend que « la Comedie d'*Eugene* fut faite en quatre traittes. » (Page 7). C'est cependant un des meilleurs ouvrages de Jodelle; non qu'on y trouve le moindre talent de composition, mais il renferme des vers heureux et quelques traits de caractère. On peut voir dans notre *Notice* sur Jodelle la curieuse relation que Pasquier fait de la représentation de *Cleopatre* et d'une comédie intitulée *La Rencontre*, que les frères Parfait ont considérée comme étant la même pièce que l'*Eugène*. Jodelle, dit Pasquier, « fit deux Tragedies, la *Cleopatre* & la *Didon*, & deux Comedies, *La Rencontre* & l'*Eugene. La Rencontre* ainſi appellée parce qu'au gros de la meſlange, tous les perſonnages s'eſtoient trouuez peſle-meſle caſuellement dedans vne maiſon, fuzeau qui fut fort bien par luy demeſlé par la cloſture du ieu. Ceſte Comedie, & la *Cleopatre* furent repreſentees deuant le Roy Henry. » Les frères Parfait font à ce sujet les remarques suivantes : « Tout ce qui regarde cette prétendue Comédie de *La Rencontre*, n'eſt qu'une faute de mémoire de Paſquier. Si Jodelle avoit compoſé cette piéce, La Motte, qui raſſembla ſes Ouvrages après ſa mort, & qui donne un éloge de cet Auteur à la tête de l'édition, n'auroit pas manqué d'en parler. Ainſi il eſt certain que la Comédie fut intitulée : *Eugene* ou *La Rencontre.* » Les raisons sur lesquelles les frères Parfait s'appuient sont bien faibles puisque Charles de la Mothe parle d'un très-grand nombre d'œuvres de Jodelle qui se sont trouvées perdues, et que ce que dit Pasquier du denoûment de *La Rencontre* ne paraît nullement convenir à la comédie d'*Eugène.*

La scène de l'*Eugène* est à Paris, comme on le voit par divers passages, et notamment par ces trois vers : (Acte II, scène II, p. 37.)

Combien que mille fois & mille,
J'aye veu & reueu la ville
De Paris, où suis à ceste heure.

5. Arnault, *Homme de Florimond*. Pierre, *Laquais*, p. 12.

Dans les éditions de 1574 et de 1583, les qualités de ces deux personnages se trouvent interverties, mais les indications des p. 34 et 37 et le texte même de la pièce ne peuvent laisser aucun doute sur la véritable leçon.

6. *Ont*, p. 15.

Il y a dans les deux éditions *on* qui ne donne aucun sens raisonnable.

7. *Que seruiroit t'expliquer*, p. 19.

Ainsi dans la première édition; *que seruiroit expliquer* dans la seconde.

8. *Le perdreau*, p. 19.

Ainsi dans les deux éditions; il faut prononcer *perdreau* en trois syllabes pour que le vers soit juste. Cotgrave, dans son dictionnaire français-anglais de 1611, donne *perdreau* et *perdriau*.

9. *Qui est tout tel qui nous le faut*, p. 21.

Le sens demanderait *qu'il nous le faut*.

Jusqu'au dix-huitième siècle l'*l* de *il* ne se prononçait pas devant une consonne, ce qui rendait facile et fréquente la confusion de *qu'il* et de *qui*. Voyez ci-après les notes 39, 42, 43 et 47.

10. *Mais que te semble*, p. 22.

Ainsi dans la première édition; *mais qui*, à tort, dans la seconde et par suite dans le *Théâtre françois* de la *Bibliothèque elzévirienne*.

11. *Les cornes luy séent fort bien*, p. 31.

Il y a *sient* dans la première édition, mais cette faute est corrigée à l'errata.

12. *Sus l'amour*, p. 47.

Sur l'amour dans la seconde édition, où l'on trouve aussi *sur lesquels* pour *sus lesquels*, page 84, et *sur moy* pour *sus moy*, page 138.

13. *Comme vn autre*, p. 50.

Il y a dans les deux éditions *vne autre*, qui ne donne pas de sens raisonnable.

NOTES. 313

14. *Meurdrier*, p. 52.
Ainsi dans l'édition de 1574; *meurtrier* dans celle de 1583. La première forme est parfaitement en rapport avec *meurdrir* qui se trouve quelques vers plus haut; Jodelle a d'ailleurs employé fréquemment ce mot *meurdrier*. Voyez ci-dessus, p. 132 et 271.

15. *Foruoyant*, p. 60.
Fouruoyant, dans la seconde édition.

16. *L'Enfer du Chaftellet*, p. 66.
Voyez le poëme de Clément Marot intitulé *L'Enfer*, au commencement duquel on lit :

>   Les paffetemps, & confolations
>   Que ie reçoy par vifitations
>   En la prifon claire & nette de Chartres,
>   Me font recors des tenebreufes chartres
>   Du grand chagrin, & recueil ord & layd,
>   Que ie trouuay dedans le Chaftelet.
>   Si ne croy pas qu'il y ait chofe au monde
>   Qui mieulx reffemble vn enfer trefimmunde.
>   Ie dy enfer, & enfer puis bien dire.

Tout le reste du poëme n'est que le développement de cette idée.

17. *Tous ces maux auront guarifon*, p. 70.
Il y a *mots* dans les deux éditions, mais le sens ne saurait être un seul instant douteux. Voyez ci-après, note 22.

18. *Premierement eftonné m'ont*
     Auec leurs mots, comme eftocades, p. 73.

Voyez les *Œuures de du Bellay*, t. II, p. 546, note 9.

19. CLEOPATRE CAPTIVE..., p. 93.
Cette tragédie date, comme *L'Eugène*, de la jeunesse de Jodelle et a été composée et représentée à la même époque. (Voyez la *Notice* et ci-dessus, note 4.)
Les frères Parfait font la remarque suivante sur la versification des pièces de Jodelle et en particulier de sa *Cléopatre* : « Jodelle, dans fes deux Tragédies, & dans fa Comédie, n'a point obfervé la coupe des rimes mafculines ou féminines. Le I. Acte de *Cléopatre* eft en vers Alexandrins, & tous féminins. Le II, même mefure de vers, mais mêlés de mafculins & de féminins. Les III, IV, & V, tantôt vers de dix fyllabes, & tantôt de douze, avec mêmes défauts : il n'y a que les Chœurs qui font à rimes croifées, & rimés exactement. Il y a apparence que les Poëtes qui fuivirent Jodelle dans le

20*

même genre connurent cette défectuofité, car ils n'y tomberent prefque pas. Pafquier nous apprend pourquoi les Tragédies de Jodelle furent ainfi verfifiées. » (*Hiftoire du Théâtre François*, t. III, p. 288, note.) Ici les frères Parfait citent fort inexactement le passage suivant, que nous avons pris soin de rétablir dans son intégrité : « Ie ne pafferay foubs filence ce que i'ay obferué en Clement Marot. Car aux Poëmes qu'il eftimoit ne deuoir eftre chantez, comme Epiftres, Elegies, Dialogues, Paftorales, Tombeaux, Epigrames, Complaintes, Traduction des deux premiers liures de la *Metamorphofe*, il ne garda iamais l'ordre de la rime mafculine & feminine. Mais en ceux qu'il eftimoit deuoir ou pouuoir tomber foubs la mufique, comme eftoient fes Chanfons, & les cinquante Pfeaumes de Dauid par luy mis en François, il fe donna bien garde d'en vfer de mefme façon, ains fur l'ordre par luy pris au premier couplet, tous les autres font auffi de mefmes. Suiuant cefte leçon Eftienne Iodelle, en la maniere des anciens Poetes, en fa Comedie d'*Eugene*, & Tragedies de *Cleopatre* & *Didon*, de fois à autres, mais rarement, a obferué la nouuelle couftume, mais en tous les Chœurs qu'il eftimoit deuoir eftre chantez par les ieunes gars ou filles, il a faict ainfi que Marot en fes Chanfons. » (Pasquier. *Recherches* VII, 8.)

Dans un court passage du *Recueil des infcriptions* (page 260), Jodelle a fort sommairement indiqué les motifs qui le portaient à se déterminer pour un système ou pour l'autre, et a fait remarquer que les « vers intercalaires... ont bonne grace en la mufique ».

On peut voir ce que du Bellay a dit à ce sujet dans son *Illuftration de la langue françoife*, t. I, p. 52 de notre édition, et dans l'avis *Au lecteur* de ses *Vers lyriques*, t. I, p. 175.

20. *De la grandeur de ton fainct nom f'eftonne*, p. 95.
Il y a *fon*, mais à tort, dans les deux éditions.

21. *Tractable*, p. 105.
Ainsi dans la première édition ; *traictable* dans la seconde.

22. *Maux*, p. 112.
Ici encore les deux éditions portent *mots*, mais à tort. Voyez ci-dessus la note 17.

23. *Qu'vne infelicité*, p. 117.
Il y a dans la première édition *qu'vn infelicité*, l'errata donne *qu'vne*. La seconde édition porte *qu'vne infidelité*, mais c'est une faute évidente reproduite dans le *Théâtre françois* de la *Bibliothèque elzévirienne*.

24. *Tien traiftre, tien. — O Dieux ! — O chofe deteftable*, p. 132.
Ce vers a ainsi douze pieds au lieu de dix dans toutes les éditions.

25. *Leurs*, p. 133.

Ainsi dans la seconde édition; *leur* dans la première. Voyez *Œuures de du Bellay*, t. I, p. 506, note 215.

26. *Il ne nuira rien*, p. 135.

Ainsi dans la première édition; dans la seconde: *Il ne nuira de rien*, qui rend le vers faux.

27. *Des fiers Romains*, p. 137.

La première édition porte des *gens Romains*, mais cette faute est corrigée à l'errata.

28. *En deuallant*, p. 140.

Ainsi dans la première édition ; *& deuallant*, mais à tort, dans la seconde.

29. *Veu que helas! tant douloureuse*, p. 150.

Ce vers est ainsi imprimé dans les deux éditions, mais on prononçait *qu'hélas*, sans quoi il y aurait eu un pied de trop.

30. Didon se sacrifiant..., p. 153.

On ignore la date de la composition et de la représentation de cette pièce. « Nous conjecturons, difent les frères Parfait (*Hiftoire du Théâtre François*, t. III, p. 297) qu'elle parut la même année que les précédentes, par la facilité que Jodelle avoit dans la compofition de fes Ouvrages.» L'argument nous paraît assez faible, et mieux vaut assurément laisser cette tragédie sans date que d'en fixer une à l'aide de pareilles inductions.

31. *Qu'il n'y ait maft, antene, ancre, voile ou hune*, p. 160.

Il manque un pied à ce vers dans toutes les éditions.

32. *Ne me fuis laiffé rien qui me foit fecourable*, p. 172.

Qui ne foit dans toutes les éditions, mais c'est assurément une faute.

33. *Sous vn honnefte mot*, p. 176.

Il y a *mort* au lieu de *mot* dans les deux éditions originales, et, par fuite, dans le *Théâtre françois* de la *Bibliothèque elʒévirienne*, mais c'est une faute évidente.

34. *L'Aigle, ou le Gerfaut? l'homme mechant eft feur*, p. 177.

Il manque un pied à ce vers dans toutes les éditions.

35. *Ha vne couleur blefme*, p. 181.

Ainsi dans la première édition; dans la seconde : *Ha d'vne cou-*

leur blefme, ce qui fait disparaître un hiatus, mais ne donne pas un fort bon sens.

36. *Mille renaiſſantes poiſons*, p. 186.

Il y a dans la première édition *renaiſſans*, qui rend le vers faux, mais cette faute est corrigée dans l'errata.

37. *Ceux, qu'on voit le plus ſe debatre*, p. 187.

Ainsi dans la première édition; *qu'on veit*, dans la seconde.

38. *De tout eſtre viuant*, page 194.

Ainsi dans la première édition. Il y a, mais à tort, *eſpoir* au lieu d'*eſtre* dans la seconde et dans le *Théâtre françois* de la *Bibliothèque elzévirienne*.

39. *Qui*, p. 215.

Qui est ici pour *qu'il*. Voyez ci-dessus la note 9, et ci-après les notes 42, 43 et 47.

40. *Ie ne ſçay*, p. 221.

Ainsi dans toutes les éditions. Le sens paraît demander plutôt : *Ie le ſçay*.

41. Le Recveil des Inscriptions..., p. 231.

Voici la description bibliographique de cet ouvrage :

LE

RECVEIL DES
INSCRIPTIONS, FI-
GVRES, DEVISES, ET MAS-

quarades, ordonnees en l'hoſtel
de ville à Paris, le Ieudi 17.
de Feurier. 1558.

Autres Inſcriptions en vers Heroïques Latins,
pour les images des Princes de la Chreſtienté.

PAR ESTIENE IODELLE PARISIEN.

A PARIS.

Chez André Wechel, à l'enſeigne du Cheual
volant, rue S. Iean de Beauuais.

1558.

Auec priuilege du Roy.

Ce volume, de format in-4°, commence par quatre feuillets non chiffrés comprenant le titre, et, au verso, l'extrait des lettres patentes du Roi à André Wechel, « données à Reims, l'vnziefme de Iuing 1557 », puis l'épître et le « Sonet » que nous avons reproduits aux pages 231-236 du présent volume, et la pièce latine suivante, dans laquelle Jodelle, comparant son livre à ceux d'Ovide exilé, nous apprend qu'il s'était volontairement éloigné de la Cour pour quelque temps, et cherche, en rappelant ses succès passés, à diminuer la fâcheuse impression que sa mascarade avait produite.

IN LIBRVM

ELEGIA.

Infœlix quales Naso iubet esse libellos,
  Quos patriæ gelido mittit ab axe suæ,
Regia te talem, cùm sis liber exulis, Aula
  Cerneret, exilium ni mihi dulce foret,
Ni quoque sponte mea, non iussu Numinis exul,
  Semotus Clario redderer vsque Deo.
Ergo cultus abi, auratis quoque cornibus audax,
  Sis licet ingenii pars propè nulla mei.
Nec tener inuidiæ timeas examen edacis,
  Nam multum quod te vindicet agmen erit :
Iamque cothurnatum potui reuocasse Sophoclem,
  Smyrnæum, Siculum, Treïciumque senem,
Lætus Aristophanes, & amatrix vmbra Philetæ,
  Thebanæque aderit pulsor & ipse lyræ.
His quondam cessit Liuor, cedetque vocatis,
  Dum viuus nostra quilibet arte redit.
Quid si Pelides hos inter, & acer Vlysses,
  Alcidesque, & quos hi cecinêre iuuent ?
Ac sic Bellonæ me me natum artibus aptent,
  Regibus inuitis Regibus vt placeam ?
Sed tu vade prior ; bene si successerit, illi
  Grandia dona ferent, nulla venena ferent :
Sic sequar, & Reges repetam ; sic spretus Apollo
  Qui comes exilii, forsan honoris erit.

Après cette élégie vient le « Recueil des inscriptions », comprenant 28 feuillets chiffrés, ensuite, au feuillet 29, un faux titre portant : *Christianorum nostri temporis heroum & heroinarum icones. Ad D. Margaritam francicam. Authore Steph. Iodelio Parisio.* Au verso de ce faux titre se trouve un avis au lecteur en latin dans lequel Jodelle explique qu'il aime joindre des ouvrages français aux ouvrages latins afin qu'à la faveur de ceux-ci, ceux là se répandent peu à peu à l'étranger : « *Nec mireris quod in hoc toto libello,*

Latina Gallicis coniunxerim : id enim in quibuſdam aliis libris data opera facere volui, vt & ea quæ Gallicè ſcribo, purè vt arbitror latinitati commixſta, tandem aliquando, quod paucis adhuc contigit, ad exteras nationes tranſire poſſint. »

On trouve au feuillet 41 une pièce latine intitulée : *Ad Claud. Kerquifinanum, Steph. Iodelii, in ſuas miſerias, elegia.* Jodelle s'y compare à Prométhée, à Tantale, à Sisyphe, mais il n'y a rien là à recueillir pour l'histoire de sa vie ou de ses ouvrages.

La pièce intitulée : « A sa mvse. Chapitre », que nous avons réimprimée aux pages 279-281 du présent volume, occupe le feuillet 43 et le recto d'un dernier feuillet non chiffré. Au bas se trouve une liste des *Fautes ſuruenues en l'impreſſion*, à la fin de laquelle on lit : « Quand aus points & diſtinctions vous les ſuplieres. » Ce volume est le seul que Jodelle ait publié lui-même ; Charles de la Mothe n'a reproduit que les vers français qui s'y trouvent sous le titre de : « Vers francois extraits de la Maſquarade faicte à l'hoſtel de la ville de Paris, 1558. »

42. *S'ils ſont tant obſtinés contre ma cauſe, qu'ils ne vous veulent point prendre pour garants, qui cherchent les teſmoings qui l'ayans veu à l'œil, leur pourront faire vne plus ſeure foy*, p. 233.

Ce passage, reproduit fort exactement, est un peu obscur. *Qui cherchent* peut s'expliquer par *eux qui cherchent*, mais il vaudrait peut-être mieux remplacer *qui* par *qu'ils*. Voyez ci-dessus les notes 9, 39, et ci-après les notes 43 et 47.

43. *De la ſeulle faueur & diſpoſition de Dieu, qu'il les enuoye*, p. 249.

Tel est le texte du *Recueil des inſcriptions* ; il offre un sens acceptable ; mais mieux vaut peut-être lire *qui* au lieu de *qu'il*. Voyez la note précédente.

44. *Qu'eſt encores ici cil qui ma Toiſon porte*, p. 263.

Il y a dans le texte du *Recueil des inſcriptions : Que font encore ici ceus qui ma Toiſon portent.* La leçon que nous avons suivie se trouve parmi les corrections indiquées dans la liste des *Fautes ſuruenues en l'impreſſion* et dans les deux éditions de Charles de la Mothe.

45. *Qui pour le beau loyer du ſon qu'ils accordoient*, p. 264.

Il y a bien *qu'ils* dans le *Recueil des inſcriptions* et dans les deux éditions de Charles de la Mothe ; le sens exige néanmoins qu'on regarde ce pronom comme se rapportant au mot *Serenes*.

46. *Ce n'eſt ſinon à fin qu'auſſi toſt il les baiſſe*, p. 265.

Ainsi dans le *Recueil des inſcriptions* et dans l'édition de 1574 ; *il abaiſſe* dans celle de 1583.

47. *De deus freres encor vn chacun choifira*
Le nom qu'il lui eft propre, p. 267.

Ainsi dans toutes les éditions. On peut entendre *le nom qu'il lui eft propre de choifir*, ou mieux substituer *qui* à *qu'il*. Voyez ci-dessus les notes 9, 39, 42 et 43.

48. L'Hymenee dv Roy Charles IX, p. 283.

Il nous a paru naturel de placer ici, après le théâtre, et à leur rang de date parmi les mascarades, les vers composés pour un divertissement mythologique qui eut lieu à l'occasion du mariage de Charles IX (p. 290-305). Nous n'avons pas voulu en séparer les sonnets qui les précèdent dans les deux éditions de Charles de la Mothe. Nous avons donc réuni le tout sous un titre commun. Par malheur nous manquons de détails sur le divertissement. A la suite d'une relation intitulée : *C'eft l'ordre & forme qui a efté tenu au facre & couronnement de... Madame Elizabet d'Auftriche... faict en l'Eglife de l'Abbaie fainct Denis en France le vingt cinquiefme iour de Mars* 1571. A Paris. De l'Imprimerie de Denis du Pré... 1571. In-4°, se trouve : *L'ordre tenu à l'Entrée de... Madame Elizabet d'Auftriche Royne de France*, qui eut lieu le « Ieudy en-fuiuant XXIX. iour de Mars mil cinq cens LXXI. » L'auteur, après avoir raconté en fort grand détail le cortége et le souper royal, se contente ensuite de dire : « Ce faict, fe retirerent leurs Maieftés au Palais, ou le foir furent faictes plufieurs belles & magnifiques mafquarades, defquelles ne fera fait icy autre mention, d'autant que cela n'eft du faict d'icelle ville. »

TABLE DES MATIÈRES

CONTENUES DANS LE PREMIER VOLUME.

	Pages.
Notice biographique fur Eftienne Iodelle. . . .	1
De la poefie françoife & des œuures d'Eftienne Iodelle, fieur du Lymodin, par Charles de la Mothe.	1
L'Eugene. Comedie.	11
Cleopatre captiue. Tragedie.	93
Didon fe facrifiant. Tragedie.	153

LE RECVEIL DES INSCRIPTIONS, FIGVRES, DEVISES ET MASQVARADES.

Eftiene Iodelle à fes amis . S.	231
Le liure à la France. Sonet.	236
Le Recueil des infcriptions, figures, deuifes & mafquarades, ordonnees en l'Hoftel de Ville à Paris, le Ieudi 17 de Feburier 1558.	237
A fa mufe. Chapitre.	279

L'Hymenee dv Roy Charles IX.

Au Roy, au nom de la ville de Paris, fur la paix de l'an 1570	285
A la Roine, mere du Roy	289
Vers chantez & recitez à l'Hymenee du Roy Charles IX	290
Notes	307

FIN DE LA TABLE.

Achevé d'imprimer

LE QUINZE AVRIL MIL HUIT CENT SOIXANTE-HUIT

PAR D. JOUAUST

POUR A. LEMERRE, LIBRAIRE

A PARIS

www.ingramcontent.com/pod-product-compliance
Lightning Source LLC
Chambersburg PA
CBHW060616170426
43201CB00009B/1039